Strategy and Tactics of Translation

翻訳の布石と定石
実務翻訳プロへの道

サン・フレア アカデミー学院長
岡田信弘 著

三省堂

はじめに

　英語を、外国語を書くのは難しい、外国語で読むのも一般的には簡単ではない。だけど自分のよく知っている分野のものなら日本語に訳すのはそれほどでもない。始める前はみんなそう思っています、始めてからもそう思っている人も少なくないかもしれません。

　翻訳者や翻訳志望者の中には英語を武器に仕事で活躍された方も少なくありません。ですから、英訳はともかく和訳は簡単だと思われるのも無理はありません。しかし、きちんと翻訳するには、助動詞や前置詞に至るまで、すべての単語の意味を把握しなければなりません。読み取りだけなら、特に専門家の場合は、術語だけで話の大筋がわかってしまいます。会話ともなると、七八割の理解で話が成立すると思われます。でも翻訳の際は百％理解しなければならないのです。加えて、それを正確で自然な表現に訳さなければなりません。

　翻訳はセンス、言語感覚だとよく言われます。確かにその通りで、それがないと英会話がいくら達者でも英訳は上達しません。しかし、言語感覚自体の有効な訓練方法はないでしょう。四十年前の駆け出しの頃、お前の訳文は下手だとある業者に言われました。確かに後からみると拙いものでした。でも高校での訳読しか知らないのだからそれも当然のこと。後年、あの頃の自分が今の自分から五分間ヒントをもらえば、表現の問題は解決できたはずだと、よく人に話したものです。要するに、何語でも同じ内容をいくつかの形で表現できるということ。したがって、訳しやすい形に直して訳せば、楽にまたきれいに訳せること。このアプローチが言語感覚を磨くための一つの有力な手立てとなり得

ると考えています。

　十五年前に当時の成果を『通訳翻訳ジャーナル』に二年半連載させていただき、それを勤務先のサン・フレア アカデミーのHPに『翻訳の泉－翻訳教室』としてずっと掲載しご好評をいただいてきましたが、本書はその十五年後の新展開になります。

　本書が世に出るに当たっては大勢の方のお世話になりました。とりわけ畏友の言語品質コンサルタント岡本康男さんには、著者に代わって細かいところまで丁寧に検討していただきました。また編集者の小野寺粛さんには手厚いサポートをいただきました。両氏のご協力がなければ欠陥だらけのものになっていたと身の縮む思いです。何人もの翻訳仲間の皆さんには、それぞれの専門範囲について訳文の校閲をお願いしました。アカデミーとサン・フレアの同僚の皆さんにもいろいろな助言と協力をいただきました。ご協力いただいた皆さん、ありがとうございました。

　誰にもまして本書の原動力となったのは、一緒に仕事をしてきた翻訳者や教え子の皆さんです。良きにつけ悪しきにつけ皆さんの作品を拝見し、真っ赤に訂正し、また期待と叱咤を織り交ぜながら教える機会がなかったなら、本書の内容を得ることはできませんでした。私の役割は、皆さんの作品からヒントを得、整理して返すという媒介者だと思います。その協働の成果である本書を十二分に活用いただければ幸いです。

2013年8月吉日
岡田 信弘

目次

はじめに ……………2

序論 ……………6

凡例 ……………8

第1章　基本変換 Ⅰ

1A. 無生物主語 ……………10
1B. 名詞構文、動名詞構文、形容詞構文 ……………22
1C. 畳込み文の展開 ……………43

第2章　基本変換 Ⅱ

2A. 能動か受動か ……………64
2B. to不定詞とso that構文 ― 訳し下げか訳し上げか ……………80
2C. 関係節 ……………99

第3章　重要構文

3A. 分詞構文 ……………122
3B. with付帯状況構文 ……………136
3C. ANDとOR ……………144
3D. 多義接続詞 ……………170

第4章 その他の操作

4A. 定型的組換え ……………186
4B. 別品詞で訳す ……………195
4C. 長文を切って訳す、前から訳し下げる ………………201
4D. その他の手法 ……………210

第5章 訳文の手入れ

5A. 日英の違い ……………226
5B. 動詞に関する諸問題 ……………240
5C. 訳文の手直し ……………255
5D. 一義性の確認　意図とは別のかかり方にとれないか …………269

第6章 正確な解釈のために

6A. 文構造の理解 ……………276
6B. 内容の解明 ……………286
6C. 辞書と語彙 ……………299

索引 ……………316

序論―定型的選択式翻訳スタイル

　正確な直訳文から出発して、必要に応じていくつかの定型的な操作を加えると、ほぼ日本語として読みやすい訳文ができます。それ以上の操作が必要になるのは、文書の種類にもよりますが、技術系や法律系のものなら数％以下です。本書では、この定型的操作について説明し、練習します。どの構文についても、よく使われるいくつかの訳し方があります。大部分の操作は、優秀な翻訳者なら自然に身につけているものであり、既存の翻訳入門書にも載っています。ただ、最初から自覚的、系統的に、有効な選択肢を覚え、最良のものをその都度選ぶという手順を身につければ、回り道をせずに読みやすい訳文を書くことができます。

　この方法は、法律、契約書や、科学技術論文、特許明細書などの硬い文章に特に有効ですが、実務翻訳の他の分野やノンフィクションにも翻訳のベースとして適用できます。

　この方法が有効となるには、2つの前提があります。
Ⅰ．正確な直訳ができる。つまり、構文を正しく解析でき、語意を正しく解釈できること。
Ⅱ．いくつかの選択肢の中から正しく選択できること。たとえば、直訳のままで十分か、それとも操作を加えるべきかを正しく判断できる力が必要。

　いくつかの定型的操作とは、以下の通りです。
1．品詞を変換する。たとえば句を節として訳す。
2．態を変換する。言い換えれば、主語を変える。
3．訳す順序を考える。
4．原文を組み換えて訳す。
5．長い文を切って訳す、前から訳し下げる、などの操作。
6．日英の表現の違いを考慮する。
7．得られた訳文に必要に応じて手を入れる。

以上の操作を加えても日本語として不十分な場合はさらに手を加えます。それ以上の操作は意訳であり、個別に考える必要があります。ただし、直訳と日本語らしさや読みやすさの点で差がなければ、操作を加える必要はありません。つまり、言い換えは必要最小限にしておき、不必要な言い換えはしないのが賢明です。

　翻訳には原文読解力、訳文表現力、それに専門知識－いわゆるバックグラウンドが必要だと誰でも言います。そのうち言語センスなど、すぐには養成できない能力もありますが、学習によって覚えれば身につきやすい知識もあります。覚えれば身につくことは、一から自分で考えるより覚えるべきです。

　本書は、表現力の骨格となる訳し方をパターン化して身につけることを目的とするものです。ただし、パターン化といっても、たとえばwhileをいつでも「一方」で済ますような紋切り型の翻訳ではいけません。この表現で通じるのか、日本語でなんと言えばより自然でわかりやすいか、たえず考えるべきです。

　本書では、身につけていただきたいパターンを、主として例文と訳例でお伝えしています。最初は常識で理解できる内容の例文からスタートし、各分野、各種文書の内容と英文・和文の文体を知っていただくために、さまざまな題材の例文を多数用意しました。

　なお、専門知識は、（英文術語入りの）母国語の教科書・参考書で学ぶのが一番効率的だと思います。non-nativeが一から英文で勉強しても、時間がかかるだけで、理解も記憶も深くなりません。でも、本書では深入りしません。

　翻訳の仕事の真髄は、内容の理解と表現にあります。基本的な表現力と、対象に関する基本的知識またはそれを適切に獲得できる能力を備えた上で、内容の理解と表現に全力を集中する態勢ができてはじめて、一人前の翻訳者といえるでしょう。本書はそうした努力の一助となることを狙いとするものです。

凡例

- 例文中の重要語句について、原文と訳文に同じ種類の下線を施してあります。
- ▽は、訳文に出ない語の相当位置および原文で省略されている語の位置を示します。
- 訳文の評価について文頭に以下の記号をつけてあります。
    - × ……解釈を誤った訳文
    - ＊ ……不自然な訳文
    - △ ……やや不十分な訳文
    - 無印 ……問題のない訳文
- 日本語の動詞は「〜する」、その連用形は「〜し」、形容詞は「〜である」「〜な」で一般的に表します。
- 「コンピューター」など語尾を伸ばすことを音引きといいます。機械・電気(ITを含む)の学会で定める学術用語では、er/or/arおよびyは伸ばさないことになっており、特許明細書を含めた専門家向け文書ではこの規則が適用されますが、本書では原則として音引きすることにします。(分野により音引きしていないものもあります)
- カタカナの複合名詞について、原語の区切りは、中黒(・)で示します。この他の方式として、半角スペースを使うものや、詰めて一語にするものもあります。
- 訳文中でアルファベットと数字(英数字という)は一般に半角で記述します。特許明細書では英数字も(原文引用部分を除き)全角とするのが一般的ですが、本書では明細書引用の例文も含めて半角記述を採用しています。
- 本書に掲載した法律・条約に関しては、英文・和文ともに、公的機関等により公表されている文章を基本的にそのまま採用しています。

第1章

基本変換 I

　英語では、日本語に比べて名詞の使い方が非常に自由です。英語でよい文章の基準の1つは簡潔さですが、動詞や形容詞の名詞形を使うと文が引き締まるので、文章語ではよく使われます。しかし、日本語の名詞にはそこまでの自由な使い方はないので、そのまま直訳すると、不自然で意味のとりにくい訳文になります。そのような文をどう扱うかがわかりやすい訳文を作る上でのもっとも重要な鍵になります。本章ではその方法を学んでいきます。中心は名詞構文ですが、類似の扱いが可能な動名詞構文と形容詞構文、そして前提として無生物主語構文を取り上げます。

第1章　基本変換 I

1A. 無生物主語

　日本語では実際の動作・行為の主体となるものしか主語に立つことができませんが、英文では抽象概念を含めてより広い範囲の言葉が主語になることができます。この種の主語は、他動詞の主語となっている場合、日本語の主語としては不適切なことが多く、書き換える必要があります。もちろん、この1世紀半の欧米語の影響で、機械部品など多くの言葉が主語としておかしくなくなってきてはいますが。

　基本的には受身に変えて訳します。元の主語に「により、によって」を付けますが、他の助詞のほうが納まりのよいこともあります。

● 例文 1A-1

These characteristics differentiate a microcontroller from a normal general-purpose computer.

　△①これらの特徴が、マイクロコントローラーを通常の汎用コンピューターから区別する。
　②これらの特徴によって、マイクロコントローラーは通常の汎用コンピューターから区別される。

　直訳①はまだ翻訳調が残り、やや硬い感じがします。△印は、やや不十分な訳文であることを示します。

● 例文 1A-2

The law has reduced domestic violence by 67%.
　＊the lawとはViolence Against Women Actのこと。

　△①同法は、ドメスティック・バイオレンスを67%減らした。
　②同法により、ドメスティック・バイオレンスが67%減少した。

＊＊＊＊

　述語動詞がrequire、necessitate、needなど「必要とする」という意味の動

詞である場合は、前半を「によって」ではなく「には」とします。これらの動詞は、「～には、～が必要である」「～するには、～する必要がある」と訳すことができます。なお、*印は、不自然な訳文であることを示します。

● 例文 1A-3

The cord is extremely tough, like thick sinew, and so cutting it requires a suitably sharp instrument.

< Wikipedia "Umbilical cord" >

*①臍帯は太い腱のようにきわめて強靭であり、したがって、それを切断することは、相当に鋭利な器具を必要とする。
②臍帯は太い腱のようにきわめて強靭であり、したがって、それを切断するには相当に鋭利な器具が必要である。

へそのお

補助動詞を伴う場合

　述語動詞が使役動詞など別に動詞を伴う補助動詞である場合は、主語が何であれ、受身で訳すのが基本形となります。

● 例文 1A-4

The pressure effects of a tropical cyclone will cause the water level in the open ocean to rise in regions of low atmospheric pressure and fall in regions of high atmospheric pressure.

< Wikipedia "Storm surge" >

△①熱帯性サイクロンの圧力効果が、開放大洋の水位を低気圧地帯では上げ、高気圧地帯では下げる。
②熱帯性サイクロンの圧力効果により、開放大洋の水位が低気圧地帯では上がり、高気圧地帯では下がる。

　causeを含む文を受身にするとき、一般に元の主動詞を「上げられる」と受身形にする必要はありません。自動詞で十分です。

第 1 章　基本変換 I

● 例文 1A-5

Any additional rain will cause water to flow out and into roads and other streams.

 ×①いかなる追加の雨も、水を道路や他の流路に流出させる。
 ②雨がさらに降れば、雨水が道路や他の水路に流れ出すことになる。

　このanyは「いかなる」の意味ではなくif any「もしあれば」に近い意味です。「があれば」とすると、仮定のニュアンスが出せますが、雨なので「降れば」とします。なお、×印は、訳文の解釈が誤っていることを示します。
　willの訳し方は難しいものです。実務文書では、主に必然的に起こるといういわば強調の意味と、ある時点より後で行われるという未来の意味で使われますが、どの意味で使われているか把握できたなら、必ずしも訳に出す必要はありません。「よう、だろう」は、未来ではなく推定の意味になるので、無批判に使うべきではありません。

＊＊＊＊

　enable、permit、allowなど「可能にする」「できるようにする」という意味の動詞がある場合も、受身形で訳すのが基本形となります。これらの動詞群を、ここでは「可能化動詞」と呼ぶことにします。可能化動詞は、使役動詞に可能の意味が加わったものとみなせ、多くの場合、同様に扱うことができます。元の主語を「により」ではなく「を用いると」と訳すのがしばしば有効です。

● 例文 1A-6

File Transfer Protocol (FTP) allows users to transfer files between network hosts.
< Wikipedia "WebDAV">

 △①ファイル転送プロトコル（FTP）は、ユーザーがネットワーク・ホスト間でファイルを転送することを可能にする。
 ②ファイル転送プロトコル（FTP）により、ユーザーがネットワーク・ホスト間でファイルを転送することが可能になる。
 ③ファイル転送プロトコル（FTP）を用いると、ユーザーがネットワーク・ホスト間でファイルを転送することが可能になる。

1A. 無生物主語

● 例文 1A-7

The above-described load compensation <u>procedure</u> enables the motor <u>to be controlled</u> without position sensors very efficiently and in an economical and reliable manner, particularly at low speeds. <EP2003771A1>

△①上記の負荷補償手順は、モータが特に低速のとき、位置センサーなしで非常に効率的に、また経済的かつ確実に<u>制御されることを可能にする</u>。

②上記の負荷補償手順により、モータを特に低速のとき、位置センサーなしで非常に効率的に、また経済的かつ確実に<u>制御することが可能になる</u>。

　the motor to be controlledの訳し方に注意してください。to control the motorの形で訳してあります。

　使役動詞や可能化動詞がto不定詞などを伴い、to不定詞などが他動詞である場合に、英文ではこの他動詞の主語を消すために、to不定詞を受身形にし、その目的語を補助動詞の目的語とする書き方をします。これを和訳する際は、「モータを制御する」と〈他動詞＋目的語〉の形で能動形で訳すことができます。

受身にしない訳し方

　元の主語が日本語の主語として適切でない場合に、受身形を使わないで訳す方法もいくつかあります。

助詞だけを変える

　主語を受ける助詞を変えるだけで、後半は能動態のままで自然な訳文が得られることもあります。たとえば、元の主語が書類などで、意味上の主語が人と考えられる場合です。この文体をとるのは、意味上の主語を明示したくない、または明示できない非人称の場合ですが、前置詞を使って受身形で書くと、長くなります。したがって、英文では簡潔さを狙ってこの文体が使われます。

第 1 章　基本変換 I

● 例文 1A-8

No particular form is stipulated, but the notice must state whether the appeal is against conviction, against sentence or against both and the reasons for the appeal.　< Wikipedia "Challenges to decisions of England and Wales magistrates' courts" >

　　具体的な書式は規定されていないが、通知書には、上訴が有罪判決に対するものなのか、量刑に対するものであるか、またはその両方に対するものであるかを記載し、かつ上訴の理由を記載しなければならない。

　「通知書は」とすると不自然ですが、「には」とするだけで自然な訳文になります。原文を受身にして、…, but it must be stated in the notice whether …と書き換えることができます。しかし、3語だけ長くなります。

● 例文 1A-9

This article discusses the laboratory test to measure the amount of creatinine in the blood.　< Mediline online: http://goo.gl/F1odp >

　　この論文では、血液中のクレアチニンの量を測定するための臨床検査について論ずる。

　人を主語にすると、In this article I discuss … と書き換えられます。やはり2語だけ長くなります。

ものである
　語尾に「ものである」を加えるだけで、自然な訳文が得られることもよくあります。宣言文などに有効です。

● 例文 1A-10

The SCC approved and issued the following guidelines, which supersede the 1978 guidelines.　< 日米安全保障共同宣言 >

　　*①日米安全保障協議委員会は、以下に示す指針を了承し、公表した。こ

[Security Consultative Committee]

の指針は、七八年の指針に代わる。
②日米安全保障協議委員会は、以下に示す指針を了承し、公表した。この指針は、七八年の指針に代わるものである。

足さないと、舌足らずです。

● 例文 1A-11

This invention relates to semiconductor processing.

＊特許明細書では発明の対象を示す冒頭部分でrelateを自動詞で使う。

本発明は、半導体加工に関する（ものである）。

明細書では、通常は「ものである」を省略しますが、ベテランでも省略しない方もいます。

前文を受けるthisやwhich

応用として、前の文を受けるthisやwhichを、「このことが、～」と直訳するのではなく、全体を受身に訳すと自然な訳文が得られます。thisやwhichが直前の文全体を受けているとは限りませんが、一部しか受けていない場合でも訳し方は変わりません。

● 例文 1A-12

Some of the plastic material then flows between the mandrel and the core, and this forms the smooth inner surface of the plastic pipe.

< EP0781642B1 >

＊①その場合、プラスチック材料の一部がマンドレルとコアの間に流れ込み、これがプラスチック管の平滑な内面を形成する。
②その場合、プラスチック材料の一部がマンドレルとコアの間に流れ込み、それによってプラスチック管の平滑な内面が形成される。

第 1 章　基本変換 I

● 例文 1A-13

Give the new folder a descriptive name, for example, a subject or the date created. This will make your photos easier to find later.

> 新しいフォルダーに記述名、たとえば主題や作成日を付けてください。こうすると、後で写真を見つけやすくなります。

　この種のthisやwhichの訳は、「それにより、これによって」が基本形ですが、その他に「こうすると」が有効なこともあり、また「したがって」や「その結果」も使えることがあります。なお、「こうすると」は文中では使えません。いずれが使えるかは、前文の内容が実施済みかそれともまだ仮定の段階か、言い換えれば既定か未定かに関係する問題であり、また文中の位置によっても決まります。ただし、実践的には、頭で理屈を考えるよりも、どの表現を使えばもっとも自然な訳文が得られるか、言葉の感覚を磨くべきです。

● 例文 1A-14

Acid rain also causes aluminum to be released into the soil, which makes it difficult for trees to take up water.

> また酸性雨によって、アルミニウムが土壌中に放出され、そのため木が水分を吸い上げるのが難しくなる。

● 例文 1A-15

In areas where there is little iodine in the diet, iodine deficiency gives rise to goiter, as well as cretinism, which results in developmental delays and other health problems.

< Wikipedia "Iodine deficiency" >

> 食物中にヨウ素が乏しい地域では、ヨウ素の欠乏によって甲状腺腫およびクレチン症が生じ、その結果、発達遅延（および）その他の健康問題がもたらされる。

　result inは、直訳すると「〜をもたらす」に近い意味です。result inがある

1A. 無生物主語

場合、このように「〜の結果」「〜した結果」と訳すこともできます。

● 例文 1A-16

Scaling of semiconductor circuits has had desirable qualities such as being able to provide system circuitry on a single chip, which in turn increases the speed and capability of the system circuit. <US6157216A>

　＊in turnは主語の直後、動詞の前にある場合、前の文と主語が変わることを明示する目印として使われる。辞書にある「順番に」などの意味になるのは、動詞の後に置かれた場合。

　半導体回路の小形化には、単一チップ上にシステム回路を設け、それによってシステム回路の速度および能力を増加させることができるなど、望ましい特質があった。

　このwhichはto provide以下を受けていると考えられます。being ableすなわち能力があるだけでは速度は高まらず、その能力を実際に発揮して始めて速度が増大するので。なお、increaseがableに係るので、increaseは他動詞形のまま訳してあります。being able toがなくてprovidingなら自動詞形になります。おもしろいことに、「それによって」が間にあると、それより後ろの部分の態の変換が自由になります。

● 例文 1A-17

Tuning is accomplished by varying the amplifier gain, which in turn varies the Miller feedback capacitance and hence controls the gyrator resonant frequency. <US5483195A>

　×①増幅器の利得を変化させることによって同調が得られ、それによってミラー帰還キャパシタンスが変化し、したがってジャイレータ共振周波数が制御される。
　②増幅器の利得を変化させ、それによってミラー帰還キャパシタンスを変化させ、それによりジャイレータ共振周波数を制御することによって同調が得られる。

第1章　基本変換 I

　この文では、whichは主節全体ではなく、varying以下だけを受けています。同調とは周波数を合わせることですから。なお、この場合もvariesとcontrolsがbyを受けているので、どちらも他動詞形で訳してあります。

まとめ

　以上をまとめると、無生物主語を含む文は、次のように訳すことができます。
1. 基本形としては、全体を受身に変えて訳します。
2. 元の主語を受ける助詞にはbyの訳語「により」だけでなく「では」「を用いると」など別の語句も使えます。元の動詞は、受身形または自動詞形にします。
3. 元の主語を受ける助詞を「に（は）」「で（は）」などに変えるだけで、能動形のまま訳せることもあります。
4. 語尾に「ものである」を付けるだけで自然な訳文になることもあります。
5. 応用として、前文を受けるthisやwhichが主語となっている文でも、「これにより、これによって」「こうすると」「したがって」「その結果」で始め、その後を第1項に準じて受身で訳すことができます。

1A. 無生物主語

> **練習 I** 次の訳文をより自然な訳文に直してみましょう。

1. The new nanopore sensor <u>simplifies</u> analysis of methylated DNA.
   ＊ナノポアは径数nmの孔。そこを高分子が通る際に流れる電流を測定して性質を調べる。
   新しいナノポア・センサーは、メチル化DNAの分析を簡単にする。

2. Feeding 9 billion people without destroying the environment <u>necessitates</u> plant based diets that exclude meat and dairy.　＜ Scott Reil, URL: http://goo.gl/foS6w ＞
   環境を破壊せずに90億人を食べさせることは、肉と乳製品なしの植物本位の食物を必要とする。

3. There is evidence that this gun law <u>has reduced</u> the incident rate of home burglaries.　＜ Wikipedia "Kennesaw, Georgia" ＞
   この銃砲所持法が、押し込み強盗の発生率を減少させた証拠がある。

4. This technique <u>ensures</u> that the gate will slightly overlap the edges of the source and drain.　＜ Wikipedia "Self-aligned gate" ＞
   ＊ensureはmake ... sureの意味で、「確保する、保証する」、もう少しくだいて「(確実に) ～ようにする」などと訳すことができます。ソース、ドレイン、ゲートはFETトランジスタの端子。
   この技術は、ゲートがソースおよびドレインの縁部とわずかに重なり合うことを保証する。

5. A properly designed furnace, supplied with a due amount of air, will <u>cause</u> nearly all the carbon in the coal burnt to combine with the full amount of oxygen.
   適切に設計された炉は、しかるべき量の空気を供給されると、燃焼した石炭中のほぼすべての炭素を十分な量の酸素と結合させることになる。

練習 I 解答例
1. 新しいナノポア・センサーにより、メチル化DNAの分析が簡単になる。
2. 環境を破壊せずに90億人を食べさせるには、肉と乳製品なしの植物本位の食物が必要である。
3. この銃砲所持法により、押し込み強盗の発生率が低下した証拠がある。
4. この技術により、ゲートがソースおよびドレインの縁部とわずかに重なり合うことが保証される。
5. 適切に設計された炉を用いると、しかるべき量の空気を供給すれば、燃焼した石炭中のほぼすべての炭素が十分な量の酸素と結合するようになる。
   ※人の視点に変えたので、空気供給もその視点から能動形で訳すと落ち着きます。また、「用いると」「供給されると」という「と」の重複を避けて、「すれば」とします。

第1章　基本変換 I

練習 II　次の英文を訳してみましょう。

1. The floor <u>plan</u> of a multiple-story building should show the locations of stairways and elevators and must indicate that the stairs, not the elevators, are the appropriate means of exit in case of emergency.

2. This characteristic <u>simplifies</u> the software development cycle and <u>allows</u> easy integration and re-utilization of software components.
   < Robotnik, http://goo.gl/XnfUw >

3. The <u>agreements</u> reached in Addis Ababa removed procedural obstacles to the implementation of the roadmap.

4. If the motor is overloaded, the slip of the motor is higher, <u>which</u> results in higher losses.
   < US5747963A >

5. The protocol <u>allows</u> clients to send SCSI commands (CDBs) to SCSI storage devices on remote servers.
   < Wikipedia"ISCSI" >

6. The hydrogen in a shell continues to convert to helium, but the outer layers of the star have to expand to conserve energy. <u>This</u> makes the star appear brighter and cooler, and it becomes a red giant.
   ＊star「恒星」red giant「赤色巨星」

7. If the proposed corporate action creates dissenters' rights, the <u>notice</u> must state that shareholders and beneficial shareholders are entitled to assert dissenters' rights.
   ＊dissenter「反対株主」beneficial shareholder「受益株主」

8. George Stephenson and his predecessors experienced great difficulty in rendering the tube-end joints water-tight, but the <u>invention</u> of the "expander" has removed this trouble.
   ＊water-tightはtight to waterの略形で「水密（な）」。air-tight「気密」、liquid-tight「液密」、tightは総称で「耐密」。joint「接合部」、expanderは管径を広げる工具。

9. The final sentence either <u>emphasizes</u> the thought of the topic sentence or <u>states</u> some important consequence.

10. The law <u>has reduced</u> the amount of fertilizer containing phosphorus that was being used.

11. This procedure <u>enables</u> your eye care professional to <u>get</u> a good look at

the back of the eyes and examine them for any signs of damage or disease.

練習 II　解答例
1. 多層建物の間取り図には、階段とエレベーターの位置を示すべきであり、エレベーターではなく階段が、非常の際の適切な脱出手段であることを明示しなければならない。
2. この特徴により、ソフトウェアの開発サイクルが簡単になり、ソフトウェア・コンポーネントの容易な統合および再利用が可能になる。
3. アジスアベバで成立した合意によって、ロードマップを実施するための手続き上の障害がなくなった。
4. モータが過負荷の場合は、モータの滑りがより大きくなり、その結果、損失がより大きくなる。
   ＊この文では、whichはthe slip以下の主文を受けており、if節は受けていません。
5. このプロトコルを用いると、クライアントがリモート・サーバー上のSCSI記憶装置にSCSIコマンド（CDB）を送信することが可能になる。
6. シェル内の水素はヘリウムに変換され続けるが、恒星の外層はエネルギーを保存するために膨張しなければならない。そのため、恒星はますます明るく見えかつ低温になり、赤色巨星になる。
7. 提案されているコーポレート・アクションによって反対株主の権利が発生する場合、通知には、株主および受益株主が反対株主の権利を行使する権限を有することを明記しなければならない。
8. ジョージ・スチーヴンソンと彼の先駆者たちは管末端の接合部を水密にするのに非常に苦労したが、「エキスパンダー」の発明によりこの難点が取り除かれた。
9. 最後の文では、トピック・センテンスの意図を強調するか、またはいくつかの重要な結果を記載する。
10. この法律により、リンを含む肥料の使用量が減少した。
11. この手順により、あなたの担当眼科専門家が眼の背部をよく見て、損傷または疾患の徴候があるかどうか検査することが可能となる。

1B. 名詞構文、動名詞構文、形容詞構文

　これらの構文を総称して畳込み構文と呼ぶことにします。文の単位としては、大きいものから順に節、句、単語になります。英語では節とは定動詞を含み従属接続詞または関係詞が前に付いたものをいいます（定動詞とは時制と人称・数で変化しまたは助動詞をとっている形の動詞、不定詞が変化しないためにそう呼ばれているのと対照的）。これらの構文は節に書き換えることができ、節を簡略化したものとみなすこともできます。

動詞派生名詞

　動詞派生名詞は、動名詞とほぼ同じ意味になります。下記の例文1B-1では、provision of = providingです。辞書に書いてなくてもそれが第1の意味だと思ってください。

　派生名詞の後のofは他動詞の目的語を表します。自動詞の場合は主語になります。代名詞の場合はofの代わりに所有格を使います。その他の前置詞は定動詞や動名詞の場合と同じです。他動詞の主語をbyで表すこともできます。

　一般に、動詞派生名詞に係る前置詞句が複数（特に3種以上）ある場合や、前後の言葉（訳語）が要求する場合には、派生名詞を展開して訳すことが必要になります。これは動詞派生名詞を動名詞に書き換えることに相当します。

● 例文 1B-1

Welfare is the provision of a minimal level of wellbeing and social support for all citizens.　　　　　　　　　　　　　　　　< Wikipedia "Welfare" >

　　＊provision of ～ for …はprovide A for B「AをBに与える/提供する」の名詞形。a minimal level …はprovideの目的語であり、前から「最低限の～」と訳す。wellbeingは普通は「福祉」と訳せるが、welfareと同じ訳語をあてるのはよくない。

　福祉とは、すべての市民に最低限の福利と社会的支援を提供することである。

1B. 名詞構文、動名詞構文、形容詞構文

左の英文は次の文と同じ意味です。これなら簡単に訳せます。

Welfare is providing a minimal level of wellbeing and social support for all citizens.

この文のような定義文では、主語を「～は、」とせずに、「～とは、」とします。

● 例文 1B-2

One of my unforgettable memories in these years was my acquaintance with him.

   ＊my acquaintance with him = that I was acquainted with him

  ＊①この頃の私の忘れがたい思い出の1つは、私の彼との知遇である。
    ②この頃の私の忘れがたい思い出の1つは、彼と知り合ったことである。

● 例文 1B-3

Where the national law of the designated State does not require the indication of the house number, failure to indicate such number shall have no effect in that State.   ＜PCTに基づく規則＞

  ＊whereは「～場合」と訳す。in the case whereの意味だと考えてよい。
  ＊failureの動詞形failには、「失敗する」のほかに「行わない」という意味がある。契約書などではfailureを「不履行」と訳す。この言葉を使うと、notなどの否定辞を使わずに否定の意味を表すことができる。

  指定国の国内法令が住居番号を記載することを要求していない場合には、その番号の記載がないことは、当該指定国においていかなる影響をも及ぼすものではない。

目的語＋動詞派生名詞（複合名詞）

〈動詞派生名詞＋of＋目的語〉をさらに〈目的語＋動詞派生名詞〉に簡略化することができます。

第 1 章　基本変換 I

● **例文 1B-4**

Most current software programs restrict a user to character input in a single natural language.
<EP0632361A2>

 ＊①現在のほとんどのソフトウェア・プログラムは、ユーザーを、単一の自然言語における文字入力に制限している。
 △②現在のほとんどのソフトウェア・プログラムでは、ユーザーは、単一の自然言語で文字を入力することだけに制限されている。

これでもまだわかりにくければ、restrictをくだいて訳してやる必要があります。「〜に制限されている」とは「〜しか許されていない」ということです。

 ③現在のほとんどのソフトウェア・プログラムでは、ユーザーは、単一の自然言語で文字を入力することしかできない。

character inputと複合名詞になっていますが、〈目的語＋動詞派生名詞〉の形になっているので、the input of a character (characters)と扱いは同じです。ただし、修飾側の冠詞や数は捨象（無視、切捨て）されます。

目的語をinで表す場合
 変化（change、improve）、増減（increase）、相違（differ）などを表す動詞派生名詞は、他動詞の目的語（自動詞の主語）を示す前置詞として、ofの代わりにinをとります。

> 意味上の主語にinを使うのは、her weight has increasedと並んでshe has increased in weightという言い方があることによるものと思われます。名詞形でもincrease of her weightと並んでincrease in her weightが使われます。inを使うのは（この例では）sheを主語と見た言い方です。

1B. 名詞構文、動名詞構文、形容詞構文

● 例文 1B-5

External resistance gives the motor a characteristic that results in a large drop in rpm for a fairly small change in load.

< Penton Media, Inc. & Machine Design magazine. http://goo.gl/3vFf9 >

＊that以下はcharacteristicの内容を説明しているので、「という」でつなぐ。

△①外部抵抗はモータに、負荷のかなり小さな変化に対して回転速度の大きな低下をもたらすという特性を与える。
②外部抵抗があると、モータは、負荷がかなり小さく変化するだけで回転速度が大きく低下するという特性をもつようになる。

● 例文 1B-6

The NIH study shows big improvement in diabetes control over past decades.

＊big improvement in diabetes control ... = that diabetes control has been largely improved

△①NIHの研究は、過去数十年間における糖尿病管理の大きな改善を示している。
②NIHの研究の示すところによれば、糖尿病の管理は過去数十年の間に大きく改善された。

　派生名詞を修飾する形容詞bigは、名詞構文を名詞節に書き換えるとき副詞形になります。

動詞派生名詞の時制と態
　動詞派生名詞は動名詞とほぼ同じ意味だと最初に言いましたが、まったく同じではありません。主格と目的格は前述のように前置詞を使って表現できますが、完了は表現できません。したがって動詞派生名詞と主動詞（主節中の動詞）の時間的関係を把握する必要があります。
　また、同じ動詞が自動詞にも他動詞にもなる場合は名詞形が同じになり、態、すなわち能動か受身かも表せません。したがって、他動詞ではなく受身形や自動詞で訳すべき場合もよくあります。行為者（動作主）の存在を意識すべ

第 1 章　基本変換 I

きか否かが判断の基準です。

● 例文 1B-7

Most violations of the rules of concord come from a <u>failure</u> to recognize the relation of subject and predicate when these parts are transposed or are separated by other words.

＊a failure to ... = failing to ....。concordは主語と動詞の一致のこと。

大部分の一致規則違反は、主語と述語が入れ替わり、または他の言葉によって分離されたときに、それらの語の関係が<u>認識できなくなったこと</u>から生じる（ものである）。

認識は違反より論理的に前の出来事なので、「認識できないこと」ではなく、完了形（「認識できなくなったこと」）で訳すのが妥当です。

● 例文 1B-8

The problem of heat dissipation in integrated circuits has gained an increasing interest in recent years due to the <u>miniaturization</u> of semiconductor devices.

< Wikipedia "Heat generation in integrated circuits">

集積回路における放熱の問題は、近年、半導体デバイスが<u>小型化されて</u>きたため、ますます関心を集めてきている。

ここでは人が文全体の意味上の主語になっていないので、miniaturizeを能動形で訳すことはできません。また現在ではなく完了形で訳すのが妥当です。ただし、この文は「半導体デバイスの小型化により」と名詞形で訳すこともでき、その場合は英語原文と同様に態の問題も時制の問題も捨象されます。

形容詞派生名詞

形容詞の名詞形が主語や補語になっている場合も、直訳で不自然なら、形容詞に戻して訳します。正確に言うと〈being＋形容詞〉です。

1B. 名詞構文、動名詞構文、形容詞構文

● 例文 1B-9

An advantage of gasification is its applicability to a variety of feedstocks.

＊its applicability to ... = that it is applicable to ...

＊①ガス化の利点は、さまざまな原料に対するその応用可能性である。
　②ガス化の利点は、それがさまざまな原料に応用可能なことである。

● 例文 1B-10

An additional important advantage of the airport is its proximity to an FAA (Federal Aviation Administration).

＊its proximity to ... = that it is proximal to ...

＊①本空港のもう1つの重要な利点は、FAA（連邦航空局）への近接性である。
　②本空港のもう1つの重要な利点は、FAA（連邦航空局）に近いことである。

● 例文 1B-11

A characteristic of Gothic church architecture is its height, both absolute and in proportion to its width.

< Wikipedia"Gothic architecture">

＊its height = that it is high

＊①ゴチック式教会建築の1つの特徴は、絶対的な、かつその幅に対するその高さである。
　②ゴチック式教会建築の1つの特徴は、絶対的にも、またその幅に比べても（背が）高いことである。

形容詞派生名詞の2つの意味

　形容詞の名詞形は、必ずしも「〜であること」とは限りません。highの名詞形heightは「高さ」、つまり「どれくらい高いか（ということ）」です。もちろん例文1B-11のように「高いこと」の意味もあります。どちらの意味なのか文脈から判断しなければなりません。

　なお、possibilityでは可能か不可能かどちらかしかないので「どれくらい可

第1章　基本変換 I

能か」ではなく「可能かどうか」となります。もちろん「可能であること」の意味もあります。abilityやcorrectnessなども同様に二択です。

● 例文 1B-12

The <u>ability</u> to dissipate this heat is a crucial factor in ensuring device reliability.　　　　　　　　　　　　　　　　　　　　　　< US6284574B1 >

＊the ability to dissipate this heat = *whether* this heat is able to be dissipated

＊①この熱を<u>放散する能力</u>は、デバイスの信頼性を確保する上できわめて重要なファクタである。
②この熱を<u>放散できるかどうか</u>は、デバイスの信頼性を確保する上できわめて重要なファクタである。

● 例文 1B-13

You can additionally check the <u>correctness of</u> the result using a truth table.　　　　　　　　　　　　　　　　< Wikipedia "Circuit minimization" >

△①あなたはさらに、真理値表を用いて、結果<u>の正しさ</u>をチェックすることができる。
②さらに、真理値表を用いて、結果<u>が正しいかどうか</u>をチェックすることができる。

動名詞構文

　普通の動名詞、つまり主語のない動名詞は、そのまま「～すること」と訳せばよいので、何の問題もありません。しかし、主語付きの動名詞は、先頭の名詞を現在分詞が修飾する場合と同じ形になるので、注意が必要です。というより、こういう形があることを知らずに何でも現在分詞として訳してしまう人が多いのです。なお、意味上の主語が人称代名詞の場合は所有格をとります。派生名詞の場合と同様に、意味上の主語をbyで表して、主語のない動名詞の形にすることも可能です。

1B. 名詞構文、動名詞構文、形容詞構文

● 例文 1B-14

A typical session begins with a user sending a service request to a provider.

 ×①典型的なセッションは、プロバイダーにサービス要求を送るユーザーから始まる。
 ②典型的なセッションは、ユーザーがプロバイダーにサービス要求を送ることによって始まる。

 sendingを①のように現在分詞として訳すと、変な訳文になります。ここでは、userが動名詞sendingの意味上の主語になっています。つまり、that a user sends a request to a providerということです。したがって、②のような意味になります。

● 例文 1B-15

In 648, Tang Taizong sent him to India in response to Harshavardhana sending an ambassador to China.
            < Wikipedia "Wang Xuance" >

 ×①中国に使節を派遣してきたハルシャヴァルダナ（戒日王）に応えて、648年に唐の太宗は彼（王玄策）を印度に遣わした。
 ②ハルシャヴァルダナ（戒日王）が中国に使節を派遣してきたのに応えて、648年に唐の太宗は彼（王玄策）を印度に遣わした。

 主語付きの動名詞構文は、主語と修飾部を-ing形で結びつけることによって、節を句の形で表す働きをしているといえます。

第1章　基本変換 I

● 例文 1B-16

If we seal up the boiler so that no escape is possible for the steam molecules, their motion becomes more and more rapid, and pressure is developed by their beating on the walls of the boiler.

　　＊by their beating on ... = by *the fact that* they beat on ...

　水蒸気分子が漏れ出せないようにボイラーを密封した場合、それらの分子の動きは次第に速くなっていき、それがボイラーの壁面にぶつかることによって圧力が発生する。

　人称代名詞が意味上の主語になっている例です。このように所有格をとるのが普通ですが、前置詞の後では目的格をとることもあります。意味上の主語が人を表す名詞の場合は's を付けるのが普通です。一般の名詞の場合は、目的格として動名詞の前にそのまま置かれます。

形容詞構文

　名詞構文は、述語動詞を名詞の形に畳み込んで表現するものでしたが、述語が〈be動詞＋形容詞〉である場合には、〈形容詞＋名詞〉の形に畳み込むことができます。これを形容詞構文と呼ぶことにします。すなわち、〈形容詞＋名詞〉をそのまま訳してしっくりしない場合は、〈名詞＋being＋形容詞〉の形に展開して「～が～であること」と訳すと、自然な訳文が得られます。もちろん、過去分詞も同じ扱いです。つまり、副文が受動態の場合は、この構文を使って畳み込むことができます。

● 例文 1B-17

Compared to IPv4, the most obvious advantage of IPv6 is its larger address space.　　　　　　　　　　　　　　　　　　< Wikipedia "IPv6" >

　　＊its larger address space = that its address space is larger

　　△①IPv4に比べてIPv6のもっとも明白な利点は、そのより大きなアドレス空間である。

②IPv4に比べてIPv6のもっとも明白な利点は、そのアドレス空間がより大きいことである。

● 例文 1B-18

Thus, it is possible by evaluating these reply messages to check correct response of the device.　　　　　　　　　　　　　　　　　< US5577198A >

　　＊correct response of ... = that the response of ... is correct

×①したがって、これらの返信メッセージを評価することにより、装置の正しい応答をチェックすることが可能である。

②したがって、これらの返信メッセージを評価することにより、装置の応答が正しいかどうかをチェックすることが可能である。

形容詞が名詞を修飾しているものとして直訳すると、変な訳文になります。

＊＊＊＊

もちろん、〈形容詞＋名詞〉は展開せずに直訳したほうがよい場合がむしろ普通です。直訳してしっくりしないときにだけ、このように展開します。

前置詞付きの畳込み構文

　名詞構文などの前に前置詞を付けてできた副詞句のあるものは、接続詞で始まる副詞節と同じ意味を表し、したがって、従属節の形に訳すことができます。一般にそうするほうが直訳よりも自然な訳文になります。逆に、英文では前置詞を使うと接続詞を使うよりも定動詞の数が減るので、文がコンパクトになります。

第 1 章　基本変換 I

● 例文 1B-19

The load has a relatively high impedance prior to ignition of the gas into a plasma state.　　　　　　　　　　　　　　　　　　< US5982099A >

　　＊prior to ignition of the gas into ... = before the gas is ignited into ...

　ガスを着火してプラズマ状態にする前は、負荷のインピーダンスが比較的高い。

　結果を示すintoがあるので、「ガスの着火前」とは訳せません。ignitionの意味上の主語は人なので、この部分は能動形で訳します。

● 例文 1B-20

Magnesium can affect muscle relaxation through direct action on cell membranes.　　　　　　　　　　　　　　< Wikipedia "Magnesium in biology">

　　＊through direct action on ... = by directly acting on ...

　マグネシウムは、細胞膜に直接作用することによって、筋肉の弛緩に影響を与える。

　形容詞directを副詞の形で訳すことを忘れないでください。actionの意味上の主語が主文の主語Magnesiumと一致しているので、能動形で訳します。

● 例文 1B-21

The CPU processes signals received from the sensor and stores processed data for later retrieval.　　　　　　　　　< WO2006002534A1 >

　　＊for later retrieval = for it to be retrieved later = so that it may be retrieved later

　CPUはセンサーから受け取った信号を処理し、処理済みデータを後で取り出せるように格納する。

＊＊＊＊

　動名詞構文の場合も同様です。

1B. 名詞構文、動名詞構文、形容詞構文

● **例文 1B-22**

The control of the front rudder was difficult on account of its being balanced too near the center.

 ＊on account of its being balanced ... = because (=on account of the fact that) it is balanced ...

 △①前部方向舵は、余りにも中心の近くでそれが釣り合っているので、制御するのが難しかった。
 ②前部方向舵は、その釣合い位置が中心に近すぎるので、制御するのが難しかった。

意味上の主語を示す所有格itsをとっていることに注意してください。

● **例文 1B-23**

If you place a pot filled with water on an open fire, and watch it when it boils, you will notice that the water heaves up at the sides and plunges down at the centre.
This is due to the water being heated most at the sides, and therefore being lightest there.

 ＊due to the water being heated ... = because (due to the fact that) the water is ...

 水を一杯入れたポットを直火に当て、水が沸騰する様子を観察する場合、水が周辺部で持ち上げられ、中心部では下に潜っていくのに気づくはずである。
 こうなるのは、水が周辺部でもっとも強く加熱され、したがってそこでもっとも軽くなるからである。

 動名詞の意味上の主語waterが出ています。主語がある場合は英文で動名詞構文を使うのが有効です。

＊＊＊＊

 前置詞の後の形容詞構文も、動名詞構文と同じように展開して訳すことができます。やはり副詞節の代用です。

第 1 章　基本変換 I

● 例文 1B-24

The speed over the ground was somewhat faster than that of the first flight, due to the lesser wind.

 ＊due to the lesser wind = because the wind was lesser

 風が弱かったおかげで、対地速度は一回目の飛行時より幾分速かった。

● 例文 1B-25

Performance is high because the components switch quickly and consume little power (compared to their discrete counterparts) as a result of the small size and close proximity of the components.

 < Wikipedia "Integrated circuit">

 ＊compared toを使うと比較級を使わずに比較を表すことができる。

 コンポーネントのサイズが小さくなり、互いに近接するようになった結果、コンポーネントが（離散形のものに比べて）迅速に切り換わり、少しの電力しか消費しないので、性能が高い。

　これは、as a result that the size of the components is small and they are in close proximityと書き換えられます。このように節の形で書くと、componentsを（代名詞theyの形であれ）2回書かなければならなくなる点でも、形容詞構文を使った形がコンパクトさにおいて優っています。

＊＊＊＊

　構文中に修飾語が欠けている場合は、ただちに展開して訳す、つまり従属節に書き換えることはできません。この種の、文脈からわかる、または専門家には自明の、修飾語の省略は、ときどき見られます。

● 例文 1B-26

These are very closely related to the intrinsic pathway, and tumors arise more frequently through the intrinsic pathway than the extrinsic pathway because of sensitivity.

 < Wikipedia "Apoptosis">

△①これら（アポトーシス・エフェクター）は内在経路ときわめて密接に関係しており、腫瘍は、感受性の故に、外在経路よりも頻繁に内在経路を介して発生する。

　これでは意味がわかりません。でも、このsensitivityも内容がわかっていれば展開できます。sensitivityは感受性ではなく「感受性が高いこと」と解釈できます。「〜にかかりやすい」といった意味です。ではどちらの経路のことを言っているのかを考えると、文脈からだけでも内在経路のほうであることは明らかであり、sensitiveの意味上の主語はこの内在経路です。つまり、sensitivityはhigh sensitivity of the intrinsic pathway to tumorsの略記です。これをsensitivityたった1語で表しているわけです。
　したがって、次のように展開して訳すことができます。

　②これら（アポトーシス・エフェクター）は内在経路と非常に密接に関係しているが、内在経路は腫瘍に対する感受性が高いので、腫瘍は、外在経路よりもずっと頻繁に内在経路を介して発生する。

　一般に余計な語を追加せずに原文の意味が出せるなら、追加しないで訳すべきです。しかし、そうしないと読者には何を言っているのかわからなくなる場合は、最小限の（もちろん専門家には書いてなくても自明の）言葉を追加してでも、内容が理解できる訳文にすべきです。

名詞＋関係節
　前置詞に続く名詞の後に関係節が付いている場合も同様に展開して訳せることがあります。関係節のwhich isなどを省略すれば形容詞構文になりますから。さらに、関係節中の動詞がbe動詞以外の場合も、〈関係詞＋動詞〉を〜ing形に変えれば動名詞構文になるので、同様に展開できます。

第 1 章　基本変換 I

● 例文 1B-27

There is a rumor of an iPhone user who emailed Steve Jobs and received an email response from Jobs in regards to the tracking issue.

<"Limes In The Sky.", http://goo.gl/t9mxV>

　＊ a rumor of an iPhone user who emailed Steve Jobs …
　＝ a rumor of an iPhone user having emailed Steve Jobs …
　＝ a rumor that an iPhone user emailed Steve Jobs …

△①トラッキングの問題についてスティーヴ・ジョブズに電子メールを送って、彼から電子メールで返事をもらった、あるiPhoneユーザーの噂が流れている。
②あるiPhoneユーザーがトラッキングの問題についてスティーヴ・ジョブズに電子メールを送って、彼から電子メールで返事をもらったという噂が流れている。

①と②の関係は、動名詞構文を現在分詞として訳した場合と同じです。

● 例文 1B-28

Those cables tend to fail in time due to aging which leads to broken inner cores and connectors.

<"Warning light Hyundai Getz 1.3", http://goo.gl/0yHScl>

　＊①これらのケーブルは、壊れた内部コアとコネクタをもたらす老化の故に、やがては役立たなくなる傾向にある。
　②これらのケーブルは、老化によって内部コアとコネクタが壊れるため、やがては役立たなくなる傾向にある。

どちらが読みやすいか一目瞭然ですね。

畳込み

　名詞構文の修飾構造が簡単な場合は、変換を加えずに名詞のままで訳してもたいていはさしつかえありません。また動名詞構文や形容詞構文も、名詞構文

1B. 名詞構文、動名詞構文、形容詞構文

の形に畳み込んで訳したほうがよい場合があります。

● 例文 1B-29

The collection and sharing of data and information takes place across some organisations.

> データおよび情報の収集および共有が、いくつかの機関の間で行われている。

この例では、構造が簡単だからというよりも、むしろ「行われる」の主語として「〜すること」よりも単なる名詞形がふさわしいという事情があります。
　take placeおよびoccurは、「生じる」よりも「行われる」と訳したほうがよい場合がしばしばあります。

● 例文 1B-30

Designing such barrier systems begins by understanding the differences between material and system certification.

> △①このようなバリア・システムを設計することは、材料とシステム証明との違いを理解することから始まる。
> ②このようなバリア・システムの設計は、材料とシステム証明との違いを理解することから始まる。

「始まる」の主語として、動名詞のまま訳すよりも名詞形のほうが適切です。

> このように前後の言葉によって特定の形が要求されることはよくあります。構造が複雑なのに、名詞形が要求される場合は、どちらかの要件を犠牲にしなければなりません。

第1章　基本変換 I

〈過去分詞＋名詞〉の形の形容詞構文は、さらに〈動詞派生名詞＋of＋名詞〉の形に畳み込むこともできます。

● **例文 1B-31**

The decrease in net income was a result of <u>decreased operating income</u>, <u>increased interest expense</u>, and a <u>higher effective tax rate</u>.

<http://goo.gl/gTlac>

 ＊ decreased operating income = decrease in operating income

 ＊①純利益の減少は、<u>減少した営業利益</u>、<u>増加した支払利息</u>、および<u>より高い実効税率</u>の結果である。
 ②純利益の減少は、<u>営業利益の減少</u>、<u>支払利息の増加</u>、および<u>実効税率の上昇</u>の結果である。

比較級higherもここではhigher = increasedとして訳すと、各句の足並みが揃って好都合です。

まとめ

以上をまとめると、畳込み構文を含む文は、次のように訳すことができます。

1. 動詞派生名詞にof/inの付いた形は、動名詞に変えて「...を〜する（こと）」「...が〜する（こと）」と訳すことができます。of/inの後の名詞が、他動詞の目的語、自動詞の主語になります。（名詞構文）
2. 〈目的語＋他動詞派生名詞〉（複合名詞）は、〈他動詞派生名詞＋of＋目的語〉と同じ意味です。
3. 名詞形は時や態の概念を含んでいないので、文脈に応じて「〜した（こと）」や「〜される（こと）」と訳すべき場合があります。
4. 形容詞派生名詞は、「〜である（こと）」または「どれほど〜であるか」「〜であるかどうか」と訳すことができます。（名詞構文）
5. 動名詞は普通に「〜する（こと）」と訳します。〜ing形の前後に名詞がくる形は、現在分詞が前の名詞を修飾する場合の他に、前の名詞が動名詞の主語になっている場合があり、この場合は「...が〜する（こと）」などと訳しま

す。(動名詞構文)
6. 名詞に形容詞などの修飾語句が付いていて、普通に「〜である…」と訳してしっくりいかない場合は、「…が〜である(こと)」と訳すことができます。修飾語が、前置詞句や関係節である場合も同様です。(形容詞構文)
7. 畳込み構文に前置詞が付いている場合、(こと) をとって副詞節として訳すことができます。
8. 畳込み構文の構造が簡単な場合や、前後との関係から必要な場合は、名詞構文をそのまま訳し、動名詞構文を動詞派生名詞で、形容詞構文を形容詞派生名詞で訳すこともできます。

第1章　基本変換 I

練習 I　次の訳文をより自然な/正しい訳文に直してみましょう。

1. The main advantages of lipofection are its high <u>efficiency</u>, its ability to transfect all types of nucleic acids in a wide range of cell types, its <u>ease</u> of use, reproducibility, and <u>low</u> toxicity.
　　　　　　　　　　　　　　　　　　　　　　　　　　　　　< Wikipedia "Lipofection">

＊lipofectionはリポソームを使ってトランスフェクトする技術。transfectionは人為的方法（穿孔など）で動物細胞に核酸を導入すること。

リポフェクションの主な利点は、高い効率、あらゆるタイプの核酸を広範囲の細胞型にトランスフェクトする能力、使いやすさ、再現性、および低い毒性である。

2. A key code is generated <u>in response to</u> a user <u>depressing</u> a key on the keyboard.　　　　　　　　　　　　　　　　　　　　　　< EP0632361A2 >

キーボード上のキーを押下するユーザーに応答して、キーコードが生成される。

3. Most small business owners need to hire a tax professional because of the <u>complexity</u> of the Tax Code.

大部分の中小企業経営者は、税法の複雑さの故に、税務専門家を雇う必要がある。

4. At least one study found a <u>lower</u> than expected rate of HLA similarity between spouses in an isolated community.　< Wikipedia "Human leukocyte antigen">

少なくとも1件の研究で、隔離された村落の夫婦間における期待値よりも低いHLAの類似度が見つかった。

5. The system verifies the <u>correct</u> operation of security functions.

システムが、セキュリティー機能の正しい動作を検証する。

練習 I　解答例
1. リポフェクションの主な利点は、効率が高く、あらゆるタイプの核酸を広範囲の細胞型にトランスフェクトでき、用いやすく、再現性があり、毒性が低いことである。
2. ユーザがキーボード上のキーを押下したことに応答して、キーコードが生成される。
3. 税法が複雑なので、大部分の中小企業経営者は、税務専門家を雇う必要がある。
4. 少なくとも1件の研究で、隔離された村落の夫婦間でHLAの類似度が期待値よりも低いことがわかった。
5. システムは、セキュリティー機能が正しく動作していることを検証する。

1B. 名詞構文、動名詞構文、形容詞構文

練習II　次の英文を訳してみましょう。

1. The advantage of GPS is its relative ease of operation in the field since receiver sites need not be intervisible and the receivers are relatively simple to use.
2. Now, it is difficult, perhaps impossible, to bring forward one case of the hybrid offspring of two animals clearly distinct being themselves perfectly fertile.
3. Remember most emails are never completely private; there is always a chance of someone else besides the intended recipient reading it.

   < Bishop's University, "Email Etiquette", http://goo.gl/WzYis >

4. After the repetitive surge-voltage application to point contact samples, the surface condition was analyzed by SEM and digital microscope.

   < N Hayakawa and H Okubo, Lifetime Characteristics of Nanocomposite Enameled Wire Under Surge Voltage Application", http://goo.gl/af82g >

5. Destruction of living cells in liquid has been performed by pulsed high-voltage application to the liquid.

   < Mizuno, A, Hori, Y., "Destruction of living cells by pulsed high-voltage application", *Industry Applications, IEEE Transactions 24(3)*, pp. 387 - 394 (1988).>

6. Corn yield may also be reduced due to high air temperatures (95°F and higher) during pollination.

   < Pawel Wiatrak, "Environmental Conditions Affecting Corn Growth", http://goo.gl/b5uzm >

7. I received two emails in response to my sending out my own emails to all of my friends and family to vote NO against the amendment.
8. These types of plate boundaries often cause earthquakes and volcanoes due to the subduction which causes friction and heat.
9. As research progresses, investigators will also uncover the mechanisms for diseases caused by several genes or by a gene interacting with environmental factors.
10. XP defects may result primarily from a failure to repair DNA.
11. The fast RAM found in gaming PCs has the benefit of increased performance by having lower latency than regular RAM.

    < Wikipedia"Enthusiast computing">

第1章　基本変換 I

12. In ordinary house cisterns the water is not contaminated to any great extent with sewer gases, probably <u>because of</u> the short time <u>during which</u> this water is allowed to remain in the cistern, and also perhaps <u>because of</u> the deposition of parts of the impurities in the muddy substance which settles at the bottom of the cistern.

13. Therefore, the risk of me <u>failing</u> the course and being prevented from <u>graduating</u> because of not <u>being</u> able to take his final exams due to an unavoidable circumstance is unacceptable.

練習 II　解答例

1. GPSの利点は、受信機サイト同士が互いに見えなくてもよく、また受信機が比較的使用が簡単なので、比較的現場で操作しやすいことである。
2. 今では、2つのはっきり異なる動物の雑種の子孫がそれ自体完全な繁殖力があるというケースを提示することは、難しく、おそらく不可能である。
3. 大部分の電子メールは完全に非公開のものではないことを忘れないように。所期の受取人以外の者がそれを読む機会が常にありますから。
4. 点接触サンプルにサージ電圧を繰り返し加えた後、表面状態をSEMおよびデジタル顕微鏡で分析した。
5. 液体中での生細胞の破壊は、液体に高電圧をパルス式に印加することによって実施されていた。
6. 受粉時の気温が高かった(95°F以上)ので、トウモロコシの収穫量も減少するおそれがある。
7. 修正案に反対票を投じるよう友人と家族のみんなに電子メールを送った返事として、私は2通のメールを受け取った。
8. このタイプのプレート境界は、沈み込みによって摩擦および熱を発生させるので、しばしば地震および火山活動を引き起こす。
   ＊subductionがfrictionとheatを発生させ、frictionとheatがearthquakesとvolcanoesを引き起こす（具体的にはfrictionがearthquakesを、heatがvolcanoesを引き起こす）ので、この形で訳すほうがわかりやすい訳文が得られます。
9. 研究が進むにつれて、研究者らは、いくつかの遺伝子によって、または遺伝子と環境因子との相互作用によって疾病が引き起こされる機構を見つけ出すであろう。
10. XP欠損は主としてDNAを修復できなかったことから生じる可能性がある。
11. ゲーム用PCに見られる高速RAMは、通常のRAMよりも待ち時間が短いため、性能が高くなるという利点がある。
12. 通常の家庭用貯水槽では、おそらく水が貯水槽に短時間しかとどまれないため、またおそらく泥状物質中の不純物の一部が沈殿し貯水槽底部にたまるので、水は下水ガスでそれほど汚染されない。
13. したがって、やむにやまれぬ事情で彼(先生)の最終試験を受けられなかったせいで、その課目に合格できず卒業できなくなるというリスクは、受け入れられない。

1C. 畳込み文の展開

　動詞派生名詞などによる畳込み構文を主語とし、他動詞を述語とする文は、文章をコンパクトにするために英文で多用されています。これを畳込み文と呼ぶことにしますが、翻訳に工夫を要するものです。
　一般的に言うと、前半の主語の部分を、従属接続詞で始まり派生名詞の動詞形を述語とする副詞節として訳し、後半は元の目的語を主語とする受身形または自動詞形にします。

「すると」で訳す
　たいていの場合は「〜すると、〜が〜される」とすることができます。この場合はwhenを使って書き換えたことになります。

● 例文 1C-1

Combining bleach and ammonia generates a toxic chloramine gas.

　　*①漂白剤とアンモニアを一緒にすることが、有毒なクロラミン・ガスを発生させる。
　　△②漂白剤とアンモニアを一緒にすることにより、有毒なクロラミン・ガスが発生する。
　　③漂白剤とアンモニアを一緒にすると、有毒なクロラミン・ガスが発生する。

　訳文①はいかにも直訳調で、受け入れられません。②のように受身形に変えると、より自然な訳文が得られます。態を変えるとき、元の主語に付く助詞、目的語の助詞、動詞の語尾の3か所が変わることに注意してください。しかし③のようにwhenがあるつもりで訳すと、多くの場合、文脈の流れがより明確になります。

第 1 章　基本変換 I

● 例文 1C-2

Doing so removes the browser's executable file, unregisters its HTTP shell protocol handlers, and removes the icons from the user interface.

<Wikipedia "Removal of Internet Explorer">

そうすると、ブラウザの実行ファイルが除去され、そのHTTPシェル・プロトコル・ハンドラーが登録解除され、アイコン類がユーザー・インターフェースから除去される。

● 例文 1C-3

The combustion of fuel in a furnace causes the walls of the furnace to become hot.

　　*①炉内での燃料の燃焼は、炉の壁を熱くならせる。
　　②炉内で燃料を燃焼させると、炉の壁が熱くなる。

　動名詞に直すとCombusting fuel in a furnace causes ...となります。
　次に前半をwhenで書き直してみましょう。
　When you combust fuel in a furnace, the walls of the furnace become hot.
これを直訳すると②の訳になります。

　元の述語を受身形にすることを忘れないでください。ただし、実際には自動詞形で訳してかまいません。受身文は、他動詞の主語、つまり動作主が意識されるときは受動態で訳すほうが原文の内容に近くなりますが、日本語では行為は動作主として扱いませんから。
　使役動詞causeは、無生物主語構文の場合と同様に、訳出する必要はありません。

● 例文 1C-4

Sodium at high concentrations increases glucose-induced insulin secretion in the perfused rat pancreas.

これは、受身で訳すと次のようになります。

△①高濃度のナトリウムにより、灌流ラット膵臓においてグルコースによって誘導されるインスリンの分泌が増加する。

at high concentrationsを形容詞句と考えると、形容詞構文として扱えます。主部をsodium being at high concentrationsとして訳すわけです。

②ナトリウムが高濃度であると、灌流ラット膵臓においてグルコースによって誘導されるインスリンの分泌が増加する。
③ナトリウムの濃度が高いと、灌流ラット膵臓においてグルコースによって誘導されるインスリンの分泌が増加する。

● 例文 1C-5

Lesser amounts of air would cause fuel waste because the fuel would not be burned completely. < http://goo.gl/bkaWk >

空気の量がそれより少なければ、燃料が完全燃焼しないはずなので、燃料が浪費されることになる。

willなら「少ないと」になりますが、wouldで前半が仮定であることを示しているので、「ければ、」を使います。

「ので」で訳す
　前半を「すると」と訳すべき場合がもっとも多く、これがデフォルト（第1候補）ですが、「ので」で訳すとうまくつながることもあります。原文の主部、すなわち副詞節相当句が、主動詞の動作の時点から見て、未定である場合は「すると」、既定状態にある場合に「ので」となります。なお、主文(主節)の定動詞を主動詞と呼びます。

第 1 章　基本変換 I

● 例文 1C-6

Instant application of the brake prevented the second wheel from doing further injury.

> ただちにブレーキをかけたので、第2輪がさらに怪我を引き起こすのが避けられた。

過去の話なので、前半が既定のことであり、「ので」が使えます。

● 例文 1C-7

Bill's abrupt manner causes him to be misunderstood.

主部は、Bill's manner being abrupt、that Bill's manner is abruptの意味です。これは形容詞構文ですが、形容詞は本来、動作ではなく状態を表すので、動詞派生名詞や動名詞構文の場合に比べて「ので」が出てくる割合がずっと多くなります。

> ①ビルの態度はぶっきらぼうなので、誤解される。

もう少し手を入れると、次のようになります。

> ②ビルは態度がぶっきらぼうなので、人に誤解される。

● 例文 1C-8

Even if the removable disks' capacity is smaller than that of fixed disks, their interchangeability guarantees a nearly unlimited quantity of data close at hand.

< Wikipedia "History of computing hardware">

> △①リムーバブル・ディスクの容量が固定ディスクより小さいとしても、リムーバブル・ディスクは相互に交換可能なので、ほぼ無制限の量のデータが手元近くで保証される。
> ②リムーバブル・ディスクは、その容量が固定ディスクより小さいとし

1C. 畳込み文の展開

ても、相互に交換可能なので、ほぼ無制限の量のデータが手元近くで利用できる。

　これは形容詞派生名詞を主語とする名詞構文ですが、意味上の主語theirが出ています。リムーバブル・ディスクが重複していますが、②のようにすれば重複が避けられます。日本語では主語を「は」で受けると、主節と従属節の両方の主語として機能しますから。

「しても」で訳す

　述部に否定的要素が入っている場合は、「しても」と訳せばよいことがあります。「しても」は「すると」の逆接形に相当します。例文1C-1〜4を否定形にしてみれば、すべて「しても」の意味になります。試してください。

● 例文 1C-9

The use of a front-mounted diode deposited in a solar cell recess and interconnected with the solar cell's front contacts, advantageously reduces the cell efficiency by only 1.8% or less as compared with a bare solar cell lacking the recess.　　　　　　　　　　　　　< US6617508B2 >

　　太陽電池の凹部に堆積され、太陽電池の前部コンタクトと相互接続された前部装着ダイオードを使用しても、有利なことに、凹部のない裸の太陽電池と比較して、電池の効率がわずか1.8%以下しか下がらない。

● 例文 1C-10

The presence of other ingredients in the toner particles, such as the colorant, usually has no significant effect upon the glass transition temperature.　　　　　　　　　　　　　　　　　　　　　< EP0921448A1 >

　　トナー粒子中に着色剤など他の成分が存在しても、通常はガラス転移温度に大きな影響はない。

第 1 章　基本変換 I

「のに」で訳す

　前半が既定で、後半が否定的である場合は、「ので」の逆接形「のに」が現れます。

● 例文 1C-11

Whatever may have been the cause of the misadventure, all we can be sure of is that an emergency application of the brake did not prevent it.

< "Not without some drama", http://goo.gl/IH0V3 >

　　　＊itはmisadventureを指す。

　△①事故の原因が何だったのであれ、我々が確信できることは、非常ブレーキをかけたのに事故が妨げられなかったことだけだ。
　②事故の原因が何だったのであれ、確かなことは、非常ブレーキをかけたのに事故を防げなかったことだ。

「ことにより」で訳す

　どれも当てはまらない場合や、どちらか判定できない場合もあります。そのときは「〜することにより、」を使います。この形は全体を受身で訳した、いわば直訳にもっとも近い形です。

　つまり、前半が前提で、後半が帰結である場合は、whenかeven whenかbecauseかalthoughかbyがあるものとして、もっとも文脈に適するものを選んで訳すわけです。この選択を避けて、すべてbyで訳すのが面倒がなくてよいと思われるかもしれませんが、whenやbecauseなどが当てはまる場合は、そう訳したほうが話の流れがはっきりするので、より適切です。

　前節で、前文を受けるthatやwhichについて、「これにより、これによって」「こうすると」「したがって」「その結果」などと訳すとよいと話しましたが、「こうすると」は「すると」に、「そうなので」の言換えである「したがって」は「ので」に、「これにより」は「ことにより」に対応し、「その結果」に対応する「の結果」も例文1C-23に出てきます。どれを選ぶかは、どちらの場合も、前文の内容または副詞節相当句と、主動詞との関係、つまり前者が未定か既定かによって決まります。

> 　一般に、ある単語に、広い意味の訳語と、適用範囲は狭いがぴったりする訳語があるとき、確信があればぴったりするほうの訳語を使うべきです。自信がなければ意味が広いほうを使うのが安全です。たとえば、orには選択のorのほかに言換えのorがあります。本当は言換えなのに「または」としてもピントの甘い表現ではあるが誤訳とまではいかないと思います。逆に、単なる選択なのに「すなわち」とすると、誤訳となります。correspondingの「対応する」と「相当する」もそうです。

つなぎの動詞

　名詞構文など各種の畳込み構文が主語となっている文で、provideやresult in、lead toを主動詞とし、やはり畳込み構文を目的語とする構文がよく使われます。前半の訳し方は一般の他動詞が述語になっている場合と同じで、後半は、元の目的語中の動詞派生形を訳文の主動詞にしてやはり受身形または自動詞で訳します。この場合、つなぎの動詞は畳込み文の土台となる形式動詞なので、訳す必要はありません。これが本格的な畳込み文です。主文と副文からなる2つの文を1つにまとめた形になり、コンパクトさを重んじる文章語の英文で多用されます。

● 例文 1C-12

Where the thermal expansion coefficients of the substrate and the toner are significantly different, the <u>use</u> of radiant fixing can <u>lead to</u> <u>distortion</u> of the final printed image.　　　　　　　　　< US6047156A >

まず直訳してみましょう。

　△①基材とトナーの熱膨張係数が著しく異なる場合、放射定着法の<u>使用</u>は、最終プリント画像の<u>歪み</u>をもたらす可能性がある。

前半をwhenで訳すと、元の目的語distortionが訳文の主動詞となりますが、

第1章　基本変換Ⅰ

受身形ではなく自動詞形で訳します。ofの次の語、distortionの意味上の目的語がその主語になります。

When radiant fixing is used, the final printed image can be distorted.

これを訳すと次の文が得られます。直訳と比べてみてください。

　②基材とトナーの熱膨張係数が著しく異なる場合、放射定着法を使用すると、最終プリント画像が歪む可能性がある。

後半が動詞派生名詞構文以外の場合も同様ですが、元の目的語中の動詞の派生形を受身形や自動詞形で訳す処理は不要です。

＊＊＊＊

後半が主語付きの動名詞構文になっているケースは次のように扱います。

● 例文 1C-13

Because the fixed pulley is stationary with respect to the first link, the rotation of the first link results in the first idler pulley rotating in the opposite direction to the first link.　　　　　　　　　　　　< US6324934B1 >

　①固定プーリは第1リンクに対して相対的に静止しているので、第1リンクが回転すると、第1アイドル・プーリは第1リンクとは逆方向に回転するようになる。

この文は前半の副詞節相当句を他動詞で訳しても意味は通じます。

　②固定プーリは第1リンクに対して相対的に静止しているので、第1リンクを回転させると、第1アイドル・プーリは第1リンクとは逆方向に回転するようになる。

＊＊＊＊

後半が形容詞派生名詞および形容詞構文の場合は、節に書き換えるとき、前半に出てくる場合と同じくbe動詞を補います。

1C. 畳込み文の展開

● 例文 1C-14

Lack of DHFR activity results in inability of cells to grow except in the presence of those compounds which otherwise require transfer of one carbon unit for their synthesis.　　　　　　　　　　< EP0117058B1 >

これは形容詞派生名詞を含むものですが、接続詞を使って書き直すと次のようになります。

When DHFR activity lacks, cells are unable to grow except in the presence of those compounds ...

＊inabilityの形容詞形はunable。lacksはis lackedも可。

したがってこれを訳すと、次のようになります。

> DHFR活性を欠いていると、合成するためにC1単位の転移が本来なら必要な化合物が存在する場合を除き、細胞は増殖することができない。

＊＊＊＊

後半が形容詞構文になっているものもあります。過去分詞が意味上の目的語を修飾している形もよく見られます。

● 例文 1C-15

Poor recognition of the handwritten input results in poor, inaccurate interpretation of the information content of the handwritten input.

< WO1996015507A1 >

> 手書き入力の認識結果がよくないと、その手書き入力の情報内容の解釈が質の低い不正確なものになる。

poorをたとえば「不良の」と訳すなら、「～解釈が不良で不正確になる。」としてもよいのですが、「質の低い」と2語で訳したので、「もの」を加えました。

第1章　基本変換Ⅰ

● 例文 1C-16

The H vacancy in its negatively charged state leads to an increase of the two O atoms close to the H vacancy, and does not induce states in the gap.

<small>< C. S. Liu, C. J. Hou, N. Kioussis, S. Demos, H.Radousky, "Electronic Structure Calculations of an Oxygen Vacancy in KH2PO4"(2005) http://goo.gl/IwRDv ></small>

　　H空位が負に帯電した状態にあると、H空位の近傍の2個のO原子が増加し、ギャップ中に状態は誘導されない。

補助動詞でつなぐ
　つなぎの動詞の代わりに、無生物主語構文の場合と同様に、使役動詞や可能化動詞などの補助動詞を使った文もよく見かけます。要領は同じです。

● 例文 1C-17

This brevity has in turn compelled me to deal with principles rather than with detailed descriptions of individual devices.

　　△①この（紙幅の）狭さが、私に、個々の装置の詳細な説明ではなく、原理を扱うことを強制した。

　これはいかにも直訳調です。文脈上から「ので」がぴったりです。形容詞を核とする構文ですので、形容詞派生名詞の場合と同様に、「ので」の出てくる割合が多くなります。

　　②紙幅が限られていたので、私は、個々の装置の詳細な説明ではなく、原理を扱わざるを得なかった。

● 例文 1C-18

Understanding this language-learning ability may help us develop better education techniques for children and rehabilitation techniques for brain-damaged individuals.

<small>< ALC Inc., http://goo.gl/vxCgz ></small>

この言語学習能力を理解すると、子供たちのためのよりよい教授技術および脳損傷者のためのリハビリ技術を開発する助けとなる可能性がある。

● 例文 1C-19

The formation of the emitter of an n-p-n transistor required diffusion of phosphorus.　　　　　　　　　　　< Wikipedia: "Invention of the integrated circuit">

①n-p-nトランジスタのエミッタを形成するには、リンを拡散させる必要があった。

後半は構造が簡単なので、展開しなくてもかまいません。

②n-p-nトランジスタのエミッタを形成するには、リンの拡散が必要であった。

複合名詞を使ったケース

例文1B-4の「character input」と同じく、〈派生名詞＋of＋名詞〉の代わりに複合名詞を使って書くこともあります。

● 例文 1C-20

The linear primary alcohol content leads to improved lubricity; lubricity increasing as the alcohol content of the fraction is increased. < EP0958334A1 >

　＊linear primary alcohol content ＝ containing linear primary alcohol(s)

直鎖第一級アルコール分を含有していると潤滑性が向上する。すなわち、留分中のこうしたアルコールの含有量が増加するにつれて潤滑性が向上する。

「直鎖第一級アルコールの含有量が潤滑性を向上させる」とは言えないので、このcontentは「含有量」ではなく、containingの意味と解釈すべきです。

第 1 章　基本変換 I

　次の例文は、複合名詞を後半に使った例です。

● 例文 1C-21

My Bluetooth is on, and BTinput can find the keyboard, but typing on the keyboard does not result in character input.　　< http://goo.gl/GrRXO >

　　＊BTinputは無線キーボードを携帯電話と接続するためのアプリ。

　　ブルートゥースはオンになっており、BTinputもキーボードを認識できるのに、キーボードでタイプしても、文字が入力されない。

＊＊＊＊

さらに、形容詞を使った次のようなものも同様に扱うことができます。

● 例文 1C-22

Quite often, a structural change of the molecule in the excited state leads to an enhancement of the rate of the radiationless deactivation process.

　　＊structural change of ... = change in structure of ...

　　励起状態にある分子の構造が変化すると、無放射脱活性化過程の速度が高まることがかなり多い。

主部が不完全な畳込み文

　主部が派生名詞でも動名詞でもないが、つなぎの動詞がある場合は、表面上無生物主語構文に見えても、前半を「により」「の結果」と訳し、後半は畳込み構文の形で訳すことができます。「ある」や「行う」などの軽い動詞を補うこともあります。

1C. 畳込み文の展開

● 例文 1C-23

The deposition results in regions of polycrystalline silicon being formed over the isolation regions of the substrate and a region of single crystal silicon being formed over the mesa-like portion. <US5059544>

＊theの中に元の目的語や他の修飾語も含まれていると考えることができる。

> この堆積の結果、基板の分離領域の上に多結晶シリコンの領域が形成され、メサ状部分の上に単結晶シリコンの領域が形成される。

　修飾句がないとはいえ、この文は、theを訳出して「この堆積により」と訳す他に、theをsuchとみなして「このように堆積させると、」と訳すこともできます。いずれの場合も、後半は同じです。

● 例文 1C-24

The method involves ligating the label onto the fragment in the presence of a restriction enzyme, where ligation results in loss of the restriction enzyme recognition sequence. <US5093245A>

> この方法は、制限酵素の存在下でその断片内に標識を連結させるものであり、その際、連結の結果、制限酵素認識配列が失われる。

　この文は主語が裸、つまり何も修飾語句がありませんが、「連結により、」とすることも、「結果」を使って訳すこともできます。「〜の結果」と訳すのは、文脈上、「〜することにより」に近いようです。

● 例文 1C-25

These data errors lead to the redundant and inefficient use of communication links through end-to-end error detection and correction schemes. <US5896379A>

> こうしたデータ・エラーがあると、エンド間のエラー検出/訂正方式による通信リンクの使用が冗長で低効率になる。

第 1 章　基本変換 I

これは、presence of などが省略されて意味上の主語だけが残った形と考えられ、主部に「がある」を補って訳します。

● 例文 1C-26

A high-voltage state of signal EGOS indicates exhaust gases are rich of stoichiometry.
<EP1042594B1>

　　＊indicate の後に that が省略されている。stoichiometry「理論空燃比」はエンジンでは燃料を完全に燃焼させるのにちょうど十分な空気がある場合の空燃比（燃料と空気の比）。燃料がこれより多い場合を rich「濃厚」、少ない場合を lean「希薄」という。rich が of をとることに注意。

　△①信号 EGOS の高電圧状態は、排気が理論空燃比よりも濃厚であることを示す。
　②信号 EGOS が高電圧状態であると、排気が理論空燃比よりも濃厚であることを示す。

直訳すると、やや不自然です。主部は signal EGOS in a high voltage state と意味が同じなので、形容詞構文と同様に、「である」を補って訳すことができます。

「あると」と「示す」が論理的には対応していませんが、日本語としては許容範囲にあり、「あることは」よりはましです。後半を「が示される。」としても、改善されません。

● 例文 1C-27

The selective epitaxy results in a portion of the second layer laterally overgrowing onto a portion of an upper surface of the element.
<US5059544A>

　　この選択的エピタキシーの結果、第2の層の一部分が横方向にエレメントの上部表面の一部分上まで過剰成長することになる。

これは、performance of などが省略されて主部に意味上の目的語だけが残ったものです。「（この）選択的エピタキシーを行うと、」と訳すこともできます。

> 原文にない言葉を補って訳す場合は、「ある」「する」「行う」「用いる」など、なるべく意味の弱い言葉を補います。「存在する」「実施する」など強い言葉は避けるべきです。

● 例文 1C-28

This process (meiotic recombination) can result in the separation of two markers originally on the same chromosome.

　△①この方法(減数分裂期の組換え)は、本来同一染色体上にあった2つのマーカーの分離をもたらすことができる。
　②この方法(減数分裂期の組換え)により、本来同一染色体上にあった2つのマーカーを分離することができる。

　先頭にusingが省略されているものとみなして、「を用いて」と訳すこともできます。canがなければ「～マーカーが分離される。」ですが、canがあると能動形で訳すことができます。日本語では助動詞が受動態を受けるのに制限があり、人が意味上の主語である場合は能動態で訳すことができます。

＊＊＊＊

　以上、名詞構文などによる畳込み文について、英文の表現を中心にまとめてきましたが、最後に表にまとめておきます。いつもすべての形が可能とは限りませんが、さまざまな表現方法が使えることがわかります。なお、帰結部に主語がある場合は、＊印を付けた〈cause＋主語＋to不定詞〉か主語付きの動名詞構文しか使えません。また、それ以外の場合は帰結部の動詞が受身形になること、そしてそれを日本語にする場合は自動詞でも訳せることを忘れないでください。
　この表では、これらの畳込み文を展開して訳す際に、前提部を「すると」で訳してありますが、先述のように「ので」「ことにより」「した結果」、そしてまれですが「しても」「のに」と訳すべき場合もあり、これらの構文を自由に展開でき、かつ適切な選択肢を速やかに選べることが、自然で読みやすい訳文を作る上でもっとも重要なことです。マスターできれば、流し読みでわかるよ

第1章　基本変換 I

うになります。

　もう一点、畳込み文では、接続詞を使った場合の副文（従属節）と主文（主節）に相当する前半と後半の関係について、前提と帰結の関係にあることしか示していませんが、分詞構文などの場合と同様に、具体的な関係を突き止めないと日本語には訳せないのです。

```
         前提部                つなぎ         帰結部
         「文字を入力すると」              「コマンドが実行される」
         (*入力が存在すると)             (*システムがコマンドを実行する)

  *presence of an input    ―     executes   a command
                         causes  { *the system to execute a command
                                   a command to be executed

  input of a character             execution of a command      名詞構文
  character input          leads to { command execution        複合名詞
  inputting a character            { *the system executing a command  動名詞
                                    a command being executed     〃
  an input(ted) character          an executed command         形容詞
```

まとめ

　以上をまとめると、畳込み文は、次のように展開することができます。

1. 名詞構文、動詞構文、形容詞構文を主語とし、他動詞を述語とする文は、「〜すると、」「〜であると、」などと副詞節の形に訳すことができます。
2. 残りの部分は、元の目的語を主語とし、他動詞を受身形または自動詞形に変えて訳します。
3. 「〜すると、」「〜あると、」の代わりに、「〜ので、」「〜ことにより、」「〜しても、」「〜のに、」「〜ことにより、」が当てはまる場合もあります。
4. 他動詞として一般の動詞の代わりにresult inやlead toなどの「つなぎ動詞」もよく使われます。目的語が単なる名詞の場合は、残りの部分は「〜がもたらされる」となります。
5. つなぎ動詞の目的語も名詞構文などであることが多く、目的語が意味上の主語を含んでいない場合は、「...が〜される。」など元の動詞の受身形または

自動詞形で訳します。
6 つなぎ動詞の代わりに使役動詞や可能化動詞などの補助動詞が使われている場合は、その補助動詞の意味を加えて訳します。
7. 主語が単なる無生物主語である場合も、動詞がつなぎ動詞などのときは、主語部分に「ある」や「する」を補って、こうした畳込み文として同様に訳すことができます。

　前にも述べたように、英文の文章語では、コンパクトさが重要とされています。一般には語数が少ないほどよいといわれていますが、主動詞以外の動詞の軽さと言い換えることができます。一文中で主文がもっとも重いのは当然ですが、従属節は定動詞を含み、結構重いものです。節の次に重いのは句です。準動詞、つまり分詞、不定詞、動名詞を含む句は、完了も受身も表せるので、前置詞と名詞を核とする一般の句よりかなり重いはずです。準動詞は完了も受身も表せますから。そして、もっとも軽いのが複合名詞を含めた名詞であり、なかでも裸の単一名詞がもっとも軽いわけです。そして、自明である限り、より軽い表現が好まれます。

　もちろん、軽くなるにつれて、さまざまな要素が捨象されていきます。しかし、よい文章なら、捨象される要素は、文脈から自明な一見してわかるものに限られます。具体的な詳しい説明に入ると、従属節が増えてくるものです。自分の主張を正確に理解してもらうことが一番大事ですから。したがって、隠れた関係や要素も、読解力があり、対象分野に通じた人なら、速やかに読み取れるはずです。

第 1 章　基本変換 I

> **練習 1**　次の訳文をより自然な/正しい訳文に直してみましょう。

1. <u>Poor</u> mutual adhesion at the blend phase boundaries in such systems <u>results in</u> a diminishment of physical properties of the polymer blend.

< WO1998052994A1 >

こうした系におけるブレンド相境界部での低い相互接着性が、ポリマー・ブレンドの物理的諸特性の低下をもたらす。

2. <u>Any</u> <u>cross-talk</u> between laser diodes in an array adversely <u>affects</u> the performance of the printing system and is to be avoided.　< US6627921 >

アレイのレーザ・ダイオード間のいかなるクロストークも、印刷システムの性能に悪影響を及ぼし、避けるべきである。

3. A photon <u>incident</u> upon a molecule in an excited state <u>causes</u> the unstable system to decay to a lower state.　< PETER Moeck, http://goo.gl/xmVRq >

励起状態の分子に当たる光子が、この不安定な系をより低い（エネルギー）状態に減衰させる。

4. The <u>solution</u> to Argentina's economic woes <u>involves</u> female participation in entrepreneurial activity.

< "Christopher Jay Walker , "FEMALE ENTREPRENEURSHIP AND BUSINESS CONSORTIUMS: PROSPECTIVE SOLUTIONS FOR ARGENTINA'S ECONOMIC CHALLENGES", *Journal of Public and International Affairs*, vol16, pp.94-121" >

アルゼンチンの経済危機に対する解決策は、起業活動における女性の参加を必要とする。

練習 1　解答例
1. こうした系ではブレンド相境界部での相互接着性が低いので、ポリマー・ブレンドの物理的諸特性が低下する。
2. アレイのレーザ・ダイオード間にクロストークがあれば、印刷システムの性能が悪影響を受けるので、避けるべきである。
3. 励起状態の分子に光子が当たると、この不安定な系はより低い（エネルギー）状態に減衰する。
4. アルゼンチンの経済危機を解決するには、女性が起業活動に参加することが必要である。

> **練習 II** 次の英文を訳してみましょう。

1. The reduction of sea ice will cause certain species populations to decline or even become extinct.
   < Wikipedia "Climate change in the Arctic">

2. This method results in the creation of transistors with reduced parasitic effects.
   < Wikipedia "Semiconductor device fabrication">

3. A trial will convince any housewife that Cottolene makes better food than either butter or lard.

4. The elevated operating temperature of the device results in improved energy conversion efficiency stability.
   < US4544798A >

5. The increase in the wages of labour necessarily increases the price of many commodities, by increasing that part of it which resolves itself into wages, and so far tends to diminish their consumption both at home and abroad.

6. The preferential expression of the antibiotic resistance gene in the stem cells results in the preferential survival of the stem cells in the presence of antibiotic.
   < US6146888A >

7. Avoidance of some common pitfalls will reduce dullness, wordiness, and pomposity, which are not desirable attributes in a scientific article.
   < Karie Friedman (Ed.), "Reviews of Modern Physics Style Guide" Copyrighted by The American Physical Society(1995) >

8. Polymerization of vinyl chloride produces a polymer similar to polyethylene, but having chlorine atoms at alternate carbon atoms on the chain.
   < http://goo.gl/kNqVM >

   ＊alternate「交互の、1つ置きの」

9. For example, in wintertime, many tags that are in live fish emit an inactive signal due to the dormant state of the live fish.
   < Corey J Schwanke et., al, Seasonal Distribution of Rainbow TroutRelative to Sport and Subsistence Fisheries in the Aniak River , 2008-2010, Anchorage: Alaska Dept. of Fish and Game, Division of Sport Fish, Research and Technical Services (2011) >

10. Understanding how DNA performs this function requires some knowledge of its structure and organization.

11. I have already bought a new pair of cleats at my local sporting goods store so sending another would result in me having two pairs of the same cleats.
    < "Letter Friendly", http://goo.gl/EyJk5 >

第 1 章　基本変換 I

12. Less than 1% of benzoic acid will not <u>interfere</u> seriously with the yields obtained.

練習 II　解答例
1. 海氷が減少すると、いくつかの種集団が衰退し、さらには絶滅にさえ至るようになる。
2. この方法により、寄生効果の低減したトランジスタが得られる（作り出される）。
3. 1回試みると、いかなる主婦も、綿実亜麻仁油によってバターやラードよりもよい食べ物が作られることを納得するでしょう。
   どんな主婦でも1回試してみれば、綿実亜麻仁油を使うとバターやラードよりも美味しい食べ物ができることを納得するでしょう。
4. デバイスの動作温度が上昇すると、エネルギー転換効率の安定性が向上する。
5. 労働賃金が上昇すると、生活必需品の価格のうちの賃金に帰属する部分が上昇することによって、必然的に多くの生活必需品の価格が上昇し、これまで国内および海外におけるその消費が減少する傾向にある。
6. 幹細胞中で抗生物質耐性遺伝子が優先的に発現することにより、抗生物質の存在下で幹細胞が優先的に生存するようになる。
7. よく見られるいくつかの陥りやすい誤りを避けるようにすると、科学論文で望ましくない、しまりのない、くどくどした、もったいぶった言い回しが減ります。
8. 塩化ビニルを重合させると、ポリエチレンと類似の、ただし鎖上の炭素原子が1つ置きに塩素原子を有する重合体が生成される。
9. たとえば、冬季には、生きた魚の体内にある多くのタグが、それらの魚が冬眠状態にあるため、不活動信号を発信する。
10. DNAがこの機能をどのようにして果たすかを理解するには、その構造と組織についてのかなりの知識が必要である。
11. 私はもう地元のスポーツ用品店で新しいスパイクシューズを買ってしまったので、もう1足送ってもらうと、同じスパイクシューズが2足あることになってしまう。
12. 1%未満の安息香酸があっても、得られる収率に大きな影響はない。

第2章

基本変換 II

　本章では、前章の中心課題である名詞構文と並んで重要な変換技術である、受身と訳順選択の問題を取り上げます。英語の受身は、日本語では受身のほかに、自動詞文に対応する場合も、無人称文に対応する場合もあり、翻訳の際には適切に選択する必要があります。目的や結果を表すto不定詞やso that構文は前から訳し下げるか後ろから訳し上げるか選択しなければなりません。関係節も、接続用法か限定用法かを判断し、訳し下げがよいか訳し上げがよいか選択しなければなりません。分野や文書の種類にもよりますが、前章と本章で扱う問題は訳文表現の要であり、表現上の布石ともいうべきものです。

第 2 章　基本変換 II

2A. 能動か受動か

　受身形の原文をそのまま訳すと日本語として不自然になることがよくあります。その場合、態を変えて能動形で訳すか、自動詞として訳すと自然な日本語が得られます。

＊＊＊＊

　英語の文章論では、受身形にする必要がないときは能動形を使うべきだとされています。能動形のほうが訴える力が強く、また文が短くなるからです。英文の文章はコンパクトであるのがよいとされています。

　受身形を使うのは、意味上の目的語が意味上の主語よりも重要な情報であるときです。意味上の主語を特定できないときや、出す必要のないときにも使われます。日本語でも事情は似たようなものですが、日本語では主語なしの能動形という手があり、その点で違いが出てきます。

自動詞で訳す

　欧米語のなかでも英語は特に受身形が多く使われます。1つには、多くの欧米語で再帰動詞（oneselfを伴う形）を使うところを英語では受身形で表現する場合がかなりあります。この種の動詞は当然、自動詞で訳します。なお、×は解釈を誤った訳文です。

● **例文 2A-1**

I was intimately acquainted with the situation in New York.

　　×①私はニューヨークの事情を詳しく知らされていた。
　　②私はニューヨークの事情を熟知していた。

● **例文 2A-2**

He is satisfied with his job.

　　彼は自分の仕事に満足している。

2A. 能動か受動か

　日本語の受身形は本来「被害または恩恵の受身」、つまりある行為に自分が積極的に関与しないにもかかわらずその結果が自分に及ぶという意味で使用されていましたが、欧米語の翻訳調の影響によって欧米語流の受身の言い方がほぼ自然な日本語として確立してきたといえます。しかし、まだ欧米語の受身形をそのまま直訳すると日本語として不自然になる場合があります。その1つは、明示されたまたは想定される意味上の主語（動作主）が、機械や具体的な現象など具体的なものではなく、状況、いわば「神」である場合です。意味上の主語を具体的に示せない文や明示された意味上の主語が日本語ではふさわしくない文は、受身形で訳すと不自然な訳文になるので、自動詞で訳すのが適切です。

● 例文 2A-3

I was astonished by his stupidity.

　①彼がものを知らないのには驚いた。
　②彼の馬鹿さ加減には驚かされた。

これは②のように受身形で訳すことも可能です。

● 例文 2A-4

By reducing the thickness of the cylinder block and camshaft, engine weight is reduced by 15% and fuel efficiency is improved by 10%.

<Honda Motor Co., Ltd., http://goo.gl/3q7iT>

　シリンダー・ブロックとカムシャフトの厚みを減らすことによって、エンジンの重量が15%減少し、燃料効率が10%向上する（改善される）。

　「減少される」は不自然ですが、「改善される」は不自然ではありません。
　第1章の1A「無生物主語」や1C「畳込み文の展開」でも述べたように、想定される意味上の主語が日本語で主語としてふさわしくないものである場合は、受身形で訳さず自動詞で訳してかまいません。上記のように言葉によっては受身で訳して違和感のないものもあります。理屈ではなく語感によって判断してください。

第2章　基本変換 II

動作主を表に出さない（技術文や法律文の）受身

　英語では一般に、科学技術文で受身形を多用する傾向があります。この傾向はヨーロッパの諸言語に共通しています。しかし、日本語では意図的な逐次操作を受身では書きません。典型的なのは、論文のExperimental part「実験の部」（特許明細書のExample(s)「実施例」に対応）というところで、卒論でここを受身で書くような人は一人もいないはずです。

　ただし、科学技術文で受身形をすべて能動形に直して訳すべきかというと、それは否で、状態として訳すべき場合は受身形のままに訳すべきです。人間による意図的な動作と見る場合にだけ態を変えて訳します。意味上の主語は、書き手のこともあり、操作を行う人のこともあります。

● 例文 2A-5

The reaction mixture was added to a solution of sodium bicarbonate and extracted with ethyl acetate.　　　　　　　　　　　　< WO2012049646A1 >

　　反応混合物を炭酸水素ナトリウム溶液に添加し、酢酸エチルで抽出した。

　これは書き手が操作をした人でもあり意味上の主語になっていますので、受身形では変です。

● 例文 2A-6

Typically, in a stent implantation operation, a PTCA (percutaneous transluminal coronary angioplasty) procedure is performed first, to enlarge the diameter of a clogged portion of a coronary artery. Then, a stent is inserted over a balloon catheter, maneuvered into place, and the balloon is inflated to expand the stent and anchor it into place.

< US5980485A >

　　一般に、ステント植込み手術では、最初に、経皮的経管腔冠動脈形成術（PTCA術）を施して冠動脈の閉塞部分の直径を拡張する。次に、ステントをバルーン・カテーテルにかぶせて挿入し、所定位置まで移動させ、バ

ルーンを膨張させてステントを拡張させ、ステントを所定位置に留置する。

＊＊＊＊

法律、判決、条約、契約などの法律文でも受身で書く書き方が用いられます。

● 例文 2A-7

The decree will be reversed and the case will be remanded to that court.

< AMERICAN SURETY CO. OF NEW YORK v.MAROTTA. (287 U.S. 513) (1933) >

原判決を破棄し、事件を原裁判所に差し戻す。

● 例文 2A-8

The judgment of the Court of Appeals is affirmed, and the opinion of the Court of Appeals is modified in accordance with this opinion.

< Cooper v. Aaron (358 US 1) (1958) >

控訴審判決を維持し、控訴審の判決理由を当法廷の判決理由に従って変更する。

● 例文 2A-9

Notwithstanding the other provisions of this Convention, a former citizen or long-term resident of the United States may, for the period of ten years following the loss of such status, be taxed in accordance with the laws of the United States ...

< 日米租税条約 >

この条約の他の規定にかかわらず、合衆国の市民であった個人又は合衆国において長期居住者とされる個人に対しては、…その市民としての地位を喪失した時から十年間、合衆国において、合衆国の法令に従って租税を課することができる。

＊＊＊＊

なお、日本の法律文では次のような言い方があります。

第 2 章　基本変換 II

● 例文 2A-10

Freedom of assembly and association as well as speech, press, and all other forms of expression <u>are guaranteed</u>.　　　　　　　　　　　<日本国憲法>

　　集会、結社及び言論、出版その他一切の表現の自由は、これを保障する。

話法助動詞を伴う受身形

　mustやmayは話法助動詞（法助動詞）と呼ばれていますが、どれも、義務や許可などの態度を示す意味と、可能性の大小を言う推量の意味とがあります。義務・許可を表す場合、原文の受身形は訳文では基本的に能動形で訳します。特にcan beは「～されることができる」という言い方はまだ日本語表現として認められません。
　ただし、義務・許可の話法助動詞の訳し方は、別の点から考えるべきです。can beなら「できる」のは誰かといえば、ほとんどが意味上の主語のはずです。shouldやmustの場合も、義務を負っているのは大抵は意味上の主語、人です。したがって能動形で訳さなければなりません。

● 例文 2A-11

A special meeting of the stockholders <u>may be called</u> at any time by the chairman of the board or by the board of directors.

　　特別株主総会は、会長または取締役会がいつでも招集することができる。

　これは会長などの権限なので、能動で訳すのが当然です。

● 例文 2A-12

While manufacturing integrated circuits, after the individual devices, such as the transistors, have <u>been fabricated</u> in the silicon substrate, they <u>must be connected</u> together to perform the desired circuit functions.　　　　　　　　　　　　　　　　　　　　　　<US6455910B1>

集積回路を製造する際、トランジスタなど個々のデバイスをシリコン基板内に作製した後、所望の回路機能を実現するためにそれらのデバイスを互いに接続しなければならない。

＊＊＊＊

もちろん、意味上の目的語が義務を負っているとみなせる場合には受動態で訳すことができます。許可の場合も同様です。

● **例文 2A-13**

The blade must be made of a substance which is harder than the material it is intended to cut. <Wikipedia "Blade">

△①刃は、切ろうとする材料よりも硬い物質で作らなければならない。
②刃は、切ろうとする材料よりも硬い物質で作られて（できて）いなければならない。

作り手の立場なら能動形で訳すべきですが、普通は使い手に対して言う言葉でしょうから、受身形または自動詞形で訳すのが適切です。

＊＊＊＊

推量の場合は受身形のままで訳して差し支えありません。

● **例文 2A-14**

No stone made furniture was found which has led to the conclusion that the furniture must have been made of wood. <Wikipedia "Benie Hoose">

石製の家具は見つかっておらず、したがって家具は木で作られていた（木製であった）に違いないと結論されている。

第2章　基本変換 II

● 例文 2A-15

Prostate cancer progression <u>may be prevented</u> by a high fiber diet.

<Garth Sundem, "High fiber diet prevents prostate cancer pro.gression", http://goo.gl/m4ba6>

①食物繊維を大量に摂取することによって前立腺癌の進行が<u>妨げられる</u>可能性がある。
②食物繊維を大量に摂取することによって前立腺癌の進行が<u>防止できる</u>可能性がある。

訳文②は「防止される」のはずですが、好ましいことなのでこう言うほうが自然です。

動作受身と状態受身

口語英語では、I get married next month.「私は来月結婚します」という言い方と、I am married.「私は結婚しています（既婚です）」という言い方があります。前者はHe marries me next month.の受動態であり現在形です。これを動作受身と呼びます。後者は現在の状態を表しており一種の完了形です。これを状態受身と呼びます。しかし、文章語の英語ではどちらも〈be動詞＋過去分詞〉で表し、形の上で区別できません。この2つを「される」と「されている」で訳し分ける必要があります。

● 例文 2A-16

Light-emitting diodes <u>are used</u> in applications as diverse as aviation lighting, digital microscopes, automotive lighting, advertising, general lighting, and traffic signals.

< Wikipedia "Light-emitting diode" >

①発光ダイオードは、航空用照明、デジタル顕微鏡、自動車照明、広告、照明一般、交通信号などさまざまな用途に<u>使用される</u>。
②発光ダイオードは、航空用照明、デジタル顕微鏡、自動車照明、広告、照明一般、交通信号などさまざまな用途に<u>使用されている</u>。

2A. 能動か受動か

　これは、習慣または一般的事実として「される」と訳すことも、現状として「されている」と訳すこともできます。

● 例文 2A-17

Some of the radio waves move along the surface of the earth and are called ground waves. These waves <u>are</u> rapidly <u>absorbed</u> by the earth and do not travel very far.

　電波の一部は地表を移動し、地上波と呼ばれる。この地上波は地球によって速やかに<u>吸収され</u>、あまり遠くまで達しない。

　これは、一般的事実なので「される」とします。

＊＊＊＊

　以下の例は、不定時および期間を示す副詞句があるので、「される」になります。

● 例文 2A-18

Only one of the keyboard drivers <u>is loaded</u> in internal memory <u>at any point in time</u>.
< EP632361 >

　<u>どの時点でも</u>、これらのキーボード・ドライバのうちの1つだけが内部メモリに<u>ロードされる</u>。

● 例文 2A-19

During the deposition cycles the RF power supply <u>is maintained</u> between about 20 and 100 Watts with a pressure typically of about 400 mTorr.
< US5242530A >

　<u>堆積サイクル中</u>、RF電源は、一般に約400mTorrの圧力で約20〜100ワットに<u>維持される</u>。

第 2 章　基本変換 II

● **例文 2A-20**

An L-shaped support housing is connected to the support beam.

　①（このとき）L 字形の支持ハウジングは支持ビームに連結されている。
　②（次いで）L 字形の支持ハウジングを支持ビームに連結する。

　この文は、状態として訳すべき場合は状態受身で訳します。先述のように、逐次操作など文脈上能動形で訳すべき場合は「連結する」とします。時の副詞 now や then が付いていれば、どちらかはっきりします。

＊＊＊＊

　「されている」は連体形では「された」とすることもできます。「される」とすると、これからされる、まだされていないという意味になることがあるので注意してください。

● **例文 2A-21**

In order to access these accounts, you must have access to a computer connected to the Internet that has "ftp" (file transfer protocol) software.

< Jon Ahlquist, "FREE SOFTWARE AND INFORMATION VIA COMPUTER NETWORK", http://goo.gl/jCyZb >

　これらのアカウントにアクセスするには、ftp（ファイル転送プロトコル）ソフトウェアを備え、インターネットに接続されている/されたコンピューターにアクセスできなければならない。

　英語の動詞を進行形と完了形がとれるか否かで分類すると以下のようになります。
　状態動詞は動作や変化ではなく文字通り静的な状態を表すもの、残りは動作動詞ですが、そのうち継続動詞（活動動詞）は終点のない動作を示すもの、瞬間動詞（到達動詞）は一瞬のうちに動作が終わり結果が実現されるもの、完成動詞（達成動詞）は結果を実現するまでに時間のかかるものをいいます。
　なお、同じ動詞でも文脈によって異なる分類になることはあります。動作の意味は多くの言語で共通なので、この分類は基本的に英語以外にも適用できます。

	自動詞	他動詞	進行	完了
状態動詞	stand	have, know		ている
継続動詞	run	eat, study	…ing ている	
瞬間動詞	die	stop, recognize		…ed ている
完成動詞	recover	build, learn	…ing ている	…ed されている

　一方、進行形は日本語では「ている」で訳すと思われていますが、ことはそれほど簡単ではありません。「走る」などの継続動詞は「走っている」で必ず<u>進行</u>を表します。状態動詞は「ている」なしで現在の状態を表すはずですが、「ある」「有する」など以外は「含んでいる」「もっている」など"ている"形が可能です。瞬間動詞は進行の意味はあり得ず、「ている」は動作が完了した結果、<u>完了状態</u>を表します。完成動詞は継続動詞と同じく「ている」で進行を表しますが、「建てられている」など受身の場合は、完了状態を表すのが普通です。もちろん日本人なら自分の文章を読めばどの意味になるかわかるはずですから、理屈で判断する必要はありませんが、機械的に訳すと誤訳になることがあるので、「ている」を使う場合はどういう意味になるか注意してください。

● **例文 2A-22**

A new training center <u>is being built</u> just west of the Energy Information Center.

　×①エネルギー情報センターのすぐ西側に新しい研修センターが<u>建設されている</u>。
　②エネルギー情報センターのすぐ西側に新しい研修センターが<u>建設中である</u>。

一般人称文

　特定の人ではなく漠然とした人を主語とする言い方があります。こうした主語は、一般人称とか総称人称と呼ばれています。この場合、英語では漠然とした複数の人が主語の場合はtheyを、単数の人ならoneなどを使います。どちらも受身形で書くこともでき、硬い文章ではそのほうが普通です。

第2章　基本変換 II

　日本語では、このような漠然とした人を意味上の主語とする文の書き方として、主語なしの能動文と受身文があります。前者を使うには「〜は」で終わる主題語が必要です。

● 例文 2A-23

They speak Dutch and French in Belgium.

　　①ベルギーでは▽オランダ語とフランス語を話している。
　　②ベルギーではオランダ語とフランス語が話されている。

　どちらも可能です。本稿では、省略語や訳文に出ない言葉のあるべき位置を▽で示すことにします。

● 例文 2A-24

In most countries in East Africa, Swahili is spoken.

　　①東アフリカの大部分の国ではスワヒリ語を話している。
　　②東アフリカの大部分の国ではスワヒリ語が話されている。

＊＊＊＊

　oneが主語の場合は、「人」が必要な場合と、なしで済む場合があります。

● 例文 2A-25

One learns from one's own experiences.

　　人は自分の経験から学ぶものだ。

　この文は主題語がなく、受身にもできないので、「人」を主語に出します。

受身の意味の自動詞

　英語では自動詞と他動詞が異なる形をとるケースはlieとlay、riseとraiseなど基本的な動詞のみであり、ほとんどが同じ形です。なかには、普通は他動詞

としか思えない動詞でも自動詞で使われることがあります。これは、意味を汲んで普通は受身で訳します。

● 例文 2A-26

This book sells well.

> この本はよく売れている。

日本語でも、「売れる」は他動詞「売る」の受身形ではなく、この場合のsellと同じく受身の意味の自動詞です。

● 例文 2A-27

The preamble of the Act reads as follows:

> *①この法律の前文は、以下のように読まれる。
> △②この法律の前文には、以下のように書かれている。
> ③この法律の前文では、以下のように謳われている。

能動形を受身形で訳すべき場合

determineは日本語では受身で表すほうが意味がぴったりの用法があります。

● 例文 2A-28

Heredity and environment determines human fate.

> △①遺伝と環境が人の運命を決定する。
> ②遺伝と環境によって人の運命が決まる。

● 例文 2A-29

Sex chromosomes determine the sex of an individual.

> 性染色体が個体の性別を決定する。

第 2 章　基本変換 II

専門文献では能動形で表すことができます。

＊＊＊＊

includeは、成分や構成要素を目的語とする用法と、例を示す用法があり、訳し方で区別すると好都合です。

● 例文 2A-30

The solvent system <u>includes</u> water and benzyl alcohol. 　　< EP1073439A1 >

　　この溶媒系は、水とベンジルアルコールを<u>含んでいる</u>。

● 例文 2A-31

The hydrophobic material <u>includes</u> stearyl alcohol and cetyl alcohol.

< US20030049218A1 >

　×①疎水性材料は、ステアリルアルコールとセチルアルコール<u>を含んでいる</u>。
　△②疎水性材料<u>には</u>、ステアリルアルコールおよびセチルアルコール<u>が含まれる</u>。
　　③疎水性材料<u>としては</u>、ステアリルアルコールやセチルアルコール<u>（など）がある</u>。

こちらは、例示の意味です。受身にした②でも通じますが、③のように意訳したほうがはっきりします。

まとめ

以上をまとめると、受身形を含む文は、次のように訳すことができます。
1. 日本語では通常自動詞で言う言葉は、自動詞で訳します。
2. 漠然とした人を意味上の主語とする文は、総称人称の主語theyなどがある能動文も含めて、主語なしの能動形、または受身形で訳すことができます。
3. 科学技術文や法律文では、主語なしの能動形で訳すことができます。
　ただし、人の行為ではなく主語の状態を言っている文は受身形で訳すのが

妥当です。
4. 義務や許可を表す助動詞を含む文は、主語なしの能動形で訳すことができます。
ただし、義務や許可の対象が人ではなく主語で表されるモノである場合は、受身形で訳すのが妥当です。
5. 英語の受身形は、能動形を単に受身形にした動作受身「される」と、現在の状態を表す状態受身「されている」があるので、文脈で区別する必要があります。
6. 日本語の「ている」は進行形を表す場合と、完了状態を表す場合があるので、使用に注意する必要があります。

第 2 章　基本変換 II

> **練習 1**　次の訳文をより自然な訳文に直してみましょう。

1. I <u>was offended</u> by his rude behavior.
   （私は）彼の無礼な態度に怒らされた。
2. It <u>is believed</u> that there are more than seven thousand languages in the world.
   世界には七千を超える言語があると考えられる。
3. When a force <u>is applied</u> to a rigid body it changes the momentum of that body.　　　　　　　　　　　　　　　　　　　　< Wikipedia "Impulse (physics)">
   剛体に力が加えられると、それ（その力）がその物体（剛体）の運動量を変化させる。
4. By clicking a thumbnail <u>one</u> can view another page.
   サムネールをクリックすることにより、人は別のページを見ることができる。
5. Logic circuits <u>include</u> such devices as multiplexers, registers, arithmetic logic units (ALUs), and computer memory.　　　< Wikipedia "Logic gate">
   論理回路は、マルチプレクサー、レジスター、演算論理装置（ALU）、およびコンピューター・メモリーなどの装置を含んでいる。
6. Whenever and wherever any of the Marks are used by the Licensee, such Marks shall <u>be accompanied</u> by an appropriate notice in accordance with the written instructions of the Licensor.
   いずれかの商標がライセンシーによって使用されるときは必ず、ライセンサーの書面による指示に従った適切な通知がかかる商標に添えられる。

練習 1　解答例
1. （私は）彼の無礼な態度にムッとした。
2. 世界には七千を超える言語があると考えられている。
   ＊it is believedは、意味上の主語が自分であるときは「考えられる」、世間一般のときは「考えられている」と訳すのが妥当です。
3. 剛体に力を加えると、その剛体の運動量が変化する。
4. サムネールをクリックすることにより、別のページを見ることができる。
5. 論理回路としては、マルチプレクサー、レジスター、演算論理装置（ALU）、コンピューター・メモリーなどのデバイスがある。
6. いずれかの商標をライセンシーが使用するときは必ず、ライセンサーの書面による指示に従った適切な通知をかかる商標に添えるものとする。
   ＊このshallは法律のshallなどと呼ばれ、義務を表します。

2A. 能動か受動か

> **練習 II**　次の英文を訳してみましょう。

1. In Tanzania, Swahili <u>is spoken</u> by everyone and at all occasions.
   < Jigal Beez, "Stupid Hares and Margarine: Early Swahili Comics", Cartooning in Africa, Cresskil, Hampton Press (2006)>
2. If one slipped on this icy walk, <u>one</u> could hurt oneself badly.
3. A real lens with spherical surfaces <u>suffers from</u> spherical aberration.
   < Wikipedia "Spherical aberration">
4. The Wimbledon Championship <u>takes place</u> in London over two weeks in late June and early July.　< Wikipedia "The Championships, Wimbledon">
5. Nelson Mandela on Saturday morning <u>underwent</u> endoscopic surgery to have gallstones removed.
6. When a mixture of proteins <u>is added to</u> a chromatography column in which the antibody <u>is</u> covalently <u>attached to</u> a resin, the antibody will specifically bind its target protein and retain it on the column while other proteins <u>are washed</u> through.　< Biochemistry Study, http://goo.gl/OuWId >
7. For example, diodes <u>are used</u> to regulate voltage (Zener diodes), to protect circuits from high voltage surges (avalanche diodes), to electronically tune radio and TV receivers (varactor diodes), to generate radio frequency oscillations (tunnel diodes, Gunn diodes, IMPATT diodes), and to produce light (light-emitting diodes).　< Wikipedia "Diode">

> **練習 II　解答例**
> 1. タンザニアでは、誰もがあらゆる場面でスワヒリ語を話します。
> 2. この凍った道で滑ったなら、大怪我をするかもしれない。
> 3. 球面をもつ実際のレンズは、球面収差という難点をもつ。
> 4. ウィンブルドン選手権は、六月下旬から七月上旬の2週間にわたってロンドンで開催される。
> 5. ネルソン・マンデラは、土曜朝内視鏡手術を受けて胆石を除去された。
> 6. 抗体を樹脂に共有結合で付着させたクロマトグラフィー・カラムにタンパク質混合物を添加したとき、抗体はその標的タンパク質に特異的に結合してそのタンパク質をカラム上に保持し、その他のタンパク質は流れ去る。
> 7. ダイオードは、たとえば電圧の調節（ツェナー・ダイオード）、高電圧サージからの回路保護（アバランシ・ダイオード）、ラジオ受信機・テレビ受像機の電子的同調（バラクター・ダイオード）、無線周波数発振の発生（トンネル・ダイオード、ガン・ダイオード、IMPATTダイオード）、発光（発光ダイオード）に使用されている。

第 2 章　基本変換 II

2B. to不定詞とso that構文——訳し下げか訳し上げか

　ここでは主として副詞的用法で目的または結果を表すto不定詞、およびこれと意味上同等なso thatなどの副詞節、forで始まる副詞句について扱います。
　to不定詞は、それ自体は未完了、まだ実現していないことを表します。これは、形容詞用法の基本的意味が「～すべき」（yet to be solved「未解決」）であることや、rememberなど目的語にto不定詞をとる場合（するのを忘れない）と動名詞をとる場合（したことを覚えている）で意味が異なることからもわかります。
　しかし、結果の不定詞という用法が存在するように、文脈上不定詞の内容が実現されているとみなせる場合は前から訳し下げるべきです。どちらでもよい場合もあるので、文脈上目的として訳し上げるべき場合以外は前から訳して大丈夫です。
　結果として訳せる場合は、主動詞つまり前にある動詞を「～て」でつなぎます。「て」は日本語で前の言葉と後の言葉の強い関係を示しますから。「て」を入れずに連用形だけでつなぐと、andで訳したことになってしまいます。「～て」が連続すると、不自然な訳文になるので、2つ目を「し、それによって」で置き換えます。これは「～て」の強調形とみなすことができます。
　主動詞を受身形で訳すときは、「～されて」として訳し下げることがいつも可能とは限りません。そのつど検討する必要があります。

● 例文 2B-1

The exposed region of said element <u>is removed</u> to expose a portion of the first layer and a region of the first conductivity type is formed in said first layer through the aperture.　　　　　　　　　　　　　< EP0350610A2 >

　　*①前記エレメントの(狭くなった)露出領域を、第1の層の一部分を<u>露出させる</u>ために<u>除去し</u>、前記第1の層内に開口を貫通して第1の導電型の領域を形成する。
　　②前記エレメントの(狭くなった)露出領域を<u>除去して</u>、第1の層の一部分を<u>露出させ</u>、前記第1の層内に開口を貫通して第1の導電型の領域を形

2B. to 不定詞と so that 構文―訳し下げか訳し上げか

成する。

　この文で、exposeという動作が文脈上、完了しているかどうかが問題になります。完了していると見てよい場合は前から訳し下げます。この場合はexposeが完了していないと次文のformという動作が行えませんので訳し下げるべきです。つまり、exposeを「〜露出させるために」と先に訳すと、formが行われる前にexposeが済んでいるかどうかわからなくなります。なお、主動詞removeとformは実際に行う動作であり、不定詞exposeは意図する事象、出したい結果であることに注意してください。

● 例文 2B-2

She left high school when she was 14 to study cinema in the Mokhmalbaf Film House for five years.　　　< Wikipedia, "Samira Makhmalbaf" >

　*①彼女は、マフマルバフの映画スタジオで5年間映画を勉強するために、14歳の時高校をやめた。
　②彼女は14歳の時高校をやめて、マフマルバフの映画スタジオで5年間映画を勉強した。

　この文は期間を表す言葉があるので、to不定詞を目的として訳すとおかしくなります。

● 例文 2B-3

The user needs to use a stand-alone Internet telephony application to call the said company from his computer while surfing or to use a standard telephone device, which is typically connected to a second telephone line.　　　< US20020009071A1 >

　ユーザーは、ネットサーフィンしながらスタンドアローンのインターネット電話アプリケーションを使って自分のコンピューターから同社に電話をかけるか、あるいは通常は第2の電話回線に接続されている、標準的な電話機を使用する必要がある。

第 2 章　基本変換 II

　useが第1文と第2文で対称形になっているので、一見するとto callを訳し上げてuseの訳し方を揃えるべきかとも思われますが、訳し下げたほうがよさそうです。

● 例文 2B-4

The time has come and the day when I leave you, never to be seen again.

>　その時が、私があなたの許を去り、もはや決して会えなくなる日がやってきた。

　never以下はleaveを受けています。これもneverがあるせいか目的には訳せません。

in order to、so as to

　to不定詞ではなく、はっきりin order toと書いてある場合は、基本的に、「ために」で訳します。

● 例文 2B-5

Although a general invitation had been extended to the people living within five or six miles, not many were willing to face the rigors of a cold December wind in order to see, as they no doubt thought, another flying machine not fly.

>　一般招待の範囲を5、6マイル以内に住む人達まで広げたが、きっと飛ばないと思っているに違いないもう一機の飛行機を見るために、師走の寒風の厳しさに立ち向かうのを厭わない人は多くはなかった。

　so as toと書いてある場合は、基本的に「ように」と訳し上げます。目的「ために」と区別して、「ように」を意図と呼ぶことにします。

例文 2B-6

In carrying out such a review, each Member should have regard to the need to ensure the maximum transparency possible in its notifications <u>so as to</u> permit a clear appreciation of the manner of operation of the enterprises notified and the effect of their operations on international trade.

　　各加盟国は、その検討を行うに当たり、通報した企業の運営及びその運営の国際貿易への影響を明確に評価することが可能となる<u>ように</u>可能な最大限の透明性を確保する必要性に考慮を払うべきである。

文頭のto不定詞

　　目的に決まっているので、「ために」で訳します。「は」が付く場合は、「〜するためには、」よりも「〜するには、」が自然です。

例文 2B-7

<u>To make</u> this sentence more <u>concise</u>, move the subject to the front and get rid of the "to be" verb (in this case, "was").

< The Writing Center at UNC Chapel Hill, http://goo.gl/km2Y6 >

　　この文（受身構文）をもっと<u>簡潔にするには</u>、主語を先頭に移し、"be"動詞（ここでは"was"）を取り去る。

例文 2B-8

<u>To delete</u> an application, click the x icon beside the name of the application.

< BlackBerry, http://goo.gl/sMCqK >

　　アプリケーションを<u>削除したい場合は</u>、削除したいアプリケーションの名前の横にある×アイコンをクリックします。

　　マニュアルなどの場合は、他にも「（しようと）するときは」などさまざま

第 2 章　基本変換 II

な表現が可能です。

ように動詞

　ボタンを押せば、決まった結果が出ます。しかし、ブレーキを踏む場合は、踏み加減によって車を中速に減速させることも、急停止させることもできます。一部の動詞はこのような「加減」を内包しており、必ず前から「〜ように…する」と訳さなければなりません。
　このような動詞は、変更、調整、設定などの意味を含むもので、以下のようなものがあります。

change, alter, update, modify, improve; adjust, adapt, customize, optimize, control; set, configure, design, program, position; operate.

● 例文 2B-9

If such legislation is subsequently modified to decrease its conformity with Part II of GATT 1994, it will no longer qualify for coverage under this paragraph.
< GATT 1994 >

　　当該法令は、その後千九百九十四年のガット第二部の規定との適合性を減少させるように改正される場合には、この（a）の規定の対象とはならない。

● 例文 2B-10

Parallel programming languages such as the open-source X10 programming language are designed to assist with this task.
< Wikipedia "Integrated circuit" >

　　オープン・ソースのX10などの並列プログラミング言語は、このタスクを支援するように設計されている。

2B. to 不定詞と so that 構文―訳し下げか訳し上げか

● 例文 2B-11

Sometimes little brass strips are attached to the dial plate of a needle instrument for the needle to strike against.

> ときには小さな真鍮のストリップを針装置の文字盤に、針がそれに当たるように取り付ける。

　この文の動詞attachは「ように」動詞ではありませんが、この文脈では同様に加減を表しています。forがto不定詞の主語を表すことを思い出してください。
　「ように動詞」は、副文相当句の意味上の主語が主動詞の意味上の主語と同じ場合は一般にto不定詞をとりますが、異なる場合はso that構文をとります。

● 例文 2B-12

The layer thicknesses were tightly controlled so that at the desired wavelength, reflected photons from each layer interfered constructively.
<Wikipedia "Interferometry">

> 各層から反射された光子が所望の波長で強め合う干渉を行うように、各層の厚さを厳密に制御した。

（これらの動詞に伴うto不定詞が単なる目的を表す場合もあり得ます。）

for

　前置詞のforはto不定詞をさらに縮減した形であり、意味上の目的語が自明の場合に文を簡潔にするために使われます。不定詞に書き直して訳すと好都合なことがあり、to不定詞のさまざまな訳し方が適用できます。

　data for transmission ＝ data to be transmitted
　「送信すべきデータ」
　for close control of temperature ＝ to closely control the temperature

第 2 章　基本変換 II

「温度を厳密に制御するために」
  send the command to the controller for execution
= send the command ～ to execute it
「コマンドを実行のため制御装置に送る」

● 例文 2B-13

The scanner <u>outputs</u> JPEG files <u>for storage</u> in a MicroSD card.

> このスキャナーは、JPEGファイルを<u>出力して</u>MicroSDカードに<u>格納します</u>。

この場合はforを結果として訳すことができます。

● 例文 2B-14

The router <u>is designed</u> <u>for placement</u> on a desktop, but it may also be wall-mounted.

> このルーターは机の上に<u>置くことができるように</u><u>設計されています</u>が、壁に取り付けることもできます。

　designは「ように」動詞です。designed to be placedと書き換えられます。名詞形になると態も捨象されるので、to不定詞に書き直すときは能動形にすべきか受身形がよいか考える必要があります。
　forやto不定詞は、so thatに書き直すとmayが出てくることからわかるように、潜在的に可能の意味を伴っています。

so that

　so thatは逆にto不定詞をていねいに言った形とみなすことができます。so that節にmayやcanがある場合は、基本的に後ろから訳し上げます。まだ実現されていないからです。

● 例文 2B-15

For the last half hour of cooking the cover is removed, so that the meat may brown richly.

> 肉にこんがり焦げ目が付くように、調理の最後の30分は蓋を外します。

● 例文 2B-16

The Parties will endeavor in concert with other peace-loving countries to strengthen the United Nations so that its mission of maintaining international peace and security may be discharged more effectively.

<日米安全保障条約>

> 締約国は、他の平和愛好国と協同して、国際の平和及び安全を維持する国際連合の任務が一層効果的に遂行されるように国際連合を強化することに努力する。

● 例文 2B-17

If any provision of this Agreement is, for any reason, held to be invalid or unenforceable, the other provisions of this Agreement will be unimpaired and the invalid or unenforceable provision will be deemed modified so that it is valid and enforceable to the maximum extent permitted by law.

> 本契約のいずれかの条項が何らかの理由で無効であるまたは法的強制力がない場合でも、本契約のその他の条項は損なわれず、無効なまたは強制力のない条項は、有効となり強制力をもつように、法の許す限り最大限に修正されているものとみなされる。

＊＊＊＊

mayやcanがない場合は、基本的に前から訳し下げてかまいません。もちろん例外はあります。so that構文は節であり、to不定詞よりも重い表現なので、つなぎの言葉には「～て」ではなく、連用形の後に「、その結果、」「、それにより、」「、したがって、」などを使います。その代わりに元の主文を従属節に

第2章　基本変換 II

して「〜結果、」「〜によって、」「〜ので、」としても基本的にかまいません。

● **例文 2B-18**

The margins referred to in paragraphs (a) to (c) apply to A4-size sheets, so that, even if the receiving Office accepts other sizes, the A4-size record copy and, when so required, the A4-size search copy shall leave the aforesaid margins.　　　　　　　　　　　　　　< PCTに基づく規則 >

　（a）から（c）までに定める余白は、A4判の大きさの用紙について適用する。したがって、受理官庁がA4判以外の大きさの用紙を許す場合においても、A4判の大きさの記録原本及び、要求されたときは、A4判の大きさの調査用写しには、（a）から（c）までに定める余白をとる。

　この訳文はso thatを「したがって」で訳し、その前に句点を打って2文に分けてあります。

● **例文 2B-19**

The light-sensing element is electrically biased so that these charge carriers are separated and thereby generate a voltage across the photodiode.　　　　　　　　　　　　　　　　　　< US6480305B1 >

　感光素子には電気的バイアスがかかっており、その結果これらの電荷キャリアが分離され、それによってフォトダイオードの両端間に電圧が生じる。

＊＊＊＊

　in order thatはin order toを節にした形ですから、基本的に「ために」で訳し上げます。基本的にと言ったのは、そう訳せない場合があるからです。

● 例文 2B-20

The speed of rotation has to be very carefully governed, in order that the record may revolve under the reproducing point at a uniform speed.

　　レコードが再生ポイントの下で均一な速さで回転できるように、回転速度は非常に注意深く調節しなければならない。

前から訳す

　to不定詞でもso that構文でも、「ために」や「ように」と訳し上げるべき状況で、諸般の事情から前から訳し下げたい場合には、文末に「ようにする」を加えます。

● 例文 2B-21

After task 66 has corrected errors, a task 68 encodes the data so that subsequent nodes in the network can perform similar error correction processes. <US5896379A>

　　タスク66でエラーを訂正した後、タスク68でデータを符号化して、ネットワークにおける後続のノードが同様のエラー訂正処理を実施できるようにする。

such that

　such thatは形容詞節です。先行詞がある場合は「〜ような」で大丈夫です。

第2章　基本変換 II

● 例文 2B-22

The city is <u>such that</u> eye has not seen nor ear heard of any place resembling it upon the whole earth.

< Jonah Blank, "Arrow of the Blue-Skinned God", Grove press (2000) >

この町は、世界中でそれに似た場所を見たことも聞いたこともない<u>ような</u>町である。

● 例文 2B-23

In Japan, however, the industrial organization of society is still <u>such that</u> the father is at home a large part of the time.

< Sidney L. Gulick, "Evolution of the Japanese, Social and Psychic", Echo Library (2007) >

しかし、日本の社会の産業構造はまだ、父親が家にいる時間がたっぷりある<u>ような</u>構造である。

＊＊＊＊

ときには形容詞節で訳すと不自然な訳文になることがありますが、そうした場合は副詞節で訳してしまいます。such thatを使ったのは、前の特定の名詞に書き手の関心が向いていたからと思われます。

● 例文 2B-24

The body voltage control stage has a first transistor with a terminal for electrically-coupling to a combinational logic circuit, and a body contact electrically-coupled to the input control signal <u>such that</u> threshold voltage of the transistor is reduced when the transistor is placed in an active state.

< US6157216A >

ボディ電圧制御段は、第1のトランジスタを有し、このトランジスタは、組合せ論理回路に電気的に結合するための端子と、トランジスタがアクティブ状態になったときにトランジスタの閾値電圧が低下する<u>ように</u>、入力制御信号に電気的に結合されたボディ接点とを有する。

この場合は、such thatはbody contactにかかっていますが、coupledにかけかえたほうがすっきりします。

● 例文 2B-25

In accordance with a further aspect of the invention, a pair of linear amplifiers are interconnected <u>such that</u> the positive and negative outputs of the first amplifier are connected to the positive and negative inputs respectively of the second amplifier while the negative output of the second amplifier is connected to the positive input of the first amplifier and the positive output of the second amplifier is connected to the negative input of the first amplifier. <EP0787382A1>

> 本発明の他の態様によれば、1対の線形増幅器が、第1の増幅器の正出力および負出力が、それぞれ第2の増幅器の正入力および負入力に接続され、第2の増幅器の負出力が第1の増幅器の正入力に接続され、第2の増幅器の正出力が第1の増幅器の負入力に接続される<u>ように</u>相互に接続される。

この場合は、so thatのつもりで訳すしかありません。

不定詞のその他の用法

目的や結果のto不定詞と混同しないように、to不定詞の他の主な用法を挙げておきます。

文頭の不定詞でも目的を表さないものもあります。仮定を表す副詞句です。多くは慣用句で、挿入句として使われることもあります。文法上は独立不定詞と呼ばれ、Generally speakingなどの独立分詞構文と似た使い方をします。

● 例文 2B-26

<u>To hear</u> him speak English, you would take him American.

> あの人が英語を話すのを<u>聞けば</u>、きっとアメリカ人だと思うはずよ。

第 2 章　基本変換 II

● 例文 2B-27

To begin with, I would like to thank you for this opportunity to address the members of Parliament present today.

　最初に、本日、（欧州）議会の議員諸兄の前で演説する機会を賜り、大変光栄に存じます。

この句は文末に置くこともあります。

形容詞の修飾語

　to不定詞は、glad、crazy、enough、difficultなど特定の形容詞（や副詞）に伴って、感情の原因、判断の根拠、程度、対象を表します。

● 例文 2B-28

He must be crazy to say such a thing.

　そんなことを言うなんて、奴は気が変になったに違いない。

形容詞用法

　前の名詞を修飾するto不定詞は、目的を表し、基本的に「すべき」と訳すことができます。

● 例文 2B-29

It is agreed that the United States will bear for the duration of this Agreement without cost to Japan all expenditures incident to the maintenance of the United States armed forces in Japan except those to be borne by Japan as provided in paragraph 2.　＜日米地位協定合意議事録＞

　日本国に合衆国軍隊を維持することに伴うすべての経費は，2に規定するところにより日本国が負担すべきものを除く外，この協定の存続期間中

日本国に負担をかけないで合衆国が負担することが合意される。

「されるべき」とする必要はありません。他に「しようとする」「したい」などと訳せることもあります。文脈によっては「される」としてもよい場合もあります。

something to drinkなど不定詞の意味上の主語が自明の場合や文の主語と一致する場合は、不定詞は能動形になります。

* * * *

この用法が述語として用いられるbe to不定詞は予定・運命・義務・意思・可能を表します。to不定詞がこれから実現される状態を表すと考えればすべて理解できます。

● 例文 2B-30

The amounts that the Company is to pay under clause 3.1 are inclusive of all taxes.

第3.1項に基づいて会社が支払うべき金額は、すべての税金を含んでいる。

見出しなどではそのbe動詞が省略されます。予定を表すと考えることができます。

● 例文 2B-31

Supreme Court to hear arguments in case of student who resold books

< Bill Mears, http://goo.gl/c5hsz >

学生の書籍再販事件で最高裁弁論へ

名詞の同格語

名詞の後に置かれるto不定詞の用法がもう1つあります。

第 2 章　基本変換 II

● 例文 2B-32

Either Party may terminate this Agreement with or without cause by giving the other Party thirty (30) days' prior written notice of its intention to do so.

> いずれの当事者も、自己の解約の意思を30日前に他方当事者に書面で通知することにより、事由の有無にかかわらず、本契約を解約することができる。

これはintentionの内容を示すので、同格です。

動詞の目的語、補語となる不定詞

　意思動詞、判断動詞、その他の他動詞の後のto不定詞は、名詞用法で目的語となります。目的語や補語としてto不定詞をとる動詞は多数ありますが、主なものをまとめておきます。
　間接目的語として人、直接目的語としてto不定詞をとるものには、要求動詞advise、allow、encourage、permit、require、urgeがあります。
　目的補語として原形不定詞をとるものには、使役動詞let、make、have、help、知覚動詞feel、find、hear、listen to、look at、notice、observe、perceive、see、watchがあります。make、helpや知覚動詞は受身になるとto不定詞をとります。

＊＊＊＊

　なお、to不定詞も動名詞も目的語にとることのできる動詞があります。continue、cease、dislike、hate、like、proposeなどはどちらでもほとんど意味が変わりませんが、to不定詞はあり得ること、動名詞は実際のことといったニュアンスの差が出ることもあります。
　remember、forget、regretではto不定詞はその時点から見て未来のことを、動名詞は過去のことを指し、どちらをとるかで意味が大きく変わります。tryはto不定詞が来る場合、その行為が成功したかどうか不明です。needは目的語が動名詞のときは受身の意味になります。
　keep、stopは目的語に動名詞をとり、to不定詞は目的を表す副詞句です。

● 例文 2B-33

The Society regrets to announce the death of Muslim Magomaev.

本協会は、遺憾ながらムスリム・マゴマーエフ氏が亡くなられたことをお知らせしなければなりません。

● 例文 2B-34

He regretted not having cancer surgery sooner.

彼は、もっと早く癌手術を受けなかったことを後悔していた。

まとめ

　以上をまとめると、目的や結果を表すto不定詞やso that構文を含む文は、次のように訳すことができます。

1. 文脈上、to不定詞で表される動作が完了しているとみなせる場合は「…して、〜する」と前から訳し下げます。前の動詞に「て」を付けます。
2. 動作が完了していない場合は、「〜するために」と後ろから訳し上げます。
3. 前の動詞が変更、調整、設定などの意味の「ように動詞」である場合は、「〜ように…する」と訳し上げます。
4. 不定詞の前にある〈for＋名詞〉は、意味上の主語を表します。
5. 〈for＋動詞派生名詞〉は、to不定詞の簡略形として第1項から第3項のいずれかに準じて訳すことができます。
6. so that構文は、特にmayやcanがある場合、「〜ように」と訳し上げることができます。
7. mayやcanがない場合は、基本的に「…し、それにより〜する」と訳し下げます。文脈によっては、つなぎの言葉を「その結果」「したがって」とすることもできます。
8. in order toやsuch thatも、文脈上必要な場合は「〜ように」と訳してかまいません。
9. 判断動詞などの後のto不定詞は、目的や結果を表す副詞句ではなく、前の動詞の目的語、目的補語です。

第 2 章　基本変換 II

> **練習 1**　次の訳文をより自然な/正しい訳文に直してみましょう。

1. Edgar hires her as an advisor during his quest <u>to obtain</u> a treasured sword that was supposed to be handed down to him by his family.
   < Wikipedia "Hakushaku to Yōsei" >
   エドガーは、家族から自分に伝えられると想定される宝剣を得るために冒険の旅の間、彼女を相談役として雇った。

2. The loan-to-value（LTV）ratio is a financial term used by lenders <u>to express</u> the ratio of a loan to the value of an asset purchased.　< Wikipedia "Loan-to-value ratio" >
   LTV（融資比率）は、購入資産価額に対する融資残高の割合を表すために貸主によって用いられる金融用語である。

3. Coils of wire are wound round each bar, and connected <u>so as to</u> form one continuous whole; but the wire of one coil is wound in the direction opposite to that of the other.
   各バーの周りにワイヤのコイルを巻き、連続した全体を形成するようにワイヤ同士を接続する。ただし、1つのコイルのワイヤを他のコイルのワイヤと逆の方向に巻く。

4. The haloform reaction has also been used <u>to prepare</u> carboxylic acids, as in the synthesis of trimethylacetic acid from acetone.
   < Michigan State University, Department of Chemistry, http://goo.gl/zeoV3 >
   またハロホルム反応を使って、アセトンからのトリメチル酢酸の合成など、カルボン酸が調製されてきた。

> **練習 1　解答例**
> 1. エドガーは、家族から自分に伝えられるはずの宝剣を手に入れる冒険の旅の間、彼女を相談役として雇った。
> 2. LTV（融資比率）は、購入資産価額に対する融資残高の割合を表すために貸主が用いる金融用語である。
> 3. 各バーの周りにワイヤのコイルを巻き、ワイヤをすべて連続するように接続する。ただし、両方のコイルのワイヤを互いに逆の向きに巻く。
>   ※one、the otherとあるときは、「一方」「他方/もう一方」と訳します。
> 4. ハロホルム反応は、アセトンからトリメチル酢酸を合成するなど、カルボン酸を調製するのにも用いられてきた。

2B. to 不定詞と so that 構文―訳し下げか訳し上げか

> 練習 II   次の英文を訳してみましょう。

1. Ethical approval was obtained from the institution in which the study was carried out <u>in order to</u> enable us to record patients' clinical data from their files.

   < Mohammed Kassim Chaloob et al., "Immunohistochemical Expression of Ki-67, PCNA and CD34 in Astrocytomas: A Clinicopathological Study", Oman Med J, Astrocytomas: A Clinicopathological Study.(2012) pp.368-374. >

2. When the registration is approved by the SEC, the securities can be offered <u>for</u> sale to the public.   < William C. Spaulding, http://goo.gl/lhjhm >

3. Writing a book is an adventure. <u>To</u> begin with, it is a toy and an amusement; then it becomes a mistress, and then it becomes a master, and then a tyrant.

   (Winston Churchill)

4. Photolithography is used to mark different areas of the substrate <u>to</u> be doped or <u>to</u> have polysilicon, insulators or metal (typically aluminium) tracks deposited on them.   < Wikipedia "Integrated circuit" >

5. Three tracked ibises survived storms — only <u>to</u> die of gunfire.

6. The backside of the optically transparent substrate is roughened by sand-blasting <u>to</u> reduce its reflective properties to the order of the polished surface roughness achieved using diamond grit.   < US20030122141A1 >

7. For example, a 1 μ m thick sputtered MoCr film may be manipulated <u>to</u> possess an internal stress gradient between 1 GPa compressive to tensile by varying the sputtering process pressure during deposition.   <US 6562648 B1>

練習 II　解答例
1. 治験を実施した機関から倫理審査の承認が得られて、患者のファイルからその臨床データを記録できるようになった。
2. それらの証券は、SECに登録が承認されると、公募することができる。
   * offer for sale「売り申込みを行う」
3. 本を書くのは冒険である。最初は玩具であり慰みである。その後、嫁さんになり、その次は御主人様になり、それから暴君になる。
4. フォトリソグラフィは、ドープすべき、またはポリシリコン、絶縁体、または金属（普通はアルミニウム）のトラックを堆積すべき、基板上のさまざまな領域をマークするのに使用される。
5. 追跡調査中の3羽のトキは、せっかく嵐を生き延びたのに、銃で撃たれて死んでしまった。

第2章 基本変換 II

6. 光学的に透明な基板の裏面をサンドブラストにかけて粗面化して、その反射特性を、ダイヤモンド・グリットを用いて得られる研磨表面の粗さの程度まで低減させる。
7. たとえば、堆積時のスパッタ・プロセスの圧力を変えることにより、厚さ $1\mu m$ のスパッタされたMoCr被膜に手を加えて、1GPaの圧縮応力から1GPaの引張り応力までの内部応力勾配をもたせることができる。

2C. 関係節

　関係詞を扱う上での主な問題点は、先行詞が何か、および限定用法か接続（非限定）用法かです。

先行詞はどれか

● **例文 2C-1**

The proper place for the word, or group of words, which the writer desires to make most prominent is usually the end of the sentence.

　　書き手がもっとも強調したい▽語または語群を置くべき適切な場所は、通常、文末である。

　which節に主語the writerがあるのでwhichは目的語ですが、どちらの目的語かといえばmakeの目的語です（desireの目的語はto不定詞）。whichの代わりにitがどこに入るか考えてみればわかるはずです。to make most prominentではなくてto be most prominentならdesireの目的語になります（to不定詞はdesireの目的補語）。先行詞はthe word, or groupかthe proper placeかのどちらかですが、意味の上から前者に決まりです。
　なお、▽印は、省略語の位置、関係詞の場合は訳文上で関係詞を訳した語が入るべき位置、つまり先行詞の直前の位置を表します。

● **例文 2C-2**

An enzyme is a protein which acts as a catalyst in a chemical reaction that takes place in a living thing.

　　①酵素とは、生体中で起こる化学反応で触媒として働く▽タンパク質である。
　　×②酵素は、タンパク質であり、生体中で起こる化学反応で触媒として働く。

第2章　基本変換 II

　これを②のように言っても技術的には誤りではありませんが、そう言いたいなら下のような英文を書くはずです。そのほうが従属節がなくなって文が簡単になりますから。

An enzyme is a protein, <u>and</u> acts as a catalyst in a chemical reaction that takes place in a living.

　こんな簡単なことをわざわざ書くのは、英文を見ただけでキーワードから話の筋が自然に浮かび上がってしまい、構文解析をしないでそのような間違った訳文を作る方が、主に年配の技術者で絶えないからです。

● 例文 2C-3

This string is applied to the cipher block chaining encryption routine, <u>which</u> also receives the first key a_0 and a null initialization vector (i.e., IV=0).

<US5673319A>

　×①このストリングは、暗号ブロック連鎖暗号化ルーチンに適用され、また第1の鍵a_0および空の初期化ベクトル（すなわちIV=0）を受け取る。
　②このストリングが、暗号ブロック連鎖暗号化ルーチンに適用され、<u>このルーチン</u>はまた第1の鍵a_0および空の初期化ベクトル（すなわちIV=0）をも受け取る。

　alsoがなぜ付いているのか。ここではapplyがgiveの意味に近いことに気づけば、receiveの主語がstringではなくroutineであることがわかり、alsoの存在も腑に落ちます。先行詞がどれであるかは、関係詞が主格なら関係節の主語として、目的格なら目的語として、どれが意味の上でふさわしいのかによって決まります。前の例と同じく先行詞の候補として主文の主語は外すべきです。

whatは先行詞を兼ねています。つまりthe thing whichと同じ意味です。

● 例文 2C-4

The principle that the proper place for what is to be made most prominent is the end applies equally to the words of a sentence, to the sentences of a paragraph, and to the paragraphs of a composition.

> もっとも強調したいものを置くべき適切な場所は最後であるという原則は、一文中の単語、一段落中の文、および文章中の段落にも同様に適用される。

先行詞を指すthat、those

先行詞を明示するために、指示形容詞that（複数形にはthose）が用いられることがあります。

● 例文 2C-5

The object of the following article is to present in simple and convenient form the history of the growth of fireless cooking and its advantages over the ordinary methods, so that those women who have had no experience in the management of fireless cookers may be encouraged to try them, and those adventurous women who experimented with the earlier cookers and met with disappointment may be induced to try again.

> 以下の記事の目的は、蓄熱調理器を使ったことのない▽婦人がその使用を試みる気になり、また旧型のこの調理器を使ってがっかりしたことのある▽好奇心旺盛な婦人が再度使用を試みる気になられるように、蓄熱調理の発展の歴史と通常の方法に勝る利点を、簡潔かつ手軽に示すことです。

第2章　基本変換Ⅱ

● 例文 2C-6

The additional doping lowers the resistance of <u>those</u> regions, <u>which</u> form part of the extrinsic base of the transistor.　< EP0350610A2 >

　　①この追加ドープにより、トランジスタの外因性ベースの一部を形成する▽領域の抵抗が下がる。
　×②この追加のドーピングにより、それらの領域の抵抗が下がり、それによりトランジスタの外因性ベースの部分が形成される。

このthat、thoseの用法を知らないと、②のような訳になってしまいます。

接続用法か限定用法か

次の2つの文を見て違いを確かめてください。

He has a son who is a doctor.　「彼には医者になった▽息子が一人いる。」
He has a son, who is a doctor.　「彼には一人息子がおり、医者をやっている。」

　前者の場合は、他にも医者でない息子がいるかもしれません。こちらが、限定用法です。後者は接続用法で、and he is a doctorと、関係代名詞を〈and＋代名詞〉で書き直すことができます。

＊＊＊＊

　この例でわかるように、接続用法の場合は関係詞の前にコンマを付けるのが標準的です。しかし、例文2C-1は、whichの前にコンマが付いていましたが、意味の上からは限定用法でした。
　なお、関係代名詞thatは限定用法にしか使われません。また、先行詞を示す指示形容詞that、thoseも限定用法にしか使われません。

2C. 関係節

● 例文 2C-7

Here we have the principle of the glow or incandescent lamp—namely, the interposition in an electric circuit of a conductor which at once offers a high resistance to the current, but is not destroyed by the resulting heat.

    これで、グロー・ランプまたは白熱電球の原理、すなわち電流に対してただちに高抵抗をもたらすが、その結果生じる熱によって破壊されることのない▽導体を電気回路中に挿入するという原理が得られた。

● 例文 2C-8

As used herein, the term "Prodrugs" is considered to be any covalently bonded carriers which release the active parent drug according to the formula of derivatives described above in vivo when such prodrug is administered to a mammalian subject or patient in need of treatment.

< US20010034358B2 >

    本明細書では、「プロドラッグ」という用語は、治療を必要とする哺乳動物の対象または患者に投与したとき、上記の誘導体の式で表される活性な親薬物をin vivoで放出する、▽共有結合した任意の担体であるとみなす。

  関係節中にwillやthenがある場合は、その関係節中のできごとが主節中のできごとよりも後で起こるので、接続用法として前から訳し下げます。

第2章　基本変換Ⅱ

● 例文 2C-9

After this operation signal has been sent, module 350 sends the completion signal to the controller, which then sends a subsequent task signal to the module 350 and the operation is repeated until all the tasks in the workpiece database have been completed. <US6232736B1>

　この操作信号が送られた後、モジュール350は、制御装置に完了信号を送り、次いで制御装置は、次のタスク信号をモジュール350に送り、工作物データベース中のすべてのタスクが完了するまで、この操作が繰り返される。

● 例文 2C-10

The labeling procedure would also be useful for labeling DNA restriction fragments which will be sized and detected in order to map regions of DNA. <EP0327429B1>

　＊私は仮定のニュアンスを出すためにwouldを「はずである」と訳しています。推定のshouldやmustと訳が重なりますが、より適切な訳語が見当たりません。

　この標識手順は、DNA制限断片を標識するのにも有用なはずであり、標識された断片はDNAの領域をマッピングするためにサイズ分けされ検出されることになる。

　私は仮定のニュアンスを出すためにwouldを「はずである」と訳しています。推定のshouldやmustと訳が重なりますが、より適切な訳語が見当たりません。
　先行詞であるfragmentsは主節中ではまだ標識が済んでいませんが、関係節の主語としては標識済みのはずです。

限定用法の関係節を訳し下げる

　限定用法の関係節だけれども、関係節が長いなどの理由で前から訳し下げる方法があります。法律文でよく使われています。

● **例文 2C-11**

The following wastes that are subject to transboundary movement shall be "hazardous wastes" for the purposes of this Convention:
<バーゼル条約>

この条約の適用上、次の廃棄物であって国境を越える移動の対象となるものは、「有害廃棄物」とする。

● **例文 2C-12**

"Importer" means any person under the jurisdiction of the State of import who arranges for hazardous wastes or other wastes to be imported;
<バーゼル条約>

「輸入者」とは、有害廃棄物又は他の廃棄物の輸入を行う者であって輸入国の管轄の下にある者をいう。

● **例文 2C-13**

No suit at law, which relates to rights alleged to have been infringed by the illegal measures of the administrative authorities, and which shall come within the competency of the Court of Administrative Litigation specially established by law, shall be taken cognizance of by Court of Law.
< Wikipedia, "Meiji Constitution">

行政官庁ノ違法処分ニ由リ権利ヲ傷害セラレタリトスルノ訴訟ニシテ別ニ法律ヲ以テ定メタル行政裁判所ノ裁判ニ属スベキモノハ、司法裁判所ニ於テ受理スルノ限ニ在ラズ

これは戦前の文語体で、漢文の読み下し文を応用した訳し方です。

＊＊＊＊

特許明細書のクレームでも、「もの」の代わりに元の名詞を使った文体が使われています。

第2章 基本変換 Ⅱ

● 例文 2C-14

A recording head having a spin tunneling sensing element which is integrated with the recording head and spaced apart from an interface between the recording head and a recording media, the spin tunneling sensing element having a magnetic element that functions as a flux guide to conduct magnetic flux emanating from the recording media away from the interface to an active area of the spin tunneling sensing element. <US5930087A>

> 記録ヘッドと一体であり、かつ記録ヘッドと記録媒体の間の界面から離隔されているスピン・トンネル感知素子を有する記録ヘッドであって、前記スピン・トンネル感知素子が、記録媒体から放出される磁束を界面から離れてスピン・トンネル感知素子の活動領域へと導く磁束ガイドとして働く磁性素子を備える記録ヘッド。

主語の後の関係節

　主語の直後の関係節は、補足説明として用いられ、前から訳し下げることができます。
　関係節の最後を連用形「し、」または「が、」で締めくくり、その後に述部を訳します。

● 例文 2C-15

One such polymerization, which involved the copolymerization of alpha-olefin and 1,3-butadiene, resulted in copolymers where the butadiene units in the copolymer were mostly in the trans-1,4-configuration. <US6096849A>

> こうした重合の1つは、α－オレフィンと1,3－ブタジエンの共重合が関与するものであり、共重合体中のブタジエン単位の大部分がtrans-1,4配置である共重合体をもたらした。

2C. 関係節

● 例文 2C-16

Endothelin, which was originally identified in the culture supernatant of porcine aortic endothelial cells, is a potent twenty-one amino acid peptide vasoconstrictor.   < Wu-Wong JR et al, Characterization and partial purification of endothelin-converting enzyme in rat lung., Cardiovasc Pharmacol (1991);17 Suppl 7:S20-5. >

　　エンドセリンは、最初にブタ大動脈内皮細胞の培養上清中で同定されたが、21アミノ酸からなる強力なペプチド血管収縮剤である。

　関係節が過去形なので、「が、」でつなぎます。連用形「し、」では時制が表せません。もちろん、主語の修飾節として訳したほうが自然な場合はそうします。

● 例文 2C-17

The hydrogen in the water, which has also been formed by the decomposition, is carried to the copper plate.

　　やはりこの（電気）分解によって形成された▽、水中の水素は、銅プレートに運ばれる。

　alsoを「も」と訳せない場合は「やはり」とします。

文中の関係節を後で訳す

● 例文 2C-18

This results in the formation of methanol, which distills out of the reaction flask, and bis (2-hydroxyethyl) terephthalate.   < WO1999054129A1 >

　　×①その結果、反応フラスコから留出する▽メタノールと、テレフタル酸ビス（2-ヒドロキシエチル）が形成される。
　　②その結果、メタノールと、テレフタル酸ビス（2-ヒドロキシエチル）が形成され、メタノールは反応フラスコから留出する。

第 2 章　基本変換 II

　この関係節はformationより後でdistillationが起こるので接続用法で訳すべきものですが、その後にformationの目的語がまだあるので、先にそれを訳してから訳します。

● 例文 2C-19

The cache memory which comprises a high speed device which may be Static Random Access Memory increases CPU performance by storing the most recently used data by the CPU.　　　　　　　　　< US5745728 A>

　　*①スタティック・ランダム・アクセス・メモリーでもよい▽高速デバイスを備えるキャッシュ・メモリは、CPUが最近に使用したデータを記憶することにより、CPUの性能を高める。

　許可のmayを含む関係節を訳し上げると、上のようにやや不自然な訳文になります。オーソドックスな方法としては、関係節を最後に回して訳します。

　　②高速デバイスを備えるキャッシュ・メモリーは、CPUが最近に使用したデータを記憶することにより、CPUの性能を高める。この高速デバイスは、スタティック・ランダム・アクセス・メモリーでよい。

　which may beは論理的にはfor exampleやsuch asと同等なはずなので、大胆にやれば「たとえば」と訳すことができます。堅い文章では控えていますが。
　同様に、which is/areは「すなわち」と訳すことができます。

　　③高速デバイス、たとえばスタティック・ランダム・アクセス・メモリを備えるキャッシュ・メモリは、CPUが最近に使用したデータを記憶することにより、CPUの性能を高める。

前置詞付きの関係詞

　前置詞付きの関係節を訳す場合、接続用法なら容易ですが、限定用法の場合はちょっと厄介です。まず接続用法の場合は、関係代名詞を「それ」（of whichの場合は「その」）とするだけで済みます。なお、関係詞thatは前置詞の後に来ることはできません。したがって、形の上から接続用法か限定用法かを区別することはできません。

● 例文 2C-20

The gentes, phratries and tribes, the members of which were now dispersed all over Attica and completely intermixed, had thus become unavailable as political groups.

> 氏族、胞族および部族は、その成員が当時はアッティカ中に散らばって完全に混ざり合っており、したがって政治集団としては役立たないものになっていた。

これは主語の後の補足説明であり、接続用法です。

● 例文 2C-21

Bow, arrow and cord represent a rather complicated instrument, the invention of which presupposes a long and accumulated experience and increased mental ability.

> ①弓、矢および弦はかなり複雑な器具であり、それを発明するには、長く蓄積された経験と高い精神的能力があることが前提となる。
> *②弓、矢および弦は、それを発明するのに長く蓄積された経験と高い精神的能力が前提とされる、かなり複雑な器具である。

　訳し上げると、②のように修飾部が長くなってやや読みづらくなります。短いものなら訳し上げてもかまいません。

第 2 章　基本変換 II

　限定用法の場合は、whichをit（複数ならthem）で置き換えて、訳し上げます。

● 例文 2C-22

But when men invented money they little suspected that they were creating a new social power, that one universal power <u>before which</u> the whole of society must bow down.

> しかし、人が通貨を発明したとき、新しい社会的な力、社会全体が<u>その前に拝跪しなければならない</u>▽1つの普遍的な力を作り出しているとはよもや思いもしなかった。

　「それ」「その」は前の要素を指すと受け取られる恐れがあるので、できれば関係節の訳文中で主語（ここでは「社会全体が」）の後に回します。これが、前置詞付き関係節の限定用法の基本的な訳し方です。

● 例文 2C-23

A material handling unit includes a substantially planar platform having a longitudinal direction <u>on which</u> pallets and cargo containers are transported. <EP1100735A1>

> ×①資材ハンドリング・ユニットは、パレットや貨物コンテナが移送される縦方向を有する、実質的に平らなプラットフォームを含む。
> ②資材ハンドリング・ユニットは、ほぼ平面状のプラットフォームを含んでおり、その長手方向に沿ってパレットおよび貨物コンテナが移送される。

　これは少し特殊で、on whose longitudinal directionと言えないので、havingで longitudinal directionを導入したものなので、訳し下げるにしてもhaving＝which hasの前で切るべきです。

＊＊＊＊

　次に、「それ」「その」または〈前置詞＋関係詞〉全体の訳を省略しても意味

が通じる場合は、省略します。

● 例文 2C-24

Now, a coil through which a current passes becomes a magnet. Its polarity depends on the direction in which the current flows.

　　このとき、電流が(中を)通る▽コイルが磁石になる。その極性は、電流が流れる▽方向に依存する。

「電流がその中を通る」としなくても大丈夫です。in whichは、in the directionのinなので「その中を」ではありません。省略せずに訳せば、「電流がその方向に流れる方向」とでもなりますが、冗長です。

● 例文 2C-25

Optical lithography is only used to define the pattern for forming the insulating element on which the selective epitaxy is grown. <US5059544A>

　　×①光学的リソグラフィは、選択的エピタキシーを▽成長させる絶縁エレメントを形成するためのパターンを画定するためにだけ使用する。
　　②光学的リソグラフィは、選択的エピタキシーをその上に成長させる絶縁エレメントを形成するためのパターンを画定するためにだけ使用する。

この場合は、on whichの訳を省略すると意味が変わってしまいます。

＊＊＊＊

また、「それ」「その」を使って直訳した後に、同じ意味でより簡潔な表現が見つかれば、それに置き換えます。

第 2 章　基本変換 II

● 例文 2C-26

Property and office were the foundations <u>upon which</u> aristocracy planted itself. Whether this principle shall live or die has been one of the great problems <u>with which</u> modern society has been engaged.

　①財産と公職は、貴族制がその<u>上に</u>立つ基盤であった。この原理が生き続けるか、死滅するかは、近代社会が<u>それに</u>取り組んできた大きな問題の1つであった。
　②財産と公職は、貴族制が拠って立つ基盤であった。この原理が生き続けるか、死滅するかは、近代社会が▽取り組んできた大きな問題の1つであった。

● 例文 2C-27

A Council composed of all the Members shall be the body <u>from which</u> all acts of the Organisation <u>derive</u>.　　　　　　< 経済協力開発機構条約 >

　すべての加盟国で構成する理事会をもってすべての機構の文書<u>の源である</u>機関とする。

　ここでは、derive from ...を「～の源である」と訳してあります。

● 例文 2C-28

A particularly preferred initiator is a tertiary amino lithium compound wherein R_1 and R_2 are each methyl and R_3 is propyl, e.g., 3-dimethylaminopropyl-lithium.　　　　　< WO1998052994A1 >

　①特に好ましい開始剤は、R_1およびR_2がそれぞれメチル基であり、R_3がプロピル基である、▽第三級アミノリチウム化合物、たとえば3-ジメチルアミノプロピルリチウムである。

　whereinは文法的にはin whichと同じですが、in「中に」という意味が薄れているので、先行詞を、全体的に修飾しています。これを訳すには、ただ訳し上げるだけで済みます。もちろん、次のように「であって」を使って訳し下げ

*②特に好ましい開始剤は、第三級アミノリチウム化合物であって、R_1およびR_2がそれぞれメチル基であり、R_3がプロピル基である▽化合物、たとえば3-ジメチルアミノプロピルリチウムである。

● 例文 2C-29

Prodrugs include compounds wherein free hydroxyl, sulfhydryl, or amino groups are bonded to any group that, when administered to a mammalian subject, cleaves to form a free hydroxyl, sulfhydryl, or amino group, respectively.

*①プロドラッグには、遊離のヒドロキシ基、スルフヒドリル基、またはアミノ基が、対象の哺乳動物に投与したときに切断されてそれぞれ遊離のヒドロキシ基、スルフヒドリル基、またはアミノ基を生成する、▽任意の基と結合している、▽化合物が含まれる。

②プロドラッグには、遊離のヒドロキシ基、スルフヒドリル基、またはアミノ基が任意の基と結合しており、哺乳動物の対象に投与したときにそれが切れてそれぞれ遊離のヒドロキシ基、スルフヒドリル基またはアミノ基を生成する、▽化合物が挙げられる。

これはthatなので限定用法ですが、訳し下げのほうがわかりやすい訳文になります。これは、that関係節中の動作cleaveがare bondedの後で起こるからです。

第2章　基本変換 II

隠された因果関係

● 例文 2C-30

The amount of water which is employed should be considered in light of the amount of calcium hydroxide which is employed, which produces water in the neutralization of the phosphoric acid. <US047031A>

△①使用する水の量は、水酸化カルシウムの使用量を考慮して判断すべきである。水酸化カルシウムはリン酸を中和する際に水を生成する。
②水酸化カルシウムはリン酸を中和する際に水を生成するので、使用する水の量は、水酸化カルシウムの使用量を考慮して判断すべきである。

● 例文 2C-31

Fluctuations in amplitude, which should appear equally in both the A and B components, should not affect the sign of the result of the subtraction. This is known as common mode rejection. <US6259670B1>

△①振幅の変動は、A成分でもB成分でも等しく現れるはずであり、この減算の結果の符号に影響を与えないはずである。これは、共通モード除去として知られている。
②振幅の変動は、A成分でもB成分でも等しく現れるはずなので、この減算の結果の符号に影響を与えないはずである。これは、共通モード除去として知られている。

　これらの例では前提と帰結の具体的関係が明示されていないので、普通に訳すと①のように論理的な流れがつながらない訳文になります。そのような場合は、関係節が具体的な関係を明示しない場合があることを念頭において、隠れた関係を表に出して訳すと、わかりやすい訳文になります。

関係詞の省略

　目的格の関係代名詞、および関係副詞は、省略できます。この省略に気づか

ないと、構文解釈すら不可能です。原文で関係詞があるべき位置に▽印を付けてあります。

● 例文 2C-32

The amount of UV rays ▽the ozone layer absorbs varies depending on the time of year and other natural events.

> オゾン層が吸収する▽紫外線の量は、季節およびその他の自然事象に応じて変動する。

名詞句the amount of UV raysの後にまた（コンマなしで）名詞句the ozone layer が出てきています。こういった完結していない文がある場合は、関係代名詞の省略を予想すべきです。すぐ後ろに動詞が2つ出てきて、この予想が肯定されます。

● 例文 2C-33

Newton did not publish any of his works of Biblical study during the time ▽he was alive. <Wikipedia "Isaac Newton's religious views">

> ニュートンは、生きている間に聖書研究をなにも公表しなかった。

これは関係副詞whenが省略されています。

まとめ

以上をまとめると、関係詞を含む文は、次のように訳すことができます。
1. 先行詞は関係詞の直前にあるとは限りません。意味と動詞の数から判断します。
2. 先行詞であることを明示するために、その前にthat/thoseを付けることがあります。
3. thatは限定用法だけですが、他の関係詞には限定用法も接続用法もあります。コンマの有無は絶対的な判断基準にはなりません。

第 2 章　基本変換 II

4. 限定用法の場合、基本的に訳し上げます。関係節が長い場合は、「〜であって...であるもの」などの形で訳すことができ、法律文や特許文では常用されています。
5. 接続用法の場合、and it/they(which)やand then(when)などに書き換えて訳します。
6. 主語の後のwhich節は、「〜は、...であり/あるが、」と訳します。
7. 限定用法の前置詞付きwhich（およびwhose）節は、まず関係詞をit/them（またはits/their）で置き換えて訳し上げた上で、より簡潔な表現があればそれを使います。
8. 目的格の関係代名詞と関係副詞は省略されることがあります。名詞句や動詞句が連続している場合はその可能性が高くなります。

2C. 関係節

練習 1　次の訳文をより自然な/正しい訳文に直してみましょう。

1. The colon is commonly used to emphasize a close connection in thought between two clauses of which each forms a complete sentence, and which might with grammatical propriety be separated by a period.
   コロンは、普通、そのそれぞれが完全な文であり、文法的性質からはピリオドで分離してもよいような、2つの節の間の緊密なつながりを強調するために用いられる。

2. By ligand is intended any moiety of interest, which may be a label allowing for detection, a nucleic acid sequence providing a desired function, a coupling molecule, etc. < EP0327429B1 >
   リガンドとは、対象とする任意の成分を意味し、この成分は、検出を可能にする標識、所望の機能を提供する核酸配列、カップリング用分子などでよい。

3. The simultaneous maintenance of both cell types is dependent on expression of a selectable marker, in one or the other cell population, which is capable of rescuing cells that do not express the marker but which neighbour cells which do themselves express the marker. < EP0695351B1 >
   この両方の細胞型を同時に維持することは、一方または他方の細胞集団中で選択マーカーを発現させることに依存しており、これは、当該マーカーを発現しない細胞で、ただし、マーカーを自ら発現する細胞に隣接する細胞を救済することが可能である。

4. The controller is connected to a transceiver which transmits and receives signals on the three control antennas. < US 4932049 A >
   制御装置は、3つの制御アンテナ上で信号を送受信する送受信機に接続されている。

5. The reaction is carried out until epoxidization of the diene ester which usually occurs within a period of time of from 2 to 18 hours. < US6255500B1 >
   この反応は、通常2〜18時間かかる、ジエンエステルのエポキシ化が完了するまで実施する。

6. The intermediate transfer member, which is in contact downstream of its associated image producing station with the primary transfer member,

第2章 基本変換 II

has multiple toner images electrostatically transferred from said primary transfer member. <US5893018A>

関連する像生成部の下流側で一次転写部材と接触している中間転写部材は、前記一次転写部材から静電転写された多色トナー像を有する。

7. However, the material from which the balloon is made should be sufficiently transparent or translucent. <US5980485A>

しかし、バルーンがそれから製作される材料は、十分に透明または半透明でなければならない。

8. A portion of the disclosure of this document contains material which is subject to copyright protection.

本文書の開示内容の一部分は、著作権保護にさらされる材料を含んでいる。

> **練習 I 解答例**
> 1. コロンは、普通、それぞれが完全な文であり、文法的性質からはピリオドで分離してもよいような、2つの節の間の緊密なつながりを強調するために用いられる。
> 2. リガンドとは、検出を可能にする標識、所望の機能を提供する核酸配列、カップリング用分子など、対象とする任意の成分を意味する。
> 3. 両方の細胞型が同時に維持されるかどうかは、自らはマーカーを発現しないがマーカーをそれ自体が発現する細胞に隣接している細胞を救済することのできる選択マーカーが、どちらか一方の細胞集団内で発現するか否かによって決まる。
> 4. 制御装置は送受信機に接続され、送受信機は3本の制御アンテナ上で信号を送受信する。
> 5. この反応は、ジエンエステルのエポキシ化が完了するまで実施する。これは通常2〜18時間かかる。
> 6. 中間転写部材は、関連する像生成部の下流側で一次転写部材と接触しており、それに前記一次転写部材から多色トナー像が静電転写される。
> 7. しかし、バルーンを製作する材料は、十分に透明または半透明でなければならない。
> 8. 本文書の開示内容の一部分は、著作権保護の対象となる材料を含んでいる。

2C. 関係節

練習 II 次の英文を訳してみましょう。

1. If someone brings up a major issue in <u>the case</u> I'm working on, I feel it's my professional and ethical duty to react appropriately.

    < Alan Bedenko "Baum: You've Been Served", http://goo.gl/MuKr0 >

2. It (sewing machine) was expensive, but, considering <u>the work</u> it could do and <u>the time</u> it could save, the cost was more than justified.

3. A few years ago the Zulus, and some months ago the Nubians, <u>both of which</u> still retain the gentile organization, did what no European army can do.

4. Availability is in part a measure and function of time: it is the percentage of <u>time</u> a system is available to <u>deliver</u> the services it is specified to deliver.

    <"Service Availability: A Customer-Centric Approach to Availability", http://goo.gl/WzvUX >

5. "Subsidiary" shall mean for either party a firm, company, or corporation <u>in which</u> a party owns or controls directly or indirectly, at least fifty (50%) of the voting stock or control.

    < Michael J. Lennon, "Drafting Technology Patent License Agreements", Aspen Publishers Online(2007) >

6. This Agreement may not be assigned or transferred by the Licensee without the prior written consent of ABX, <u>which</u> shall not be unreasonably withheld.

7. Aliphatic diene esters, <u>from which</u> a corresponding epoxide material may be prepared, are sensitive to acid hydrolysis.   < US6255500B1 >

8. These traditional fuel cells have volumetric power densities <u>that</u> at best have the potential to achieve 1-2 kW/L for hydrogen-fed fuel cells, i.e. disregarding reformers and packaging <u>which</u> will significantly lower this value, <u>which</u> hence should be viewed as an upper bound.   < US6495279B1 >

9. Over the past four centuries, several methods have been developed to transfer risks <u>which</u> are common to many people. These include banks, insurers, equities and commodities exchanges, bond and swap markets, and mutual funds.   < US5704045A >

第 2 章　基本変換 II

練習 II　解答例

1. 私がいま取り組んでいる▽案件で誰かが大きな問題を持ち出したら、適切に対処するのが私の職業上、倫理上の義務だと思っている。
2. ミシンは高価であったが、それによってできる仕事およびそれによって節約できる時間を考えると、その費用は十二分に引きあうものであった。
3. ズールー族もヌビア族もいまだ氏族制度を維持しているが、二三年前にズールー族が、また数カ月前にヌビア族が、ヨーロッパの軍隊ができないことをやってのけた。
4. 可用性は、一部には、時間の測度であり、時間の関数である。すなわち、可用性とは、あるシステムが、提供することを指定されたサービスを提供するのに使用可能な時間の百分比である。
5. 「子会社」とは、いずれの当事者についても、ある当事者が議決権のある株式の少なくとも50%を直接または間接に所有する、または経営を直接もしくは間接に支配する、企業、会社または法人を意味するものとする。
6. ライセンシーはABXの書面による同意なしに本契約を譲渡または移転してはならず、かかる同意は合理的な理由なしに拒絶してはならない。
7. 対応するエポキシド材料をそれから調製することのできる脂肪族ジエンエステルは、酸による加水分解を受けやすい。
8. このような従来の燃料電池は、水素供給型燃料電池の場合で最善で1-2 kW/Lの体積電力密度を達成する潜在的可能性があるが、これは改質器およびパッケージングを無視してのものであり、これらの点を考慮に入れると、その値は大きく低下することになり、上記の値が上限であるとみなすべきである。
9. 過去四世紀にわたって、大勢の人に共通するリスクを移転するためにさまざまな方法が開発されてきた。それには、銀行、保険会社、証券取引所、商品取引所、債権市場、スワップ市場、投資信託が含まれる。

第3章

重要構文

　本章では、知っていないと大きな誤訳になるが、忘れている人が多い重要構文、および解釈にとって大事な接続詞を扱います。説明の都合上、第1章で扱った動名詞構文と並んで、結果を示す分詞構文と、付帯状況構文が、誤りやすい三大重要構文です。きちんと翻訳の勉強をしていない方は、ほとんどが解釈を誤り正しく訳せません。また、andとorは機械翻訳がもっとも難しいもので、その性質を十分に押さえた上で、内容をよく理解しないと正しく解釈できません。したがって内容を正確に表現した訳文を作るのも簡単ではありません。その他、複数の意味をもつ他の接続詞についても説明します。本章は、解釈上最初に押さえるべき布石です。

　以上の3章の内容が十分に身に付けば、英語の理解と日本語の表現をつなぐ翻訳回路が基本的にできたといえましょう。そうなれば、次章以下の内容もすぐに理解でき、一々丸暗記せずとも容易に実地に適用し、自分でも自由に工夫できるようになると思います。

第3章　重要構文

3A. 分詞構文

　分詞構文には、ご存じのようにさまざまな意味がありますが、そのうちで案外知られておらず、しかも知っていないと解釈に大きな誤りが生じるのが、主動詞より後にあって、結果および追加説明を表すものです。

結果の分詞構文

● 例文 3A-1

The Pacific Plate is being subducted under the North American Plate forming the Aleutian Trench. 　　　　　< Wikipedia "Pacific Plate">

　　×①太平洋プレートが、アリューシャン海溝を形成する北アメリカ・プレートの下に沈み込みつつある。
　　②太平洋プレートが北アメリカ・プレートの下に沈み込んで、アリューシャン海溝を形成しつつある。

　このforming以下は形容詞句ではありません。結果を表す分詞構文です。コンマで切るのが標準ですが、ない例もたくさんあります。結果を表す分詞構文は、不定詞構文to form ...などで言い換えることができます。

● 例文 3A-2

Many poor rural areas lack any irrigation to store or pump water, resulting in fewer crops, fewer days of employment and less productivity. 　　　　　< Wikipedia "Rural poverty">

　　多くの貧困な農村地域は、水を貯える、または汲み上げるための灌漑施設を欠き、その結果、収穫が少なく、雇用日数が少なく、生産性が低い。

　結果の分詞構文には、上の例文のform、result inのほか、名詞構文でつなぎの動詞として使われるlead to、cause、allowなどもよく使われます。

3A. 分詞構文

　主動詞と分詞構文のつなぎ方はto不定詞やso that構文の場合と同様で、連用形「して」でも、「それによって」「したがって」などのつなぎ言葉を使ってもかまいません。

● **例文 3A-3**

These alloys also retain their amorphous structure after repeated reheating, <u>allowing</u> them to be used in a wide variety of traditional machining processes.
< Wikipedia "Liquidmetal" >

　　*①これらの合金は再加熱を繰り返した後もその不定形構造を保持し、したがって従来の多種多様な機械加工プロセスにそれを使用することを可能にする。
　　②これらの合金は再加熱を繰り返した後もその不定形構造を保持し、したがって従来の多種多様な機械加工プロセスにそれを使用することが可能になる。

　つなぎ言葉を使う場合、分詞構文を受身や自動詞で訳すことができます。つなぎ言葉が節になって、その後が半回転できるようになります。
　allowなどの可能化動詞は、受身にすると「できるようになる、可能になる」ですが、誤解のおそれがない場合に限り「できる、可能である」と訳してもかまいません。

＊＊＊＊

　他の分詞構文は、分詞構文が前提、主文が帰結を表しますが、結果の分詞構文は逆になり、これを取り違えると意味が通じなくなります。結果の分詞構文であることを明示するために、副詞therebyやthusが前に置かれます。

● **例文 3A-4**

The panel is generally rectangular, 12 cm long and 8 cm wide, <u>thus having</u> an area of approximately 96 cm^2.

　　このパネルは、ほぼ長方形で、長さ12cm、幅8cmであり、<u>したがって</u>、面積が約96cm^{2}である。

第 3 章　重要構文

● 例文 3A-5

"Sustainable use" means the use of components of biological diversity in a way and at a rate that does not lead to the long-term decline of biological diversity, thereby maintaining its potential to meet the needs and aspirations of present and future generations.　<生物多様性条約>

　「持続可能な利用」とは、生物の多様性の長期的な減少をもたらさない方法及び速度で生物の多様性の構成要素を利用し、もって、現在及び将来の世代の必要及び願望を満たすように生物の多様性の可能性を維持することをいう。

　thusもtherebyも結果の分詞構文であることを示す符号なので、必ずしも、「したがって」および「それによって」と直訳する必要はなく、文脈に合ったつなぎ言葉を使用できます。

助動詞の支配範囲
● 例文 3A-6

When working in real time an analog computer can continuously monitor the behaviour of the system it simulates, thereby giving the chance to immediately detect faults within the real system.

< Carl French, "Computer Science", Cengage Learning EMEA(1996) >

　リアル・タイムで稼働するとき、アナログ・コンピューターはそれがシミュレートするシステムの挙動を連続してモニターすることができ、そのため、リアル・システム内部の障害を直ちに検出する機会が生じる。

　この例ではcanはgivingにはかかりません。to不定詞は前の動詞（またはその派生形）と一体なので、助動詞は必ずto不定詞にもかかりますが、分詞構文は独立性がより高いので、助動詞の支配を受けることも受けないこともあります。

例文 3A-7

If the vehicle drives into a pot-hole, the side wall can temporarily collapse, thereby pinching the tire between the steel wheel and road.

< Wikipedia "Tire" >

車がくぼみに落ちた場合、サイド・ウォールが一時的に変形し、それによってタイヤがスチール・ホイールと路面の間に挟まれるおそれがある。

この例ではcanはpinchingにもかかっています。実際にcollapseしないとタイヤが挟まれないからです。

追加説明の分詞構文　andの代用

結果の分詞構文と同じ形でも、andの代わりに使われることもあります。ただし、話の主題は主文にあり、分詞構文は追加説明として使われていると理解すべきでしょう。この場合は、andの代わりですから、一般に前の動詞を連用形「し」にするだけですが、「が、」で受けるべきこともあります。結果ではないので、「して」としてはいけません。

例文 3A-8

The "blind spot" is that point at which the optic nerve enters the retina, being so called from the fact that it is quite insensitive to light.

「盲点」とは、視神経が網膜に入る点であり、光をまったく感じないのでこう呼ばれる。

＊＊＊＊

次の例は、時間副詞finallyで分詞構文の動作が主文の動作の後に生じることを示しています。これもto不定詞で置き換えられないので、andの代わりです。

第 3 章　重要構文

● 例文 3A-9

Richmond was the target of numerous attempts by the Union Army to seize possession of the capital, finally falling to the Federals in April 1865.
<Wikipedia, "Richmond in the American Civil War">

> リッチモンドは、首都を押さえようとする北軍の何度もの試みの目標となり、最終的に1865年4月に北軍の手に陥ちた。

その他の意味の分詞構文

　結果および追加説明の分詞構文はその訳文が後に来る点で他の場合と大きく異なりますが、訳文が前に来るその他さまざまな意味の分詞構文の例も挙げておきます。

● 例文 3A-10

Used between independent clauses, it (and) indicates only that a relation exists between them without defining that relation. In the example above, the relation is that of cause and result.

> andは、独立節同士の間で使用される場合、それらの節の間にある関係があることのみを示し、その関係をはっきり示すことはない。上記の例では、それは因果関係である。

このusedは条件を示しています。

3A. 分詞構文

● 例文 3A-11

The General Assembly shall elect ten other Members of the United Nations to be non-permanent members of the Security Council, due regard being specially paid, in the first instance to the contribution of Members of the United Nations to the maintenance of international peace and security and to the other purposes of the Organization, and also to equitable geographical distribution.　　　　　　<国連憲章>

> 総会は、第一に国際の平和及び安全の維持とこの機構のその他の目的とに対する国際連合加盟国の貢献に、更に衡平な地理的分配に特に妥当な考慮を払って、安全保障理事会の非常任理事国となる他の10の国際連合加盟国を選挙する。

これは付帯状況を示すと考えられます。

● 例文 3A-12

Having set out with absolute faith in the existing scientific data, we were driven to doubt one thing after another, till finally, after two years of experiment, we cast it all aside, and decided to rely entirely upon our own investigations.

> 既存の科学的データに全幅の信頼を置いて始めたけれども、次から次へと疑問が湧き出し、遂には2年間の実験の後、過去のデータはすべて投げ捨て、自分の調べたことだけを頼りにすることにした。

これはalthough、譲歩の意味です。

第3章 重要構文

● 例文 3A-13

If the bar is balanced freely on a pivot, it comes to rest pointing north and south; for, the <u>earth being</u> a huge magnet, its north pole attracts all the north-seeking poles of the molecules, and its south poles the south-seeking poles.

> 棒を支点上で自由にバランスさせた場合、棒は北と南を指して止まるようになる。というのは、<u>地球は巨大な磁石なので</u>、その北極は分子の北を指すすべての極を引き付け、その南極は南を指す極を引き付けるからである。

これは理由を示しています。主語付きの分詞構文です。

同じ形でも文脈によって訳は変わる
　同じ形の分詞構文でも、前後関係によって訳し方が変わります。機械的に訳さず、意味を考えながら訳してください。

● 例文 3A-14

<u>Referring</u> now to FIGS. 1, 2 and 6, the structure of the stepper motor is explained in greater detail.　　　　　　　　　　　　　　< US5289065A >

> 次に図1、図2および図6を<u>参照して</u>、ステッピング・モータの構造をより詳細に説明する。

● 例文 3A-15

<u>Referring</u> now to FIG. 1, a stepper motor and ring gear forming the stator of the stepper motor are shown.　　　　　　　　　< US5289065A >

> 次に図1を<u>参照すると</u>、ステッピング・モータと、その固定子を形成する輪歯車とが示されている。

　例文3A-14では主文と分詞の意味上の主語が同じ（I）ですが、例文3A-15

では異なります。主語の異同によって分詞構文の意味が変わります。

独立分詞構文

　分詞構文の意味上の主語が主文と異なる場合は、分詞の前に主語を置きます。これを独立分詞構文といっています。間にing形が入るのは、動名詞構文と同じです。ただし、前置詞の後にくるなど名詞句になる場合は動名詞構文ですが、文中で副詞句として働いているときは分詞構文です。意味や用法は主語のない分詞構文と変わりません。

● 例文 3A-16

The laws of thought being the same for all nations, the logical analysis of the sentence is the same for all languages.

　　思考の諸法則はどの民族でも同じなので、文の論理的分析はどの言語でも同じである。

　これは理由です。

● 例文 3A-17

In the open system, the refrigerator is replaced by the space to be cooled, the refrigerant air being expanded directly into the space rather than through a cooling coil.　　< Wikipedia "Refrigeration">

　　開放系においては、冷却機は冷却すべき空間で置き換えられ、したがって、冷媒空気は膨張して、冷却コイルを介してではなく、直接にその空間中に入る。

　この分詞構文は、意味の上では明らかに結果を示しています。

＊＊＊＊

第3章　重要構文

独立分詞構文も追加説明としてよく使われ、andで書き換えられます。

● **例文 3A-18**

... storing a keyboard configuration in the memory means for each of a plurality of associated natural languages, each keyboard <u>configuration matching</u> key codes that are produced when one of the keys on the keyboard is depressed with corresponding characters in the code page for the associated natural language; ...　＜EP0632361A2＞

> 複数の関連する自然言語それぞれのキーボード構成をメモリー手段に記憶する段階であって、各キーボード<u>構成が</u>、キーボード上のキーの1つを押下したときに生成されるキーコードを、関連する自然言語用のコード・ページ内の対応する文字と<u>対応付ける</u>段階(と)、…

　each keyboard configuration以下は、追加説明として(the step of) storingを修飾しています。文法的には、関係節wherein each keyboard configuration matches ...と同等ですが、分詞構文のほうが定動詞がないため関係節よりも軽いので、主題語（この場合はmethod）の追加説明にはwhereinを、主題語の構成要素（この場合はstoring段階）の追加説明には主語付きの分詞構文を使うのが標準的な慣行です。

接続詞や前置詞の補足

　分詞構文にはさまざまな意味があり、どの意味をとるかは文脈によって決まりますが、意味をはっきりさせるために、あるいは一目で意味がわかるように、該当する接続詞を前に置くことがあります。節を使わず簡潔に表現するために分詞構文を使ったのに、なぜ接続詞を補足するのかというと、それでも、定動詞を使う従属節よりも分詞構文のほうが軽く、文の構成が簡単になるからです。

3A. 分詞構文

● 例文 3A-19

When analyzing the structure of language statistically, a useful place to start is with high frequency context words, or so-called Key Word in Context (KWICs).

> 言語構造を統計的に分析する際に、有用な出発点は、使用頻度の高い文脈語、すなわち、いわゆるKWIC（文脈付きキーワード）である。

● 例文 3A-20

Certain transactional protocols make it possible to perform a transaction while guaranteeing four properties referred to as "ACID":

< US6009426A >

> ある種のトランザクション・プロトコルを使うと、"ACID"と呼ばれる4つの特性を保証しながら、トランザクションを実行することが可能になる。

＊＊＊＊

接続詞の代わりに前置詞を付けると、文法上は動名詞構文になりますが、実際には区別する必要はありません。

● 例文 3A-21

The current, upon entering the zinc plate, decomposes the water in the electrolyte, thereby forming oxygen.

> 電流は、亜鉛プレート中に入ると、電解液中の水を分解し、それによって酸素を発生する。

onは直後を表す時の意味で、as soon asやonceの代わりです。

beingの省略

分詞構文中のbeingが省略されることもたまにあります。そうすると名詞または形容詞が残ります。この形は、古くから使われています。

第 3 章　重要構文

● 例文 3A-22

A soldier of proved valor, he was entrusted with the defense of the city.

 彼は、武勇の誉れ高い戦士だったので、町の防衛を委ねられた。

● 例文 3A-23

Mozart begins to write the piece, the Requiem Mass in D minor, unaware of the true identity of his mysterious patron and oblivious of his murderous intentions.
< Wikipedia "Amadeus (film)">

 モーツァルトは、その謎めいた後援者が実は何者であるか知らず、その殺意ある意図に気づかずに、作品「レクイエム 二短調」を書き始めた。

こちらは、形容詞が文末にきています。

まとめ

 以上をまとめると、分詞構文は、次のように訳すことができます。
1. 定動詞の後にくる分詞構文は、主に結果および追加説明を表します。
2. 結果の分詞構文は、「…し、それによって〜する」と訳します。文脈によっては「…し、したがって〜する」「…して、〜する」と訳してもかまいません。
3. 結果の分詞構文であることを明示するために、その前にthusやtherebyを置くことがあります。to不定詞で置き換えても文が成立する場合は結果です。
4. 追加説明の分詞構文は、andの代わりであり、「…し、〜する」と訳します。
5. 分詞構文の前にある名詞は意味上の主語を表します。主語付きの分詞構文も、追加説明によく使用されます。名詞を修飾する現在分詞や、主語付きの動名詞構文と同じ形ですが、副詞句として働きます。
6. 分詞構文はさまざまな意味を表し得るので、はっきりさせるために接続詞や前置詞を前に付けることがあります。

3A. 分詞構文

> **練習 I** 次の訳文をより自然な/正しい訳文に直してみましょう。

1. If a very short focus objective be used, subjects of microscopic proportions can be projected on the screen enormously <u>magnified</u>.
   焦点距離の非常に短い対物レンズを使った場合、微視的な大きさの物体を大幅に拡大されたスクリーンに投影することができる。

2. The nucleophile attacks the carbonyl carbon, <u>forming</u> a tetrahedral intermediate. < Wikipedia "Nucleophilic acyl substitution" >
   求核剤が、四面体型中間体を形成するカルボニル炭素を攻撃する。

3. Superantigens (SAgs) are a class of antigens which cause non-specific activation of T-cells <u>resulting in</u> polyclonal T-cell activation and massive cytokine release. < Wikipedia "Superantigen" >
   スーパー抗原（SAg）は、ポリクローナルT細胞の活性化および大量のサイトカイン放出をもたらす、T細胞の非特異的活性化の原因となる、抗原である。

4. The direct injection spark-ignited internal combustion engine, <u>comprising</u> a plurality of combustion chambers, is controlled by the electronic engine controller. < US6260518B1 >
   複数の燃焼室を備える直接噴射式火花点火内燃エンジンは、電子式エンジン制御器によって制御される。

5. Any minor who is seventeen years of age or more may consent to voluntarily donate blood to a nonprofit organization, <u>being regarded as</u> having achieved his or her majority for the purposes of this section.
   17歳以上の未成年者は、非営利機関に献血することに同意することができ、本節の目的で成年に達したとみなされる。

練習 I 解答例
1. 焦点距離の非常に短い対物レンズを使った場合、微視的な大きさの物体を大きく拡大してスクリーンに投影することができる。
2. 求核剤がカルボニル炭素を攻撃して、四面体型中間体を形成する。
3. スーパー抗原(SAg)は、T細胞を非特異的に活性化させて、ポリクローナルのT細胞を活性化させ、大量のサイトカインを放出させる、一クラスの抗原である。
4. 直接噴射式火花点火内燃エンジンは、複数の燃焼室を備えており、電子式エンジン制御器によって制御される。
5. 17歳以上の未成年者は、本節の意味で成年に達したとみなされて、非営利機関への献血に同意することができる。

第 3 章　重要構文

練習 II　次の英文を訳してみましょう。

1. In the Soviet Union many millions have moved east, <u>forming</u> new settlements on the other side of the Urals.
   < Rajesh Mehta "Day .50- JAWAHARLAL NEHRU - The Discovery of India (Continued) >, http://goo.gl/h5Ecd >

2. Unlike the start on the 14th, made in a calm, the machine, <u>facing</u> a 27-mile wind, started very slowly.

3. Separate representatives for Coloured voters were first elected in the general election of 1958. Even this limited representation did not last, <u>being</u> ended from 1970 by the Separate Representation of Voters Amendment Act, 1968.
   < Wikipedia "Coloured vote constitutional crisis">

4. Lasering before processing the substrates has a cost advantage to lasering or dicing <u>using</u> diamond saw after processing.
   < Wikipedia "Thick film technology">

5. Then the tetrahedral intermediate collapses, <u>recreating</u> the carbonyl C=O bond and <u>ejecting</u> the leaving group in an elimination reaction.
   < Wikipedia "Nucleophilic acyl substitution">

6. <u>Called</u> sequence-tagged sites (STSs), these short sequences have become standard markers for physical mapping.

7. Humans are one of only two primate species, the other <u>being</u> the bonobo, that frequently have sex outside of female fertile periods.
   < Wikipedia "Human">

8. He saw us coming, and <u>unaware</u> that we had learned of his treachery, greeted us with a smile.
   < Douglas Crockford, http://goo.gl/yiYty >

9. Single-chain antibodies are formed by linking the heavy and light chain fragment of the Fv region via an amino acid bridge, <u>resulting in</u> a single chain polypeptide.
   < EP2377890A2 >

10. We completed our cash tender offer for the outstanding shares of the company, <u>resulting in</u> an approximately 70% ownership of the outstanding shares of the company.
    < Pfizer Inc. and Subsidiary Companies, "Pfizer Inc. 2012 Financial Report", Icagen, Inc. (Icagen) >

11. A true <u>product</u> of the mid-70s, it includes a scene that would most likely no longer be allowed in a PG-rated film today.
    < Wikipedia, "The Bad News Bears">

12. After the game, Jim gets interviewed by the press, <u>being</u> the oldest MLB

rookie in over 40 years. < Wikipedia, "The Rookie (2002 film) ">

13. If there is a digital copy, navigate between pages of a document <u>using</u> the Prev and Next buttons or by clicking on one of the thumbnails.

練習 II　解答例

1. ソ連では、何百万人もが東に移住して、ウラル山脈の向こう側に新しい居住地を形成した。
2. 静穏時に行われた14回目のスタート時とは違って、機体は、時速27マイルの風に立ち向かって(向かい風の中で)非常にゆっくりとスタートした。
3. カラード投票者分離代表は1958年の総選挙で最初に選出された。この制限代表制さえも長続きせず、1968年の投票者分離代表改正法によって1970年に終了した。
4. 基板を加工する前にレーザ処理するほうが、加工後にレーザ処理する、またはダイアモンド鋸でダイスするよりもコスト上有利である。
5. 次いで、この四面体型中間体が分解して、カルボニル(C=O)結合が再生し、脱離反応によって脱離基が脱離する。
6. これらの短い配列は、配列標識部位(STS)と呼ばれ、物理的マッピングの標準マーカーになっている。
7. ヒトは、雌の受胎期以外でも頻繁にセックスをする霊長類のただ2つの種の1つであり、もう1種はボノボである。
8. 奴は我々がやってくるのを見て、自分の裏切りがばれているのも知らずに、微笑みで挨拶した。
9. 単鎖抗体は、Fv領域のH鎖断片とL鎖断片をアミノ酸架橋を介して連結して、単鎖ポリペプチドを得ることによって生成される。
10. 当社は、同社の発行済株式の現金公開買付けを完了し、同社の発行済株式の約70%の所有者となった。
11. この映画は、いかにも70年代半ばの作品らしく、現在ならPG指定の映画ではとても認められそうもないシーンを含んでいる。
12. 試合の後、ジムは、大リーグでこの40年間で最年長の新人として、報道陣のインタビューを受ける。
13. デジタル・コピーがある場合は、PrevボタンもしくはNextボタンを使って、またはサムネイルの1つをクリックして、文書のページをナビゲートします。

第 3 章　重要構文

3B. with付帯状況構文

　withの後に（名詞＋分詞、形容詞、前置詞句）がくる形を付帯状況構文といい、「〜が〜である状態で」という意味の副詞句となります。

● 例文 3B-1

The first and second stators and the rotor are concentrically arranged with the rotor disposed between the first and second stators. < EP2538529A2 >

> ×①第1の固定子と第2の固定子の間に配置した回転子を有する、第1および第2の固定子と回転子を同心に配列する。
> ×②第1の固定子と第2の固定子の間に配置した回転子を用いて、第1および第2の固定子と回転子を同心に配列する。
> ③第1の固定子と第2の固定子の間に回転子を配置して、第1および第2の固定子と回転子を同心に配列する。

　これは過去分詞を用いた例です。この構文を知らないとどんな訳になってしまうかわかりますね。付帯状況は一般に「〜を〜して」で訳せます。

● 例文 3B-2

Queen Boudica looked so beautiful and fierce as she stood there, with her blue eyes flashing, and her golden hair blowing round her in the wind, that the hearts of her people were filled with love for her, and anger against the Romans.

> 女王ブーディカは、その青い眼を輝かせ、ブロンドの髪を風になびかせてそこに立ったとき、いかにも美しくしかも猛々しく見えたので、その民達の心は、女王への愛とローマ人への怒りに満ち溢れた。

　これは現在分詞を用いています。Boudicaはローマの侵略に抵抗したブリトン人の女王。

3B. with 付帯状況構文

● 例文 3B-3

With her jaws wide open, I stuck my hand deep into her throat, practically reaching into her stomach to pull out the foreign object.

< Sarah Bagley, "Sunny Side Up", http://goo.gl/1Kc39 >

> 異物を引っ張り出そうと、口を大きく開かせて、手を彼女の喉の奥に、胃まで届かんばかりに突っ込んだ。

これは形容詞の例です。もちろん直訳は「彼女の口が大きく開いた状態で」。

● 例文 3B-4

General heating in a furnace of the device with a material for forming the bond in place is the technique of choice.

> 結合を形成するための材料を適切な位置に置いて、デバイスを炉内で全体的に加熱する方法が好まれる。

　直訳は「～材料が適切な位置にある状態で」。前置詞句を伴う構文は、特に見落としやすいものです。慣れないうちは、〈with＋名詞＋前置詞〉の出現を徹底的にマークしてください。たとえば、長いデジタル・テキストでwithを検索して、付帯状況か否かを次々に判断する練習が役立つと思います。

● 例文 3B-5

With this in mind, antibiotic susceptibility testing can help guide appropriate therapy.

> このことを念頭に置けば、抗生物質感受性試験は適切な療法を案内する助けになる可能性がある。

　文頭にくる場合は語尾が「して」でなくなります。いずれにせよ意味がはっきりしない場合は、元の「～が～である状態で」に戻って考えれば、意味がわかり、訳語が付けられるようになります。

第 3 章　重要構文

＊＊＊＊

　withなしで付帯状況を表した例もあります。付帯状況を表す分詞構文のbeingを省略した形とみなすこともできます。

● 例文 3B-6

She yawned, her mouth wide open.

　　彼女は口を大きく開けて欠伸した。

連体修飾

　with付帯状況構文は形容詞句になることもあります。「～が～である状態の」という意味です。withをhavingで置き換えてhaveを表に出さずに訳した場合と同じ訳になります。

　連体修飾の場合は一般に「～が～である」、「～を～した」と訳すことができます。

● 例文 3B-7

Anthony Small fought a very unorthodox style, with his hands very far down, often by his knees, and used extreme bobbing and weaving.

<Wikipedia "The Contender Challenge: UK vs. USA">

　　アンソニー・スモールは、両手をずっと下に、しばしば膝近くまで下げた、非常に変則的なスタイルで戦い、極端なボビングやウィービングを用いた。
　　＊スモールは英国のボクサー。

● 例文 3B-8

Figs. 71 and 72 give end views in a section of the coil and the commutator, with the coil in the position of minimum and maximum efficiency.

　　図71および72に、コイルが最小効率位置および最大効率位置にある場合

の、コイルおよび整流子の端面図を示す。

追加説明、結果

　動詞に係る副詞句として働く付帯状況のほかに、with付帯状況構文はandの代用として追加説明としてもよく使われます。

● 例文 3B-9

Our net sales are seasonal, with first quarter net sales typically being the lowest of the year and less than the prior quarter.

> 当社の純売上高には季節変動があり、第1四半期の純売上高は通常、年間で最低であり、前四半期より少ない。

　追加説明の場合は、付帯状況の場合とは違って、beingが出てくる例がしばしば見られます。本来は付帯状況構文とは由来が異なるのかもしれません。つまり、分詞構文にandの意味を示唆するwithを添えて関係をはっきりさせたものといえます。

● 例文 3B-10

Plural forms vary strongly by dialect, with southern dialects preserving the Old English -eþ, Midland dialects showing -en from about 1200 onward and northern forms using -es in the third person singular as well as the plural.

<Wikipedia "Middle English">

> 複数形は方言によって大きく変わり、南部方言では古英語の -eþを保存しており、ミッドランド方言では約1200年以降 -enであり、北部方言では三人称単数および複数で -esを使用している。

＊＊＊＊

結果を表すと解釈できる例もあります。

第3章　重要構文

● 例文 3B-11

A layer of silicon is epitaxially grown over the entire substrate with polysilicon being formed on the insulating layer and a single crystal being formed on the exposed region of the substrate.　< EP0350610A2 >

> 基板全体の上にシリコン層をエピタキシアル成長させて、絶縁層上にはポリシリコンを形成し、基板の露出領域上には単結晶を形成する。

　with以下の状態になるのはgrowという行為の後なので、結果を表すと解釈できます。付帯状況の場合はwith以下の状態が主文の動作の際にすでに実現されています。

類似の構文

　with自体に付帯状況を表す意味があるので、〈with＋名詞〉で、付帯状況構文に似た意味を表すこともできます。

● 例文 3B-12

With the increasing numbers of visitors, with the numerous huts springing up year by year in every direction, with the dinners and dances, Gulmarg is said to have lost its former charms.

> 訪れる観光客の数が増え、年ごとにあらゆる方向に多数のバンガローが現れ、晩餐会や舞踏会が開かれて、グルマルグは以前の魅力を失ったといえる。

　2番目のwithは付帯状況構文ですが、最初のwithは現在分詞を形容詞として使った形容詞構文で付帯状況を表しています。increasingに後置の修飾語がないので、前に置いたほうが落ち着くからでしょう。

＊＊＊＊

　前置詞のwithにはhavingおよびusingの代用とみなせるものがあります。普通は、havingの意味の場合は直前の名詞に係る形容詞句を形成し、usingの意

味の場合は副詞句になります。

● **例文 3B-13**

With such a configuration, the portable radiotelephone is commonly referred to as a foldable or clamshell-style telephone. <US5933330A>

> この携帯無線電話は、このような構造をもつので、普通は折畳み式またはクラムシェル型電話と呼ばれる。

このwithは、havingに置き換えると、理由の分詞構文として訳せます。

● **例文 3B-14**

Even with this lead the working is very uneconomical, as the steam goes to the exhaust at practically the same pressure as that at which it entered the cylinder.

> この進み角を用いる場合でも、水蒸気が、シリンダーに入ったときとほぼ同じ圧力で排気管に向かうので、作業が非常に不経済である。

このwithは、usingに置き換えると、evenを伴って譲歩の分詞構文として訳せます。

まとめ

以上をまとめると、with付帯状況構文（with＋名詞＋分詞/形容詞/前置詞句）は、次のように訳すことができます。
1. 副詞用法の場合、「...が〜である状態で」という意味であり、「...を〜して」と訳すことができます。
2. 形容詞用法の場合、「...が〜である状態の」という意味であり、「...を〜した」「...が〜である」と訳すことができます。
3. 追加説明の用法もあり、andと同様に「.....し、...を〜する」と訳せます。
4. 〈with＋形容詞＋名詞〉などで付帯状況を表すこともできます。

第3章　重要構文

> **練習 I**　次の訳文をより自然な/正しい訳文に直してみましょう。

1. Single or multiple administrations can be carried out <u>with</u> one dose level and pattern being selected by the administrator.　　　　　　　<WO2000057878A1>
   管理者が選択した1回投与量および投与パターンで、1回または複数回の投与を行うことができる。

2. Fig.3B shows a cross-section of an isolation region transistor <u>with</u> the channel stop implant removed.　　　　　　　　　　　　　　　< US6624495B2 >
   図3Bは、除去されたチャネル・ストップ注入物を有する分離領域トランジスタの断面図である。

3. Boudica, <u>leaning with</u> one hand upon her spear, and <u>lifting</u> the other to heaven — prayed.
   女王ブーディカは、片手を投槍に載せて寄りかかり、もう片手を上に掲げて、祈った。

4. A more satisfactory system, especially for lateral balance, was that of arranging the wings in the shape of a broad V, to form a dihedral angle, <u>with</u> the center low and the wing-tips elevated.
   特に横バランスを保つための、より満足できるシステムは、翼を幅広のV字形にして、中心が下がり、翼端が持ち上がった、上反角を形成するものであった。

> **練習I　解答例**
> 1. 1回または複数回の投与を行うことができ、1回投与量および投与パターンは管理者が選択する。
> 2. 図3Bは、チャネル・ストップ注入物を除去した分離領域トランジスタの断面図である。
> 3. 女王ブーディカは、片手で投槍に寄りかかり、もう片手を上に掲げて、祈った。
>   ＊これはlean uponという複合動詞の間にwith one handが挿入されたものです。
> 4. 特に横バランスのための、より満足できるシステムは、翼の中心を下げ、翼端を持ち上げて、翼を幅広のV字形に構成して、上反角を形成するものであった。

3B. with 付帯状況構文

> **練習 II**　次の英文を訳してみましょう。

1. Their houses were only little round huts, <u>with</u> a hole in the middle of the roof which let some light in and the smoke of the fire out.
2. In such a country as Kashmir, <u>with</u> a great river flowing through it, and with numerous mountain torrents and subsidiary streams running into that river, there is obviously an immense amount of water-power at hand.
3. Look at Fig. 27. Here we have a slide-valve, <u>with</u> faces much wider than the steam ports.
4. Wash and pick over Swiss Chard. Cook in boiling salted water, using just enough water to prevent Chard from burning. Drain and chop fine. Arrange in a mound on a chop platter, surround (crown fashion) <u>with</u> "hard-boiled" eggs cut in halves lengthwise, having cut side out.
5. These unique modern accommodations were designed and built <u>with</u> energy efficiency in mind.
6. Still, the Britons would not yield. They rose again and again, and died by thousands, <u>sword in hand</u>.

練習 II　解答例

1. 彼らの家は、屋根の真ん中に光を取り込み、焚き火の煙を追い出す穴の開いた、小さな丸い小屋にすぎなかった。
2. 大河が流れ、数多くの渓流や支流がこの河に流れ込んでいる、カシミールのような国では、明らかに莫大な量の水力が手近にある。
3. 図27を見ると、表面がスチーム・ポートよりもはるかに広い、スライド弁が示されている。
4. フダンソウを洗い、選別します。フダンソウが焦げないぎりぎりの量の水を使って、塩を加えた沸騰水中で茹でます。水を切って細かく切ります。大皿に山盛にし、縦に2つに切った「固ゆで」卵いくつかを、切れ目を外側にして、(冠状に)周りに添えます。
　　＊surround ... with 〜で「...を〜で取り囲む、...の周りに〜を配置する」
5. これらのユニークで近代的な宿泊設備は、エネルギー効率を考えて、設計され建設された。
6. それでもブリトン人は屈しようとはしなかった。何度も何度も立ち上がり、剣を手にして何千人単位で死んでいった。

3C. ANDとOR

　andおよびorは同等のものをつなぐ等位接続詞であり、ご存じのように語と語、句と句、文と文はもちろんのこと、副詞と副詞句と副詞節など文法上同等の地位にあるあらゆる単位同士をつなぐことができます。

　and、orはA, B, C(,) and Dのように同列の一組のもののうち最後のものの直前に1回置くのが標準の使い方です。この使い方は、ギリシア語、ラテン語の時代からあり、現在ではアジア・アフリカの諸言語を含めて一般に行われており、日本語でも「A、B、C（、）およびD」ということができます。

　並列する語句が3つ以上の場合にand、orの直前にもコンマを置くかどうか（serial comma）については、どちらのスタイルもあります。コンマを置くことによって曖昧さが避けられることもあります。

　ただし、英語でも強調など修辞上の目的で、A and B and Cなどand、orを繰り返したり（接続詞畳用polysyndeton）、andを省略したり（接続詞省略：asyndeton）することがないわけではありません。

　まず、and、orがどの語句とどの語句を結んでいるのか、どの語句とどの語句が並列であるかを理解することが必要です。

● 例文 3C-1

The host bridge serves as a bridge to other buses, including a <u>memory bus</u> connected to the main memory <u>and</u> a <u>PCI bus</u>.

　×①ホスト・ブリッジは、<u>メイン・メモリおよびPCIバス</u>に接続されたメモリ・バスを含め、他のバスへのブリッジとして働く。
　②ホスト・ブリッジは、主記憶装置に接続された<u>メモリ・バス</u>や、<u>PCIバス</u>を含めて、他のバスへのブリッジとして働く。

　訳文①はandが単純にPCI busと直前のmain memoryを結んでいると誤解したものです。しかし、includingを使ってother busの例としてまずmemory busを挙げているのですから、PCI busはそれと並列であると解釈するのが妥当です。PCI（Peripheral Component Interconnect）バスは、文字通り外部の周辺機器

と接続するためのものです。

● 例文 3C-2

This initiator demonstrates a high initiation efficiency and a fast propagation rate of the growing PL polymer chain.　< US6060563A >

　×①この開始剤は成長するPLポリマー鎖の高い開始効率および成長速度を実証している。
　　②この開始剤は、高い開始効率および高いPLポリマー鎖伸長伝播速度を示す。

　訳文①では、of以下をandの前のefficiencyにもかかると解釈しています。しかし、英語では修飾語の係る範囲を冠詞の有無で区別しています。つまり、後置の修飾語句が後ろ(最後)のものにしかかからない場合は冠詞を繰り返します。逆に修飾語がすべてにかかる場合は、冠詞を最初に1回だけ使用します。したがって、この例では、fastの前にaがあるので、of以下はrateにしかかかりません。
　この訳では、efficiencyとrateが同列であることを明示するためにpropagation以下を1語にまとめてあります。他の手として、後で説明するように「と」を使って、「～効率と、～速度と（を示す）」とする方法もあります。

● 例文 3C-3

Recovering a purified salt by[1] crystallization in the presence of an oxygen bearing gas stream either by[2] removing water from the aqueous solution by[3] subjecting the aqueous solution to an increase in temperature and/or a decrease in pressure or by[4] decreasing the solubility of the salt in the aqueous solution by[5] subjecting the aqueous solution to a decrease in temperature.　< US6331647B1 >

　　水溶液の温度を上げ、かつ/または圧力を下げて[3]水溶液から水を除去することにより[2]、あるいは水溶液の温度を下げて[5]水溶液中の塩の溶解度を低下させることにより[4]、酸素含有気体流の存在下で結晶化を行うことによって[1]、精製された塩を回収するステップ

第3章　重要構文

　この文には、最初のby crystallizationを含めてby ...ingが5回出てきますが、either ... orで2番目と4番目のbyが並列であることを明示しています。また、3番目と5番目をsubjectingで始めて同等の関係であることを暗示しているので、それぞれremovingおよびdecreasingにかかると予想できます。

　技術的にも、塩の溶解度＝飽和濃度が温度によって決まっており、実際濃度がそれより高くなると余分な分が沈澱して溶液から離脱するので、水だけを抜いて塩の実際濃度を高くすることも、飽和濃度のほうを下げることも、結晶析出の方法として妥当です。

＊＊＊＊

　このようにand、orは構文解析上極めて重要であり、誤解を避けるよう書き方を工夫したものもありますが、原文が誤っている場合もしばしば見られます。

● 例文 3C-4

It (the pharmaceutical formulation) can be co-administered in the form of a tablet or capsule, as an agglomerated powder or in a liquid form or as a liposome.

< US6177460B1 >

　　それ（この製剤）は、錠剤もしくはカプセル剤の形で、凝集粉末として、液体の形で、またはリポソームとして同時投与することができる。

　最初のorは問題ありませんが、2番目のorは疑問です。文法上も意味上も最後の2つをまとめてそれより前のものそれぞれと同列に置く解釈は出てきません。この orは不要です（代わりにコンマ）。

● 例文 3C-5

d) completing transactions received from other devices on said subordinate bus and received prior to receiving said interrupt;

< US6253275B1 >

　×①d）前記下位バス上の他の装置から受け取ったトランザクションおよび前記割込みを受け取る前に受け取ったトランザクションを完了させる

ステップと、…

②d）前記割込みを受け取るより前に前記下位バス上の他の装置から受け取ったトランザクションを完了するステップと、…

　訳文①の解釈は、transactionsと複数形になっているので文法的には間違っていないのですが、文脈上は成り立ちません。むしろ原文の書き方に問題があり、and receivedを省くべきです。

● 例文 3C-6

e) processing said interrupt request and additional transactions from said other devices on said subordinate bus; and...　　<US6253275B1>

×①e）前記下位バス上の前記他の装置からの前記割込み要求および追加トランザクションを処理するステップと、…
②e）前記割込み要求と、前記下位バス上の前記他の装置からの追加のトランザクションとを処理するステップと、…

　訳文①ではfrom以下をrequestにもかけていますが、文脈上は直前のtransactionsだけにかかります。これは前の例文の続きで、additional transactions とは前段のtransactions received from other devices …以外のもののことです。

階層表現

　andやorが重層的に使われることがあります。これを階層構造、入れ子構造などと呼んでいます。次頁の例はサンフランシスコ平和条約第四条です。

第 3 章　重要構文

● **例文 3C-7**

Subject to the provisions of paragraph (b) of this Article, the disposition of property of Japan and of its nationals in the areas referred to in Article 2, and their claims, including debts, against the authorities presently administering such areas and the residents (including juridical persons) thereof, and the disposition in Japan of property of such authorities and residents, and of claims, including debts, of such authorities and residents against Japan and its nationals, shall be the subject of special arrangements between Japan and such authorities.

<日本国憲法>

　この条の（b）の規定を留保して、日本国及びその国民の財産で第二条に掲げる地域にあるもの並びに日本国及びその国民の請求権（債権を含む。）で現にこれらの地域の施政を行つている当局及びそこの住民（法人を含む。）に対するものの処理並びに日本国におけるこれらの当局及び住民の財産並びに日本国及びその国民に対するこれらの当局及び住民の請求権（債権を含む。）の処理は、日本国とこれらの当局との間の特別取極の主題とする。

日本国 及び その国民	の財産で	第二条に掲げる地域にあるもの		の処理
並びに				
日本国 及び その国民	の請求権で	現に～当局 及び そこの住民	に対するもの	
並びに				
日本国における これらの		当局 及び 住民	の財産	の処理
並びに				
日本国 及び その国民	に対する これらの	当局 及び 住民	の請求権	

　日本文で主語の構造を図示すると、上の図のようになります。原文5行目のandが一番大きな区切りです。その前後がそれぞれandで2つに切れており、そ

してそれぞれの区切りの中にさらにandがあります。なお、日本文で「で…もの」と書いてあるのは、例文2C-11以下に示した限定用法の関係節を訳し下げるのと同じ、長い修飾語句の処理方法です。

> 日本の法律文書では、連結の接続詞andのレベルを区別するために、「及び」と「並びに」を使い分けています。上の図からわかるようにより細かいレベルに「及び」、より高いレベルに「並びに」を使います。階層が3段以上の場合は、上位レベルに「並びに」を繰り返します。どの「並びに」か区別するために「大並び」「中並び」「小並び」などと呼ぶそうです。階層になっていない場合は「及び」を使います。

次にorの重層的使用として旧日米行政協定第九条第六項を示します。

● 例文 3C-8

If the Government of Japan has requested the removal from its territory of a member of the United States armed forces or civilian component or has made an expulsion order against an ex-member of the United States armed forces or the civilian component or against a dependent of a member or ex-member, the authorities of the United States shall be responsible for receiving the person concerned within its own territory or otherwise disposing of him outside Japan.

> 日本国政府が合衆国軍隊の構成員若しくは軍属の日本国の領域からの送出を要請し、又は合衆国軍隊の旧構成員若しくは旧軍属に対し若しくは合衆国軍隊の構成員、軍属、旧構成員若しくは旧軍属の家族に対し退去命令を出したときは、合衆国の当局は、それらの者を自国の領域内に受け入れ、その他日本国外に送出することにつき責任を負う。

第3章　重要構文

合衆国軍隊の構成員 若しくは 軍属	の日本国の領域からの送出を要請し		ときは
又は			
合衆国軍隊の旧構成員 若しくは 旧軍属	に対し	退去命令を出した	
若しくは			
合衆国軍隊の構成員、軍属、旧構成員 若しくは 旧軍属	の家族に対し		

　上の図は日本文のif節部分を階層的に示したものです。has madeの前のorが一番大きな区切りで、2つの動詞をつないでいます。後半は4行目のorで切れていますが、一目でわかりやすいようにagainstを繰り返しています。そしてそれぞれの区切りの中に、さらに小さなorがあります。

> 　　選択の接続詞orのレベルを区別するには、「若しくは」と「又は」を使用します。下位が「若しくは」、より上のレベルが「又は」です。「若しくは」は日常語では余り使わないので語感が不十分なため「又は」との上下関係を間違える人がよくいます。3段以上の場合は法律文書では「若しくは」を繰り返します。どの「若しくは」かを区別するために「大若し」「小若し」などと呼ぶそうです。日常語の感覚では「あるいは」は切り方が大きく感じられるので一番上のレベルに適切と思いますが、法律文書では使っていません。階層になっていない場合は「又は」です。andとorはレベルの扱いが対称になっていません。

　日本語ではこのようにレベルの訳し分けができますが、英語ではand、orそれぞれ1種類しかないので訳し分けできません。文法上の地位が同じで意味も同列の語句のうち最後のものの前に接続詞を置くという規則だけで区別します。補助手段として、1つには例文3C-8のagainstのように共通の修飾先を繰り返す手があります。もう1つ、例文3C-2のように冠詞の重複か省略かによって修飾関係を示唆することもできます。

それでも形の上だけでは判断に迷うケースが出てきます。どうしてもはっきりさせたいなら、(1)、(2)や(a)、(b)など数字や記号を使うしかありません。

> なお、「及び」など漢字を使うのは、助詞の「を、は、へ」を発音通りではなく旧仮名遣いで表記するのと同様に、使用頻度の高いこれらの接続詞について公用文では旧来の表記を暫定的に認めるという趣旨の扱いなので、一般文では通常の用語用字辞典のとおり他の接続語と同様にかな書きして差し支えありません。漢字を使うかかな書きか、どちらかに統一しておく必要はあります。

もう一点、用言同士をつなぐには前の用言を連用形にするだけで十分なはずであり、また名詞以外のものを「並びに」でつなぐのは一般の日本人には違和感があります。違和感があるのは日常お目にかからないからですが、法律文では「及び」も「並びに」も用言や文をつなぐのに使用しています。「並びに」を使うことで、2つの動詞が対等であり、ともに助動詞など同じ語句にかかり受けすることを明示する働きをします。したがって、一般文でもレベル分けなどの必要がある場合には使ってよいと思います。

最後に、例文3C-7の図の最後の行を詳しく示すと次のようになります。

日本国 及び その国民	に対するこれらの	当局 及び 住民	の請求権

この部分は、構造が入れ子になった階層構造ではなく、2つの部分で分岐しているだけなので、接続詞を階層式に訳す必要がないことに注意してください。

例文3C-7や3C-8のような複雑な構造のものは滅多に見られませんが、2段のものは頻繁に出てきますので、これらの接続詞のレベル分けについて、しっかり理解しておく必要があります。

第 3 章　重要構文

● 例文 3C-9

Such certificates shall be signed by the chairman or vice chairman of the board of directors, or a vice president and by the treasurer or an assistant treasurer or by the secretary or an assistant secretary.

> かかる証明書には、会長もしくは副会長が、または副社長と、財務部長もしくは財務部長補佐、もしくは秘書役もしくは秘書役補佐が署名するものとする。

　これは、会長・副会長の場合は単独の署名で済みますが、それより下位の副社長が署名する場合は、財務部長などの連署が必要である、という趣旨の規定です。解釈の誤りを避けるために、the treasurerの前にbyが繰り返されています。

その他の訳し方

　「と」は本来の並列の助詞なので、これを活用する手があります。まず、二者の緊密な関係、たとえば「AとBの間」「AとBの関係」「AとBはどちらも」などには「と」を使うべきです。さらに、いくつかの名詞を列挙する際に、どれか1つまたは複数の名詞に長い修飾語が付いている場合は、「〜Aと、〜Bと、〜Cと…」とすると、修飾語がどこまでかかっているかが明示され、どの語とどの語が並列かも一目でわかります。「〜Aと〜Bとの間」ということもできます。かなり強い語調なので、修飾語なしの3個以上の名詞の列挙に使うと、どぎつくなります。

● 例文 3C-10

The array substrate comprises pixel electrodes and thin film transistors corresponding to each of the sub-pixels, and gate lines and data lines perpendicular to each other.　　　　　　　　　　　　　　＜EP2584555A1＞

> アレイ基板は、画素電極と、各部分画素に対応する薄膜トランジスタと、互いに直交するゲート線およびデータ線とを備えている。

最後のandは、perpendicularがgate linesにもかかることを示す低い階層のものです。

＊＊＊＊

「か」は、使える範囲が「と」よりも限られています。文章語では、大抵は「または」で済みます。ただ、選択肢が2つ（以上）あることを明示したい場合だけは、「〜か、または〜かである」「〜するか、それとも〜するか」などとするのが有効です。

● 例文 3C-11

In essence, the test for application of the saving clause is whether the law substantively regulates a relationship or merely provides alternative remedies for harms for which ERISA already provides redress.
< Smith v. Provident Bank (6th Cir., 1999) (170 F.3d 609) >

> 要するに、留保条項を適用する基準は、当該法律が、一定の関係を実質的に規制しているのか、それともエリサ法(Employee Retirement Income Security Act:従業員退職所得保障法)がすでに救済を規定している損害に対して、代替的な救済手段を提供するにすぎないのかということである。

whetherやifの後のorは「または」ではなく「それとも」と訳します。

＊＊＊＊

「や」はandなのかorなのか曖昧で、避けるのが賢明ですが、such as、including、for exampleの後に名詞が2つくる場合に「AやBを含めて」などと使えます。

「あるいは」は、「または」より切り方が大きく、alternativelyの訳語としてよく用いられます。orでも切れ目が大きい場合や一番上の階層には「あるいは」を使うことができます。なお、alternativelyは接続副詞なので、一文中で続ける場合はor alternativelyと接続詞を付ける必要があります。

第 3 章　重要構文

● 例文 3C-12

The second step involves removal of the bonding material and release of the supporting substrate to make the semiconductor membrane free-standing <u>or alternatively</u> a secondary support layer may be attached to the semiconductor membrane prior to release from support substrate so that the semiconductor membrane is not free-standing.
< US6562648B1 >

　　第2段階では、接着材料を除去し、支持基板を切り離して半導体膜を自立させる。<u>あるいは、</u>支持基板から切り離す前に半導体膜に第2の支持層を取り付けて、半導体膜を非自立型にすることもできる。

＊＊＊＊

　「ないし」にはorの意味とfrom … to …の意味があるので、orの訳語としては使用を避けるべきです。「2個ないし5個」というと(2 or 5)なのか(2 to 5)なのかわかりません。やむを得ない場合は「乃至」と漢字を使います。

● 例文 3C-13

Excellent semiconductor laser characteristics have been established in the <u>near-UV</u> <u>to</u> <u>violet</u> spectrum, principally by Nichia Chemical Company of Japan.
< US20030122141B2 >

　　①主として日亜化学工業株式会社によって<u>近紫外ないし青紫色</u>スペクトルで優れた半導体レーザ特性が確立されている。
　　②主として日亜化学工業株式会社によって<u>近紫外から青紫色の</u>スペクトルで優れた半導体レーザ特性が確立されている。

　形容詞の範囲をいう場合は「から」で何とかいけそうです。

動詞、形容詞の接続
　日本語では用言を接続するのに連用形を用います。したがって、動詞、形容詞および文をつなぐandは訳す必要はありません。ただし、andの字面上の有無にかかわらず、文脈上必要なところに「かつ」を使うことはできます。

orの場合は「〜し、または〜する」でかまいません。このほうが小回りが効きます。「〜したり、〜（したり）する」は文章語として適切ではありません。また「〜するか、（または）〜する」も前述のように選択肢を強調したい場合だけに使えばよいと思います。

AND/OR
　法律文などある種の文書ではand/orという言い方が出てきます。一般には、「および/または」で済みます。ただし、他のand、orと階層になっている場合は「および/もしくは」「ならびに/または」などにする必要が生じます。また、動詞の接続に「および」「ならびに」を使うのに抵抗のある場合は、「かつ/または」などとせざるを得なくなります。

　くだいて訳すべき場合は、「AもしくはBまたはその両方」または「AおよびBまたはそのいずれか」とします。動詞や形容詞の場合は連用形を使って「飲みもしくは食べまたはその両方を行う」「赤くかつ青くまたはそのいずれかである」などとします。三者以上になってくると、「両方」のところを工夫しなければなりません。

＊＊＊＊

　以下2件は同じ条約中のものですが、この条約は複数の訳者で分担したものなのか、ここに掲載しなかった他の2カ所だけはandまたはorで訳しても差し支えなさそうなのでどちらかで訳し、きちんと訳しておく必要のありそうな微妙なところは下記の2通りの訳し方でand/orのとおりに訳してあります。

● 例文 3C-14

The restraint level for the product concerned may be exceeded in either year of any two subsequent years by carry forward and/or carryover of 10 per cent of which carry forward shall not represent more than 5 per cent.

<WTOアナリティカル・インデックス>

> 当該セーフガードに係る産品に対する規制水準は、繰入れ若しくは繰越し又はこれらの組合せにより、二の連続する年のうちいずれかの一年において十パーセントを限度として超過することができる。ただし、繰入れによるものについては、五パーセントを超えないものとする。

第 3 章　重要構文

● 例文 3C-15

Where no such sale is found, the transaction value of identical goods sold at a different commercial level and/or in different quantities, adjusted to take account of differences attributable to commercial level and/or to quantity, shall be used, provided that ....

<WTOアナリティカル・インデックス>

> そのような販売がない場合には、輸入貨物の取引段階と異なる取引段階において及び（又は）輸入貨物の取引数量と異なる取引数量により輸出のために販売された同種貨物の取引価額に取引段階及び（又は）取引数量の差異を考慮に入れて調整を加えた額を用いて課税価額を決定する。ただし〜

ORの用法

　orには、選択以外の意味もあります。命令形の後のorはotherwise「さもなければ、そうしないと」の意味になります。
　言い換えのorもあり、普通は「すなわち」と訳しています。実際には完全に等しくはない場合もありそうですが、それにぴったりの訳語はありません。

● 例文 3C-16

The computer system also includes a monitor or display unit, a keyboard and a mouse or pointing device, which are all interconnected within the illustrated computer system.

<US6081862A>

> コンピューター・システムはまた、モニターすなわち表示装置、キーボード、およびマウスまたはポインティング装置をも含んでおり、これらはすべて図のコンピューター・システム内で相互接続されている。

　モニターはディスプレイの別称として一般に使われていますので、ここは「すなわち」で問題ありません。

may...or　どちらか一方しかだめなのか
● 例文 3C-17

The sample source may be cellular or non-cellular.　　< EP0327429A2 >

　×①試料源は、細胞性のものか、または非細胞性のものでよい。
　　②試料源は、細胞性のものでも、（また）非細胞性のものでもよい。

　これは日本語の感覚では明らかに（both ...）andです。ではなぜorを使うかというと、どちらも可能であるが、一時にはどちらか一方だけであるという意味で使っているのです。面白いことに、「または」ではなく「あるいは」なら違和感はありません。

ANDの代替表現
　A as well as Bは、従来は文字通り「Bと同様にAも」「BのみならずAも」の意味で用いられていました。

● 例文 3C-18

Significantly, the term evokes cultural as well as geographic separation; the Far East is not just geographically distant, but also culturally exotic.

< Wikipedia "Far East" >

　重要なことであるが、この用語は、地理的乖離だけではなく文化的乖離も想起させる。すなわち、極東は地理的に離れているだけでなく、文化面でもエキゾチックである。

　後段で同じことを言い直していることからも従来の用法であることがわかります。the termはもちろんFar Eastのこと。

＊＊＊＊

　しかし、近年はandと類似の「AならびにB」といった意味でも使われています。以下の諸例は、後ろから訳したら変になり、前から訳すのが自然です。むしろ、この用法のほうが多数派です。したがって、後ろから訳さないとおかしい場合以外は前から訳すのが妥当です。andの強調形と考えればよいでしょう。

第3章　重要構文

● 例文 3C-19

In order to accomplish the aim of the preceding paragraph, land, sea, and air forces, as well as other war potential, will never be maintained.

<日本国憲法>

×①前項の目的を達するため、その他の戦力のみならず陸海空軍も、これを保持しない。
②前項の目的を達するため、陸海空軍▽その他の戦力は、これを保持しない。

● 例文 3C-20

The cache controller includes a prefetch logic as well as a number of registers which control the prefetching function according to the present invention.

<US5802569A>

キャッシュ・コントローラは、プリフェッチ論理回路と、本発明に従ってプリフェッチ機能を制御するいくつかのレジスタとを含んでいる。

　一見、which以下は意味の上でprefetch logicにもかかっていそうに見えますが、プリフェッチを行うのがlogic、その動作を制御するのがregisterなので、後者にしかかかりません。レジスタを使ってプリフェッチを制御するというのがこの発明の味噌です。

　andの場合は、前後の修飾句、被修飾句がandを乗り越えてその先までかかる可能性がありますが、as well asの場合は、修飾関係がそこで切れます。as well asの存在価値の1つが、この修飾関係を断ち切る点にあります。

＊＊＊＊

　bread and butterはパンとバターではなくバターを塗ったパンのことです。つまりこの言葉では、andはwithの意味で使われています。これらの表現は慣用句であり、知っていれば意味を取り違えることはありませんが、逆にwithなど修飾句の形で書いてあるのに、実際にはandで書き換えないと論理的におかしい表現もよく見られます。

3C. AND と OR

● 例文 3C-21

An electromagnet consists of a long coil of insulated copper wire wound on a soft iron core.　< Geno Jezek, "Electromagnetism", http://goo.gl/BGBeW >

これは直訳すると①のようになります。
△①電磁石は、軟鉄心に巻きつけた長い絶縁銅線のコイルからなる。
②電磁石は、軟鉄心と、それに巻きつけた長い絶縁銅線のコイルとからなる。

訳文①だと、鉄心は電磁石の構成要素ではなく付属品みたいに見えますね。実際は鉄心も不可欠の構成要素であり、現に両方を併記したものや、逆に鉄心のほうを主人公にした書き方もあります。

最初の英文は、a soft iron core and a long coil of insulated copper wire wound on itをまとめて書いたもので、表現のコンパクトさを狙ってこうしたものです。これを原文通り訳すか、それとも②のように訳すかは、文書の種類にもよりますが、悩ましいところです。こうした例は珍しいものではなく結構見かけますが、withがandの代わりに使われている場合などは躊躇なくandのつもりで訳してよいと思います。

＊＊＊＊

followed byも同じパターンのものですが、名詞をつないでいる場合は、順序指定を含むand（and thereafter）だと割り切って、「Aと、それに続くB」と訳しています。

● 例文 3C-22

An automobile license plate consists of three letters followed by four digits.

自動車のナンバープレートは、アルファベット3文字と（それに続く）4桁の数字からなる。

第3章　重要構文

共通修飾語、共通被修飾語の扱い

　英語では共通部分は省略するのが普通です。次の例文では、主語と動詞が共通し、目的語、副詞句が別々になっています。この共通部分の省略に気づいて、補った訳文を作れるかどうかが重要です。

<u>Mary will put</u> the books on the table and (she will put) the records on the chair.

共通目的語

　目的語などを共通にする動詞の場合、どこが共通部分であるか判断が難しいことがあります。

● 例文 3C-23

The central nervous system is the part of the nervous system that <u>integrates the information that it receives from</u>, and <u>coordinates the activity of</u>, all parts of the bodies of bilaterian animals.

< Wikipedia, "Central nervous system">

　　中枢神経系とは、神経系のうち、左右相称動物の身体のすべての部分<u>から受け取った情報を統合</u>し、すべての部分の<u>活動を調整</u>する部分をいう。

　これは非共通部分が非常に長い例です。and以下をコンマで囲ってあるのでall parts以下が共通部分であることがわかります。coordinatesの主語が中枢神経系だとしても意味は通じますが、そうならofの後のコンマは不要なので、coordinatesはintegratesと並列だと結論できます。

共通被修飾語

　被修飾部分が共通する場合は、誤解を避けるため、繰り返し訳出すべきです。特に、複合語として扱うべきものは、分断せずに、繰り返し訳出すべきです。

3C. AND と OR

● 例文 3C-24

Thus, for example, a block or graft <u>copolymer</u> containing both polybutadiene and polystyrene polymer <u>units</u> can serve as a compatibilizer in a polymer system comprising a blend of polystyrene and polybutadiene.

<WO1998052994A1>

×①したがって、たとえばポリブタジエンおよびポリスチレン・<u>ポリマー単位</u>の両方を含むブロックまたはグラフト・<u>コポリマー</u>は、ポリスチレンとポリブタジエンのブレンドを含むポリマー系中で相溶化剤として働くことができる。

共通要素を考慮しないで訳した例ですが、ポリブタジエンやブロック自体が別に存在する場合は誤訳になります。

*②したがって、たとえばポリブタジエンおよびポリスチレンの<u>ポリマー単位</u>の両方を含むブロックまたはグラフトの<u>コポリマー</u>は、ポリスチレンとポリブタジエンのブレンドを含むポリマー系中で相溶化剤として働くことができる。

③したがって、たとえばポリブタジエン・<u>ポリマー単位</u>とポリスチレン・<u>ポリマー単位</u>の両方を含むブロック・<u>コポリマー</u>またはグラフト・<u>コポリマー</u>は、ポリスチレンとポリブタジエンのブレンドを含むポリマー系中で相溶化剤として働くことができる。

訳文②のように修飾部の名詞を「および」でつなぎ、被修飾部の前に「の」を付ければ、修飾部が両方の被修飾部にかかって文法的には正しくなりますが、複合語として扱うべき語句が分断されてしまいます。それぞれに被修飾部を付けるべきです。

省略動詞の補足

助動詞やbe動詞の省略にも注意する必要があります。

第 3 章　重要構文

● 例文 3C-25

In silver plating, the plate P <u>is</u> of silver, and the solution ▽one of cyanide of potassium and silver salts.

　×①銀めっきでは、プレートPが銀製で<u>あり</u>、めっき液がシアン化カリウムと銀塩のどちらか一方<u>である</u>。
　②銀めっきでは、プレートPが銀製で<u>あり</u>、めっき液がシアン化カリウムと銀塩の溶液で<u>ある</u>。

be動詞が省略されています。なお、one はsolutionを指し、one ofでどちらか一方という意味ではありません。両方ないとめっきが行えませんから。

共通名詞の省略

and、orを含まないが、共通する名詞、被修飾語が省略される場合もよくあります。

● 例文 3C-26

You have a set of data and want to know how spread out it is. There are a few <u>ways</u> to do this, but one of the most <u>useful</u> is called standard deviation.
　　　　　　　　< Courtney Taylor, "How to Calculate a Standard Deviation", http://goo.gl/X1fcM >

　1組のデータがあり、それがどのように広がっているか知りたいものとする。そうするには二三の<u>方法</u>があるが、もっとも<u>有用なもの（方法）</u>の1つは標準偏差と呼ばれるものである。

その他の等位接続詞

その他の等位接続詞but、yet、so、forは、基本的に文同士をつなぎ、逆接、結果、理由など文と文の意味上の関係を示します。

forはもちろんですが、but、yet、soも他の品詞で使われます。そのうち難しいもの、間違いやすいものをいくつか挙げておきます。

● 例文 3C-27

Situations in areas surrounding Japan will have an important influence on Japan's peace and security. The concept, situations in areas surrounding Japan, is <u>not</u> geographic <u>but</u> situational.

< 日米防衛協力のための指針 >

周辺事態は、日本の平和と安全に重要な影響を与える事態である。周辺事態の概念は、地理的なもの<u>ではなく</u>、事態の性質に着目したものである。

＊＊＊＊

soには既出の補語、目的語、副詞句の代わりをする代副詞の機能があります。

● 例文 3C-28

Thus, three of Mozart's completed horn concerti and Joseph Haydn's famous Trumpet Concerto are in E-flat major, and <u>so</u> is Anton Bruckner's Fourth Symphony with its prominent horn theme in the first movement.

< Wikipedia "E-flat major" >

モーツァルトの完成済みのホルン協奏曲のうち3曲とハイドンの有名なトランペット協奏曲は変ホ長調であり、第1楽章に美しいホルンの主題を含むブルックナーの交響曲第四番も<u>同様</u>である。

この構文では〈so＋助動詞〉が前の文の主語以外のすべての要素、この場合はis in E-flat majorを表します。soの後の述語は、広義の助動詞であり、一般の助動詞、be動詞、haveでは繰り返し、その他の動詞はdoで代用します。

接続副詞

therefore、howeverやalternativelyなどは、等位接続詞forやbutとは違って、副詞（接続副詞）なので、前の文に続けるときはandやorが必要となります。

第 3 章　重要構文

● 例文 3C-29

The extra weight of the motor would require either a larger machine, higher speed, or a greater angle of incidence in order to support it, and therefore more power.

> モータにさらに重量があれば、それを支持するのに、より大きな機体、より大きな速度、またはより大きな入射角が必要となり、▽したがってより大きなパワーが必要となるはずである。

● 例文 3C-30

If you want to know detailed information, please feel free to phone 0469-1024-9801, OR alternatively, you can send an email to dada_c@intesc.co.jp.

> 詳しいことをお知りになりたい場合は、お気軽に0469-1024-9801にお電話ください。▽あるいは、dada_c@intesc.co.jpに電子メールを送ってくださってもかまいません。

　セミコロンでつなぐか、ピリオドで2つの文に分ければ、ORは不要になります。ORはもちろん目立つように大文字にしたものです。

＊＊＊＊

　particularlyなど他の副詞でも、それが修飾する語句が前の語句と同列である場合は、前にandが必要です。このandは日本語には訳しません。

● 例文 3C-31

It is not difficult to understand why, apart from the question of affection, the Japanese should manifest special joy on the advent of sons, and particularly of a first son.

< Sidney L. Gulick, "Evolution of the Japanese, Social and Psychic", Echo Library(2007) >

> 愛情の問題は別にしても、日本人がなぜ息子の誕生、▽とりわけ長男の誕生を(特に)喜ぶのかは理解するに難くない。

コロン、セミコロン

接続詞に似た働きをするコロン、セミコロンについても説明しておきます。

コロン(:)は、ピリオドよりも軽い切り方で、引用句の前に置きます。また語句を列挙するとき、最初の語句の前に置きます。

セミコロン(;)は、コロンより軽くコンマよりも重い切り方で、これを使うと、緊密に関係する2つの文を接続詞なしでつなぐことができます。また、名詞がたくさん列挙され、それがいくつかのグループに分かれる場合に、グループ間の区切りに使います。またコロンの後に列挙する語句同士の区切りにも使います。

● **例文 3C-32**

(1) A person does not violate the licensing terms under this section if the person:
(a) receives a certificate of authority under Subsection R156-5-5(2); and
(b) displays the certificate of authority at the person's principal place of business.

 (1) 以下の者は、本節に基づく認可条件に違反しないものとする。
 (a) R156-5-5(2)款に基づく営業認可を受けており、かつ
 (b) 自己の主たる事業所にその営業認可書を掲示する者。

なお、ここではandは両方の条件を満たすべきことを示しているので、「かつ」とするとその点を強調することができます。英文特許明細書のクレームで、構成要素を列挙する際に、動詞comprises、comprisingの後に「：」を置き、各構成要素の後に（最後のものを除く）「；」を置くのは、この用法です。

> 句読点は、日本語では一般に句点、読点、括弧など日本語固有のものだけを使います。必要かつ有効な場合に限って、ピリオドとコンマ以外の欧文の句読点を使ってもよいと思います。もちろん数式、化合物名、コンピューター・プログラムなど専門の表現では決まった表記法に従います。

第3章　重要構文

まとめ

以上をまとめると、andやorを含む文は、次のように訳すことができます。

1. 英文ではandとorは意味及び文法上同列のものをいくつか並べる場合、最後の語句の直前に1回だけ使うのが原則です。
2. andやorが簡単な名詞を連結している場合、英文通りに「A、Bおよび/またはC」と訳すことができます。
3. andで連結された名詞（の一部）に長い修飾語が付いている場合、「～Aと、～Bと、～C（と）」とすると、何と何が並列であるか、また修飾語がどこまでかかるかがはっきりします。
4. 動詞や形容詞が並んでいる場合は、最後以外のものを連用形にするだけでよく、andを改めて訳す必要はありません。文脈上の必要から「かつ」などを補うことはさしつかえありません。
5. andやorの前後の修飾語句や被修飾語句は、もっとも近い語だけにかかる以外に、すべての語にかかることもできます。どちらかは文脈から解釈しますが、全部にかかる場合は冠詞を最初の語だけに付け、もっとも近いものにしかかからない場合はすべてに冠詞を付けます。
6. andやorが階層的に使用されることがありますが、日本語ではandは「および」「ならびに」、orは「もしくは」「または」でレベルを明示することができます。必要な場合は、動詞をつなぐ際にもこの階層表現を使用できます。「と」との併用も可能です。
7. as well as、with、followed byなどもandの代用またはニュアンス付きのandとして使用されることがあります。いずれもandとは違って、修飾関係が前後に及ぶことはありません。
8. therefore、however、alternativelyなどの接続助詞は文を連結する力がなく、前の文に続けるときはand、orが必要です。
9. 英語ではandやorの前後の共通語句は省略されます。どこが共通か正しく把握し、必要に応じて繰り返し訳出すべきです。

3C. AND と OR

練習 I　次の訳文をより自然な/正しい訳文に直してみましょう。

1. We have both qualified and supplemental (non-qualified) defined benefit plans, as well as other post-retirement benefit plans, consisting primarily of healthcare and life insurance for retirees.
    当社では、主として退職者向けの健康保険と生命保険からなる、適格および付加(不適格)確定給付型年金プランおよびその他の退職後福利厚生プランを用意しています。

2. Nigeria has a dual economy with a modern segment dependent on oil earnings, overlaid by a traditional agricultural and trading economy.
    ナイジェリアは、伝統的な農業・交易経済が上に被さった、原油収入に依存する近代部門を有する二重経済である。

3. Small amounts of other monomers may be added during the polymerization or may be produced as by-products during the reaction.
    少量の他のモノマーを重合中に加えることができ、または反応中にそれを副生物として生成させることができる。

4. On the other hand, if the oxygen supply is inefficient, CO as well as CO_2 will form, and there will be a heat loss, equal in extreme cases to two-thirds of the whole.
    一方、酸素の供給が不十分な場合は、COならびにCO_2が生じ、極端な場合には全体の3分の2にも及ぶ熱が失われる。

練習 I　解答例
1. 当社では、税制適格確定給付型年金制度および付加(税制不適格)確定給付型年金制度、ならびに主として退職者向けの健康保険と生命保険からなる、その他の退職後福利厚生給付制度を用意しています。
2. ナイジェリアは、原油収入に依存する近代部門と、それを覆う伝統的な農業・交易経済からなる二重経済である。
3. 少量の他のモノマーを重合中に加えることもあり、また反応中にそれが副生物として生成することもある。
4. 一方、酸素の供給が不十分な場合は、CO_2だけでなくCOも生じ、極端な場合には全体の3分の2にも及ぶ熱が失われる。
    ＊酸素が十分な場合はCO_2だけが生じるのですから、上記の解釈でよいわけです。

第 3 章　重要構文

練習 II 次の英文を訳してみましょう。

1. Clauses, subordinate or not, are of the same type, and hence are naturally separable, or bracketable, by commas.
   < Drew McDermott, "A few extremely random rules of English style", http://goo.gl/eJUiG >

2. In a pressure-sensitive balloon catheter according to the invention, the balloon bears a pressure-sensitive coating. The coating may be in the form of a pressure-sensitive adhesive film, or alternatively may be a coating deposited on the balloon.   < US5980485A >

3. Plasmid DNA for transfection was linearised by SalI digest, ethanol precipitated and resuspended at 10-14 mg/ml in PBS.   < US5980485A >

4. The invention concerns a composition useful for the fabrication of vaccines, containing or formed by approximately spherical polypeptide particles, at least as concerns most of them, these particles having immunogenic and immunologic properties characteristic of the surface antigen of the virus of viral hepatitis B.   < AU1985040610 >

5. Temperature is a key factor affecting the rate of chemical reactions. In general, as temperature increases, so does the reaction rate.
   < Ask.com, "Why does an increase in reaction temperature generally increase the reaction rate?", http://goo.gl/7xOBZ >

6. R_1 is CH_3 or H,
   R_2 is CH_3 or H, or alternatively,
   R_1 and R_2 form a phenyl ring (CHCHCHCH), ...

7. Both Patent Attorneys and Patent Agents are generally required to have a technical degree and must take and pass the USPTO registration examination.   < Wikipedia "Patent attorney" >

8. Employees must obey and respect the rules that govern the organization.
   < Wikipedia "Henri Fayol" >

9. The routing prefix is expressed in CIDR notation. It is written as the first address of a network, followed by a slash character (/), and ending with the bit-length of the prefix.

10. A device family is a group of one or more devices manufactured by or for the same manufacturer and having the same basic design and performance

characteristics.

練習II　解答例

1. 節は、従属節であろうとなかろうと、同じ種類であり、したがって当然コンマで分離する、または括ることが可能である。
2. 本発明によるある感圧式バルーン・カテーテルでは、バルーンは、感圧性コーティングを有する。コーティングは、感圧性接着フィルムの形のものでもよく、あるいはバルーンに被着させたコーティングでもよい。
3. トランスフェクション用のプラスミドDNAを、SalI消化によって直鎖状にし、エタノールで沈澱させ、PBS中で10〜14mg/mlで再懸濁させた。
   *wasが省略されています。ethanol precipitateは複合動詞で、口頭では「エタ沈」と略称されています。
4. 本発明は、少なくとも大部分がほぼ球形であるポリペプチド粒子を含みまたはそれら(の粒子)から形成され、これらの粒子がB型肝炎ウイルスの表面抗原に特徴的な免疫原的性質および免疫学的性質を有する、ワクチンの製造に有用な組成物に関する。
5. 温度は化学反応の速度に影響を与える重要な要因である。一般に、温度が高くなるほど、反応速度も上がる。
6. R_1はCH$_3$または水素であり、
   R_2はCH$_3$または水素であり、あるいは
   R_1とR_2がフェニル環（CHCHCHCH）を形成しており、…
7. 特許弁護士と特許代理人はいずれも、通常、技術に関する学位を有している必要があり、米国特許庁の登録試験を受けそれに合格しなければならない。
8. 従業員は、組織を規律する規則に従い、それを尊重しなければならない。
9. ルーティング・プレフィックスは、CIDR表記法で表され、最初にネットワーク・アドレスを、続いてスラッシュ記号(/)を、最後にプレフィックスのビット長を書く。
   *副詞形で揃えて訳すほうが自然です。
10. 装置ファミリーとは、同じ製造業者が自ら製作しまたは他者に製作させ、同じ基本設計および性能特性を有する、1種または複数の装置からなるグループをいう。

第3章　重要構文

3D. 多義接続詞

　従属接続詞には、さまざまな意味をもつもの、別の品詞にもなるものなど、扱いの難しいものがあるので、ここで扱っておきます。なお、直後の節中に必要な要素が完備しているのが従属接続詞であり、節中に文法上または文脈上欠ける要素があってその要素を自らが代弁しているのが関係詞です。

as

　asには前置詞や相関詞のほかにも、接続詞、関係詞などさまざまな用法があり、なかなか複雑です。まず理由の接続詞があります。

● 例文 3D-1

At low frequencies a capacitor is open circuit, as no current flows in the dielectric.　　　　　　　　　　　　　　　　< Wikipedia "Electrical reactance">

　　＊open circuit「開路」とは回路がつながっていず電流が流れない状態のこと。dielectric「誘電性、誘電体」はisolator「絶縁体」isolating「絶縁性」と同じ。

　　低周波のとき、誘電体中には電流が流れないので、コンデンサーは開路となる。

＊＊＊＊

asは時の意味も表します。

● 例文 3D-2

Steam is allowed to enter by screwing up the valve. As it rushes through the nozzle of the cone A it takes up water and projects it into the "mixing cone" B.

　　弁をねじで締めることによって、水蒸気を入れる。水蒸気は、コーンAのノズルを通るとき、水を吸い込んで「混合コーン」Bに発射する。

＊＊＊＊

主節にも従属節にも増減・変化を意味する語がある場合は、単なる時ではなく比例の意味「つれて」です。

● 例文 3D-3

As the steam expands, its temperature falls.

水蒸気が膨張するにつれて、その温度が下がる。

● 例文 3D-4

The girl yields progressively as the evidence accumulates;

< Shrldon v. Metro-Goldwin Pictures Corp.(2nd Cir., 1936) (81 F.2d 49) >

証拠が次々と突きつけられるにつれて、女は次第に窮地に陥っていく。

＊＊＊＊

As you like it「お気に召すまま」はシェイクスピアの戯曲のタイトルですが、この言葉自体は従属節「～ように」だけを出したもので、asは「ように」という意味の従属接続詞です。itを省略してDo as you like「お好きなようになさい」ということもでき、この場合は節中に目的語がないので、関係詞、詳しくは（擬似）関係副詞ということになりますが、意味は変わりません。

● 例文 3D-5

Having now attained both the initial milestone frame pixel values, if any, and final milestone pixel value, the pixel value of the location in question is interpolated at step 68 using either Equations (1) or (2) as appropriate.

< US6008851A >

これで、最初のマイルストーン・フレーム画素値がある場合はその画素値と、最後のマイルストーン・フレームの画素値がともに得られたので、ステップ68で、式(1)または(2)のいずれか該当するものを使って、問題の位置の画素値を内挿する。

as appropriateは通常は「適切に、適宜」の意味ですが、前にorがあると「ど

第 3 章　重要構文

ちらか適切なほう」という意味を表します。whichever is appropriateと同じ意味です。

＊＊＊＊

後置のas節はこのほかに形容詞節となることがあります。

● **例文 3D-6**

Therefore, the Governments of the United States of America and of Japan have entered into this Agreement in <u>terms</u> <u>as</u> set forth below:

<旧日米行政協定>

よって、日本国政府及びアメリカ合衆国政府は、次に掲げる▽条項によりこの協定を締結した。

このasは直前のtermsを受けています。asの後ろが受身の場合は、be動詞がしばしば省略されます。「ような」ではなく、ずばり「とおりの」です。

＊＊＊＊

asには前節の例文3C-28で述べたand soと同じ用法もあります。接続用法のwhenがand thenの意味になるのと同様に、関係副詞の接続用法として理解できます。

● **例文 3D-7**

The edges of the slide-valve are perfectly flat, <u>as is</u> the face over which the valve moves.

スライド弁の縁部は完全に平坦であり、弁がその上を動く面も<u>同様である</u>。

「も同様である/あった」と訳してもよいし、「も完全に平坦である」と述部を繰り返して訳すこともできます。

この形は、前置されることもあります。

whenとwhere

これらは疑問詞、従属接続詞、関係副詞などの用法がありますが、ここでは難しい用法をまとめて扱います。

なお、法律用語では、「時」は特定の時間、時刻を指し、そうでないときは「とき」を使うものとされています。同様に「所」は具体的な場所を指します。また仮定条件が重なる場合、大前提に「場合」、小前提に「とき」を使うことになっています。

まず疑問の名詞節です。

● 例文 3D-8

In the fruit fly, a homeobox appears to determine when particular groups of genes are expressed during development.

> ミバエでは、ホメオボックスが、発生時に特定の遺伝子群がいつ発現されるかを決定していると思われる。

● 例文 3D-9

Where the Jhelum River at present escapes from the valley was then blocked up, and the whole valley ▽filled with what must have been the most lovely lake in the world.

> ジェルム河が現在その谷（カトマンズ谷）から抜け出している場所が、当時は堰き止められており、その谷全体を満たしていたものは、世界でもっとも美しい湖であったにちがいない。

同じ名詞節でもthe place whereの意味で使われています。filledの前にwasが省略されています。

****

次は接続詞です。

第 3 章　重要構文

● 例文 3D-10

Where the tunnel passes through clayey silt at depths of 100 feet, the strength to overburden ratio indicates that stand-up times for a firm ground could be obtained with predrainage.

　　トンネルが100フィートの深さで粘土質シルトを貫通している所では、地山強度比からみて、事前の水抜きによって強固な地盤の自立時間が得られる可能性がある。

＊＊＊＊

whereは、しばしば場合を表します。

● 例文 3D-11

Where the Software is provided to Licensee at no charge for evaluation purposes only, the License granted is limited to a continuous thirty (30) day period, commencing with the delivery of the Software.

　　当該ソフトウェアが評価のみの目的でライセンシーに無料で提供される場合、許諾されるライセンスは、当該ソフトウェアの引渡し時から連続して30日間に限られる。

＊＊＊＊

　時や場所や場合を表す名詞や副詞句の後のwhen、whereは関係副詞です。まず限定用法の例を挙げます。

● 例文 3D-12

A rhetorical question is a question where the answer is assumed to be known to the parties present, and therefore requires no verbal answer.　　　　　　　　　　　　　　　　　　　　　　　< http://goo.gl/ZfdtK >

　　修辞的質問とは、その場にいる当事者に答えがわかっていると想定され、したがって口頭で答える必要がない質問をいう。

　場合のwhereを先行詞とする語には、case、circumstancesなどがあります

が、questionも先行詞になります。

＊＊＊＊

後置のwhen、whereには、関係副詞の接続用法もあります。and then、and there、and in that caseの意味になります。

● 例文 3D-13

As the piston moves, the valve moves in the same direction until the port is fully uncovered, when it begins to move back again.

> ＊①ピストンが動くとき、弁はポートが完全に開くまで同じ方向に動き、そのとき、弁は再度戻り始める。
> ②ピストンが動くとき、弁はポートが完全に開くまで同じ方向に動き、ポートが完全に開いたとき、弁は再度戻り始める。

tillの後にwhenが出てくるときは、whenは接続用法でありtill節の内容を受けます。「そのとき」と訳すと、訳文で直前に来る主文の内容、この場合は「弁が動く」を指すことになるので、「とき」の前にtill節「ポートが完全に開く」を繰り返す必要があります。

● 例文 3D-14

Often the content filtering is implemented as part of a content caching engine, where only desirable content is kept in the cache for the user population, and undesirable content is prevented from being cached.   <US6336117B1>

> コンテンツ・フィルタリングはしばしば、コンテンツ・キャッシング・エンジンの一部として実装され、その場合、ユーザー集団にとって望ましいコンテンツだけがキャッシュに保存され、望ましくないコンテンツはキャッシュされない。

第 3 章　重要構文

複合関係詞 〜ever　ならなんでも　どうしようと

　疑問詞にeverの付いた形を複合関係詞といいますが、これには3つの意味があります。疑問詞を強調した用法と、関係詞本来の用法と、譲歩の意味を表す従属節としての用法です。
　everを取り除いても文が意味をなす場合は、疑問詞または関係詞です。

● 例文 3D-15

The term of protection is defined as one year from the date of original delivery or the term of the warranty, whichever occurs first.

　　保護期限は、元の引渡し日から1年または保証期限のうち、どちらか早いほうと定義される。

例文 3D-5のas (appropriate)と似た用法です。

● 例文 3D-16

The rest of the soldiers were the servants of the great nobles and rich merchants. Whenever the king had need of them, he used to call them together, and when the fighting was over they went back again to their own homes, and to their own masters.

　　残りの兵士は大貴族や大商人の従者であり、兵士を必要とするときはいつでも、王は彼らを召集し、戦いが終わると、彼らはまた自分の家に戻り、自分の主人の下に帰った。

＊＊＊＊

everを除くと意味をなさなくなるときは譲歩です。no matter whichなどで書き換えることもできます。

● 例文 3D-17

From this it follows that the disarming or overthrow of the enemy, whichever we call it, must always be the aim of Warfare.

> このことから、敵の武装解除または打倒が、それをどう呼ぼうと、いつでも戦争の目的であるということになる。

● 例文 3D-18

Whatever air system be adopted, experience has shown that three features are essential:

> どんな空圧システムを採用しようと、経験によれば3つの特徴が不可欠である。

● 例文 3D-19

However you advise him, he will probably do as he thinks best.

> あなたがどう助言しようと、彼はおそらく自分がベストと思うとおりに行動するだろう。

接続副詞howeverはこの節の中身がとれてできたもの「どうであれ」と思われます。日本語の「けれども」などと似ていますね。

while

whileにはいくつかの意味があります。whileは元はfor a whileなどある長さの時間を表す名詞だったので、接続詞でも時、特に同時を表します。

第3章　重要構文

● 例文 3D-20

This Agreement, and agreed revisions thereof, shall remain in force while the Security Treaty remains in force unless earlier terminated by agreement between the parties.　　　　　　<旧日米行政協定>

　　この協定及びその合意された改正は、安全保障条約が有効である間、有効とする。但し、それ以前に両当事者間の合意によつて終了させたときは、この限りでない。

● 例文 3D-21

In operation, to move the end effector radially, a first actuator causes the first link to rotate about the first pivot axis while the second actuator holds the fixed pulley against rotation.　　<US6324934B1>

　　①動作に際しては、エンド・エフェクタを径方向に動かすために、第2アクチュエータが固定プーリを回転しないように保持する間、第1アクチュエータが第1リンクを第1ピボット軸の周りで回転させる。
　　②動作に際しては、エンド・エフェクタを径方向に動かすために、第1アクチュエータが第1リンクを第1ピボット軸の周りで回転させ、その間、第2アクチュエータが固定プーリを回転しないように保持する。

　これは同時のwhileで、後ろから「〜間、」と訳し上げてもかまわないのですが、この文では関係副詞whereの接続用法と同様に「、その間」で訳し下げることができます。

＊＊＊＊

　同時を表す場合で主語が主文と共通する場合は、英文は主語が省略されてwhile付きの分詞構文になり、訳文は大抵は「ながら」になります。
　この表現は、並立すべき条件を述べる際にもよく使われます。

＊＊＊＊

　それから派生して、逆接や対比も示します。日本語の「ながら」にも逆接の意味があります。「九回表までリードしながら、その裏に逆転されてしまった。」

逆接のwhileは、「ものの」、「のに」、「が」で訳すことができます。whileはalthoughよりも弱い表現です。さらに強い表現としては、regardless、in spite of、notwithstandingなどがあります。

＊＊＊＊

● 例文 3D-22

In arc lamps fed with direct current the tip of the positive carbon has a bowl-shaped depression worn in it, while the negative tip is pointed.

　①直流を供給されるアーク灯では、炭素陽極の先端は皿型に凹んでおり、一方、陰極の先端は尖っている。
　②直流を供給されるアーク灯では、炭素陽極の先端は皿型に凹んでいるが、陰極の先端は尖っている。

　対比のwhileは、「一方」または「が」または単なる連用形（「～し」など）で訳すことができます。whileが出てきたらいつでも「すると同時に」や「する一方、」と訳す人がいますが、意味がずれるので感心しません。「が」なら、逆接に使っても対比に使っても不自然ではありません。
　対比を表す表現には、whileのほかにwhereas、on the other sideなどがあります。同様の意味でより強い表現としてはon the contrary、in contrast、弱い表現にはmeanwhileなどがあります。

in that　という点で　ので

● 例文 3D-23

Sound differs from light, heat, and electricity in that it can be propagated through matter only.

　　音は、物質中を通してしか伝播できないという点で、光、熱、電気と異なる。

　なお、that節が前置詞の直後に来ることが許されるのはこの場合だけです。
　これ以外の場合はthe fact that「ということ」とします。主語や目的語の場合にもthe factが付いていることがありますが、文脈上「事実」を訳出したほ

第 3 章　重要構文

うがよい場合以外は、名詞節であることをはっきりさせるために置いたものなので訳す必要はありません。

● 例文 3D-24

Such encryption, however, has a well-known drawback in that it is not secure enough when IV is fixed.　　　　　　　　　　　< EP0725511B1 >

　　しかし、このような暗号化は、IVが固定されている場合、十分に安全とはいえないという周知の欠点をもつ。

　　これは、名詞にかけて同格として訳して問題ありません。

＊＊＊＊

　　以上の訳語は、原語に近い意味ですが、in thatには、それから離れて理由を表す用法があります。

● 例文 3D-25

This is so in that, as those skilled in the art are aware, the dielectric constant of air is 1.　　　　　　　　　　　< US7485964B2 >

　　そうであるのは、当分野の技術者ならわかるように、空気の誘電率が1だからである。

whether　であろうと　かどうか

　　whetherは元は二者択一の疑問詞（which of the two）だったそうです。それなら、選択の名詞節にもなり、譲歩の意味も表せることが理解できます。

● 例文 3D-26

Any meeting may be adjourned from time to time by a majority of the votes properly cast upon the question, whether or not a quorum is present.

いずれの会議も、定足数に達しているか否かにかかわらず、議題に対して適正に投じられた投票の多数決によって、そのつど延期することができる。

● 例文 3D-27

Unless more specific statements follow, the reader cannot tell whether the poems have to do with natural scenery, rural life, the sunset, the untracked wilderness, or the habits of squirrels.

> もっと具体的な説明がない限り、それらの詩が自然の風景、田舎の暮らし、日の入り、人跡まれな原野、リスの習性などに関するものなのかどうか読者にはわからない。

if　場合、ならば、としても　かどうか

● 例文 3D-28

But Kashmir is more beautiful than Greece. It has the same blue sky and brilliant sunshine, but its purple hills are on a far grander scale, and if it has no sea, it has lake and river, and the still more impressive snowy mountains.

> しかし、カシミールはギリシアよりも美しい。カシミールにも同じ青い空、輝く陽光があるが、その紫色の丘ははるかにスケールが大きく、そこには海がないとはいえ、湖と河があり、さらに印象的な雪を戴く山々がある。

このifはeven ifの意味です。ifは本来、逆接つまり譲歩の意味ももっていますが、はっきりさせるために普通はevenを添えます。

実務文では仮定のifは「場合（は、には、に）」と訳して十分です。フローチャートの説明など場合分けを述べるのにif節が普通に使われています。

仮定節中でwouldやmightなど助動詞の過去形、wereが使われている場合は、

第 3 章　重要構文

実際に実現しそうもない仮定であり、過去完了形が使われている場合は過去の事実に反する仮定を表すので、「なら」など仮定の形で訳します。仮定を表す動詞の形が、実は条件法であったことは、中古英語まで遡ればはっきりします。

● 例文 3D-29

If that person is found to have a harmful BRCA1 or BRCA2 mutation, then other family members can be tested to see if they also have the mutation.

> その人に BRCA1 またはBRCA2の有害な変異があることが明らかになった場合は、家族の他のメンバーを検査して、その人達にもその変異があるかどうか調べることができる。

　名詞節のifは、主語や補語になれない、前置詞の後に使えないなど、用途が限られているので、英訳に使うときはwhetherが無難です。

3D. 多義接続詞

> 練習　次の英文を訳してみましょう。

1. Busy as she was, the bubbly blonde found the time to open a restaurant, launch a fragrance, write books and carry on a much-scrutinized love life:

   < CBS Interactive Inc., "Britney Spears: Biography", http://goo.gl/UvxlX >

2. At the contraction, where the speed of travel is much greater than elsewhere in the circuit, most heat will be produced.

3. As did other West Baltic dialects, it preserved the nominative singular neuter case ending -an absent from Latvian and Lithuanian.

   < Wikipedia, "Sudovian language">

4. In 1769, when Napoleon was born, Corsica had but recently been acquired by France.

5. All persons shall be bailable, unless for capital offenses, where the proof shall be evident or the presumption great.

6. In the early days of the railway, the pulling-up of a train necessitated the shutting off of steam while the stopping-place was still a great distance away.

7. A withdrawal is a type of military operation, generally meaning retreating forces back while maintaining contact with the enemy. <Wikipedia" Withdrawal (military)">

練習　解答例
1. この快活なブロンド娘(Britney Spears)は、忙しかったのに、時間を見つけてはレストランを開き、香水を売り出し、本を書き、詮索の的になっている恋愛遍歴を続けた。
2. 回路中で移動速度が他の場所よりも大きいくびれ部で、大部分の熱が生じる。
3. 他の西バルト語諸方言もそうであったが、その言葉（スドヴィア語）は、ラトヴィア語やリトアニア語にはない中性単数主格の語尾 -anを保存していた。
4. ナポレオンが生まれた1769年、コルシカはつい近年にフランスが獲得したばかりであった。
5. 死刑に相当する罪であって、証拠が明白である、またはそう推定すべき根拠がしっかりしている場合を除き、すべての人は保釈可能である。
6. 鉄道の初期には、列車を止めるのに、停車場がまだ遠いうちに蒸気を遮断する必要があった。
7. 撤退とは、軍事作戦の一形式であり、通常、敵との接触を保ちながら兵力を後退させることを意味する。

第4章

その他の操作

　第1章と第2章で基本的な変換による訳し方についてお話しましたが、本章ではその他の操作についてお話します。同じことを英語で表現するのにいくつかの書き方があり、原文通りに訳して自然な訳文が得られなかったら、別のほぼ等価な言い方で訳すとうまくいきます。なお、本書では、機械翻訳プログラムに組み込めるほど簡単に置き換えできるものを変換、文中の語句を並べ換えるなどより複雑なものを組換えと呼び、それ以外のものも含めて操作と総称します。

第4章　その他の操作

4A. 定型的組換え

　まず、機械的に言い換えできる表現について扱います。いずれも、訳文の文脈に応じて適切な形のほうを使います。

文修飾の副詞　advantageously＝it is advantageous that

　文全体にかかる副詞は、〈it is＋形容詞＋that ～〉と同じです。副詞形のまま訳すと、訳文の構造が簡単になりますが、それでわかりにくいときや、適切な副詞形がない場合は、形容詞形で訳します。

● 例文 4A-1

Since he is a consistent winner, he is presumably a superior player.

　①彼はいつも勝っているので、おそらく優れた選手だ。
　②彼はいつも勝っているので、優れた選手だと思われる。

● 例文 4A-2

The issue of guilt or innocence is better left to the courts.

　有罪か無罪かの問題は、法廷に委ねるほうがよい。

　このbetterは、全文にかかる副詞wellの比較級です。

● 例文 4A-3

When rewriting, you often can eliminate the article "the" from a sentence.

　＊rewriteはここでは単なる書き直しではなく、原稿の欠陥を直すこと。

　①リライトするとき、しばしば文から冠詞theを取り除くことができる。
　②リライトするとき、文から冠詞theを取り除くことが多い。

oftenは形容詞形はありませんが、同様に2通りの訳し方があります。ただし、私は不自然にならない限り副詞形で訳します。そのほうが文の構造が簡単になるからです。

分詞の副詞形　supposedly＝it is supposed that

驚くべきことに現在分詞や過去分詞にlyを付けた形もよく使われています。扱いは形容詞派生の副詞と同じで、〈It is supposed that ～〉や〈It seems that ～〉と同じ意味で用いられます。

● 例文 4A-4

Geoffrey's narrative begins with the exiled Trojan prince Brutus, after whom Britain is supposedly named.　　< Wikipedia "List of legendary kings of Britain">

＊Geoffrey of Monmouthは12世紀にアングロサクソン到来以前のブリトン人の歴史伝承を記した「ブリタニア列王史」の著者。

ジェフリー・オブ・モンマスの物語は、故国を離れたトロイの王子、ブルートゥスから始まる。ブリテン島は彼に因んで名付けられたものとされている。

● 例文 4A-5

Juveniles and adult males seemingly prefer lower salinity waters than female crabs.

幼年および成体の雄カニは、雌カニよりも塩分の薄い水を好むようである。

なお、文章語ではit seems that ということはほとんどなく、seem toを使います。

文修飾ではない場合

これらの副詞が、文全体ではなく、（副詞なので）動詞、形容詞または副詞（句）にかかる場合は、もちろん基本的に副詞形で訳します。

第4章　その他の操作

● 例文 4A-6

Then mount one block on the end of the bench and the other block 3 inches away. Affix them to the bench by nails or screws, <u>preferably</u> the latter.

> 次いで、ベンチの端に一方のブロックを載せ、もう一方のブロックを3インチ離して置く。それらのブロックを、釘またはねじで、<u>好ましくは後者で</u>ベンチに取り付ける。

釘でもねじでもよいが、どちらがよいかといえば、ねじのほうがよいと言っているのです。

● 例文 4A-7

There are three general methods of sampling to obtain information on the Sr-90 content of the total diet. The first method is the use of statistical data on food consumption, or <u>less desirably</u> on food production.

> 全食事中のSr90の含有量に関する情報をサンプリングによって得る一般的な方法は3つある。第1の方法は、食料消費量に関する、または<u>それよりも望ましくないが</u>、食料生産量に関する、統計データを用いるものである。

2つの意味

advantageouslyなど評価の副詞の場合には、同じ形で2つの意味があり得ます。まず、推奨の場合です。

● 例文 4A-8

The investigation of material transport is often <u>advantageously</u> performed by radioactive tracers.

> 材料輸送の調査は、放射性トレーサーによって行うのが<u>有利な</u>ことが多い。

● 例文 4A-9

This advantageously enables a shopper to start with a shopping list which, in many instances, will be very nearly complete, in the context of a weekly grocery list. 　　　　　　　　　　　　　　　　　< US6249773B1 >

①そのため、有利なことに、買物客が、毎週の食料品リストのケースでは多くの場合にほぼ完全であるショッピング・リストから出発することが可能になる。
②そのため、買物客が、毎週の食料品リストというケースでは多くの場合にほぼ完全であるショッピング・リストから出発することが可能になるので有利である。

　これは、enableの意味からみても推奨とはとれません。This enables ...は確定した事実であり、それがadvantageousであると評価しているのです。This is advantageous because it enables ...に近い意味です。この意味（事実の評価）の場合は、副詞形で「有利なことに」と訳すことができます。

動詞の代用　successfully＝succeed in
　succeedなど一部の動詞は、むしろ副詞形で使われることが多いです。

● 例文 4A-10

Both transgenes and endogenous genes were successfully silenced in adult Drosophila by intra-abdominal injection of their respective dsRNA. 　　　　　　　　　　　　　　　　　< US8058448B2 >

①成体ショウジョウバエにおいて、導入遺伝子および内在性遺伝子のそれぞれのdsRNAを腹腔注射して、両方の遺伝子の発現を首尾よく抑制した。
②成体ショウジョウバエにおいて、導入遺伝子および内在性遺伝子のそれぞれのdsRNAを腹腔注射して、両方の遺伝子の発現を抑制することに成功した。

第4章　その他の操作

　successfullyを副詞形のままで訳したい場合は、「首尾よく、成功裏に、うまく」などと訳すことができます。ただし、日本語では「成功する」とするほうが自然です。

to不定詞を目的語にとる動詞　is expected to = it is expected that

　aim、agree、attempt、decide、desire、intend、plan、specifyなどの意思を表す動詞や、admit、assume、believe、consider、determine、estimate、expect、find、presume、suppose、understand、verifyなど認識判断を示す動詞は、目的語や目的補語にto不定詞をとりますが、これはit 〜 that 構文で書き換えることができます。

● 例文 4A-11

Inhibition of the enzyme is expected to inhibit the formation or progression of atherosclerotic lesions in mammals.　<US5290801A>

　これは次の形に書き換えることができます。言い換えればis expected toの訳「〜ことが／と予想される」を文末に回します。

It is expected that inhibition of the enzyme inhibits the formation or progression of atherosclerotic lesions in mammals.

　　この酵素を阻害すると、哺乳動物におけるアテローム性動脈硬化性病変の形成または進行が抑制されると予想される。

● 例文 4A-12

A device of this kind is called a safety valve. It usually blows off at less than half the greatest pressure that the boiler has been proved by experiment to be capable of withstanding.

　　この種の装置は安全弁と呼ばれており、通常は、このボイラーが耐えられると実験で証明されている最大圧力の半分未満の圧力で開く。

4A. 定型的組換え

関係代名詞thatが最後のwithstandingの目的語になっているので、実際にit has been proved by experiment that the boiler is capable...と全体をそのまま書き換えるのは無理です。

＊＊＊＊

しばしば、to beが省略されます。

● 例文 4A-13

Jeremiah himself in the company of his scribe Baruch ben Neriah traveled to Ireland with Tea Tephi and they are found described in Irish folklore and old Irish manuscripts. <Wikipedia "List of legendary kings of Britain">

> 預言者エレミヤは書記役であるネリアの子バルクに同行して自らテア・テフィ王子と一緒にアイルランドに旅しており、彼らはアイルランドの民話や古いアイルランド語の写本に記述されていることが判明している。

ここではfoundの後にto beが省略されています。したがって、it is found that they are described ... と同じ意味です。文法的に言うと、findは目的補語としてto不定詞も過去分詞（形容詞）もとることができるということです。

● 例文 4A-14

Although mathematics and computational science may not be considered natural sciences per se, they provide critical insight and many tools used within the natural sciences. < New College of Florida, http://goo.gl/XsUGY >

> 数学および計算科学は、それ自体、自然科学とはみなされないことがあるが、批判的洞察および自然科学で用いられる多くのツールを提供している。

considerは目的補語をとる第五文型の動詞なので、to beを省略した形が可能ですが、近年はregardとの類推からasを使う人が増えており、特に受身形ではむしろそちらのほうが多数派になっています。本来asをとらない動詞には、believe、find、imagine、suppose、think などがあります。

第4章　その他の操作

● 例文 4A-15

Whether the wrong is regarded as a violation of trademark rights, or as unfair competition, is not a matter of controlling importance.

< National Geographic v. Classified Geographic (Mass. Dist. Ct., 1939) (27 F. Supp. 655) >

　不正行為が商標権の違反とみなされるか、それとも不正競争とみなされるかは、結論を左右するほど重要な問題ではない。

　regardなどでは、to beをasとすることができます。asをとる動詞には、他にrefer to、construe、think of、look (up)on、seeがあります。take、mistakeはforをとります。

名詞節のthatの省略
　名詞節のthatも、関係代名詞thatと同様にしばしば省略されます。

● 例文 4A-16

Sophia Bush was cast as Kate Brewster in Terminator 3: Rise of the Machines, but was replaced by Claire Danes because the director thought ▽she was too young for the role.

< Flixster, Inc, http://goo.gl/FTlUQ >

　ソフィア・ブッシュは「ターミネーター３」でケート・ブリュースターの役を振り当てられたが、彼女はその役柄には若すぎると監督が考えたため、クレア・デーンズに差し替えられた。

短い主述部を副詞句で訳す
I think that it is true＝As I think /In my thought, it is true

　that名詞節を目的語または補語とする短い文の主節を副詞的に訳し、that節の内容を訳文では主文にすることができます。

● 例文 4A-17

<u>The trouble is that</u> the Sun is very noisy on radio wavelengths, which would make it very difficult to tune into the radio telemetry from the spacecraft.

> ①<u>問題は</u>、太陽が無線周波数において非常にノイズが多く、そのため宇宙船から無線遠隔測定に合わせるのが難しいことである。
> ②<u>困ったことに</u>、太陽は無線周波数において非常にノイズが多く、そのため宇宙船から無線遠隔測定に合わせるのが難しい。

● 例文 4A-18

<u>This study shows</u> that naturally occurring methane can be found in drinking water wells in areas where no natural gas development is occurring.

<small>< AAAS, "Study shows reduced risk of preterm birth for pregnant women vaccinated during pandemic flu", http://goo.gl/GMH3h ></small>

> <u>この研究の示すところによれば</u>、天然ガスの開発が行われていない地域において飲料水用井戸で天然のメタンが見つかる可能性がある。

● 例文 4A-19

The memory is <u>shown</u> <u>to include</u> an operating system, a browser, and a virus detection shell.   <small>< US5960170A ></small>

これは、例文4A-11にならって、次のように書き直すことができます。

<u>It is shown that</u> the memory <u>includes</u> an operating system, a browser, and a virus detection shell.

> *①メモリは、オペレーティング・システム、ブラウザ、およびウイルス検出シェルを<u>含む</u><u>ことが示されている</u>。

上の訳文は煩雑なので、この主述部を副詞形にします。この場合のshowは図示の意味です。

第 4 章　その他の操作

②<u>図</u>では、メモリは、オペレーティング・システム、ブラウザ、およびウイルス検出シェルを<u>含んでいる</u>。

＊＊＊＊

なお、showも、目的補語にto不定詞だけでなく分詞もとることができます。

● 例文 4A-20

The exhaust gas oxygen sensor is <u>shown</u> <u>coupled</u> to exhaust manifold upstream of catalytic converter.　　　　　　　　　　< US6234012B1 >

　<u>図</u>では、排気ガス酸素センサが、触媒コンバータの上流側で排気マニホルドに<u>結合されている</u>。

4B. 別品詞で訳す

　名詞構文を動詞構文で訳したり全文修飾の副詞を形容詞で訳すのも品詞の転換ですが、別の品詞で訳せるケースは他にもあります。前節でsuccessfullyを動詞として訳したのは、評価の副詞を動詞として訳したことになります。

動詞を名詞で訳す
　appropriately structured＝having/of an appropriate structure

　特に名詞から派生した動詞の場合には、元の名詞形を活かして訳すと自然な訳文が得られます。

● 例文 4B-1

The inner liner is tubular and defines a guidewire lumen which is sized and shaped to receive the guidewire and subsequently a balloon catheter (not shown). 　　　　　　　　　　　　　　　　　　　　< US6059769A >

　　＊defineは終端(限界)を定めることによって範囲をはっきりさせるという意味。幾何的な意味で、周囲を区切ってある空間を形成することを、特許などでは「画定する」「画成する」という。後者は形成されることを強調した言い方。

　①内側ライナは、管状であり、ガイド・ワイヤを受け、次いでバルーン・カテーテル(図示せず)を受けるように寸法設定および形状設定された、ガイド・ワイヤ管腔を画成する。
　②内側ライナは、管状であり、ガイド・ワイヤを受け、次いでバルーン・カテーテル(図示せず)を受ける寸法および形状の、ガイド・ワイヤ管腔を画成する。

　これはhas a size and shapeとして訳します。前後関係から動詞として訳さなければならない場合や、派生名詞の形で出てくる場合は、最初の訳例のように「寸法設定」「形状設定」が使えます。

第4章　その他の操作

　このように、名詞派生動詞の意味として「～をもたせる、付与する」という意味になるものが多数あります。たとえばcircuitized substrateは半導体の製造で基板を加工して回路を設けたもの、「回路付き基板」を指します。

● 例文 4B-2

The weight of each shaft and the field ring attached <u>totals</u> about thirty-five tons.

　　各シャフトおよびそれに取り付けられたフィールド・リングの重量は、<u>合計で</u>約35トン<u>である</u>。

　この動詞totalsはamounts in total toを簡潔に表現するために動詞としたものです。つまり訳語の上では、普通は、「合計で～である、になる」というように元の名詞に助詞（英語では前置詞）を付け、適当な動詞を補った形になります。つまり元の名詞は副詞句や目的語になります。

● 例文 4B-3

Fire-tube boilers; in which the hot gases pass through tubes surrounded by water. The ordinary locomotive boiler <u>illustrates</u> this form.

　　＊①高温のガスが水中を走る管の中を流れる、ファイアチューブ式ボイラー：通常の機関車用ボイラーが、この構造を<u>例示する</u>。
　　②高温のガスが水中を走る管の中を流れる、ファイアチューブ式ボイラー：通常の機関車用ボイラーが、この構造の<u>例である</u>。

　illustrate自体は派生動詞ではありませんが、同じ訳し方ができます。
　tend to「～する傾向がある」なども、形の上からはこの仲間です。

＊＊＊＊

　もっと本質的なことですが、英語で名詞を動詞化するとき、前置詞との組合せによって何を目的語にとるかが変わり、ときには行為の意味も変わります。たとえばtarget「標的」は、動詞としては、送達物（薬）Dを標的部位Tに、た

とえば抗がん薬を癌細胞に送り込む（送達する）という意味で使用されます。
　to target D (in)to T「Dを標的Tに送り込む」
　to target T with D「標的TにDを送り込む」
　targetted D「標的に送り込まれたD」、targetted T「標的とされたT」

前置詞を動詞で訳す　into＝entering

　特に位置の移動を示す前置詞は動詞で訳すことができます。through「を通って、経て、介して」などは定訳自体が動詞の変化形になっています。

● 例文 4B-4

Steam enters the high-pressure cylinder at, say, 200 lbs. per square inch. It exhausts at 75 lbs. into the large pipe 2, and passes to the intermediate cylinder, whence it is exhausted at 25 lbs. or so through pipe 3 to the low-pressure cylinder. Finally, it is ejected at about 8 lbs. per square inch to the condenser, and is suddenly converted into water.

　　＊①水蒸気は、たとえば毎平方インチ200ポンドでシリンダーに入る。75ポンドでそこから大型パイプ2中に出て、中間シリンダーに移り、そこから25ポンドでパイプ3を通って低圧シリンダーに排出される。最後に、毎平方インチ約8ポンドで復水器中に放出され、いきなり水に変換される。
　　②水蒸気は、たとえば毎平方インチ200ポンドでシリンダーに入る。75ポンドでそこから出て大型パイプ2に入り、中間シリンダーに移り、そこから25ポンドで出てパイプ3を通って低圧シリンダーに達する。最後に、毎平方インチ約8ポンドで復水器中に放出され、いきなり水に変換される。

　exhaust intoで「～中に出る」というのは不自然なので、「（そこから）出て、～に入る」とします。原文には明示していませんが、水蒸気がシリンダーから出ることは自明です。次のexhaust ... through ... toも同様にthroughとtoを動詞

第 4 章　その他の操作

で訳します。ejected toはそのまま訳せます。

● **例文 4B-5**

The light reflected from the medium returns <u>through</u> the lens, is reflected from the mirror, and <u>passes</u> <u>through</u> the plate <u>to</u> the beam splitter. The reflected light is then <u>diverted</u> by the beam splitter <u>to</u> the astigmatic lens. The lens focuses the reflected light onto an optical detector including at least one photodiode.　　　< US5287340A >

*①媒体から反射した光は、レンズを<u>通って</u>戻り、ミラーで反射され、波長板を<u>通って</u>ビーム・スプリッタ<u>へと移動する</u>。次いで、この反射光は、ビーム・スプリッタによって非点収差レンズ<u>へと方向転換される</u>。レンズが、この反射光を、少なくとも1つのフォトダイオードを含む光学式検出器上に合焦させる。

②媒体から反射した光は、レンズを通って戻り、ミラーで反射され、波長板を<u>通過して</u>ビーム・スプリッタに達する。次いで、この反射光は、ビーム・スプリッタによって<u>方向転換されて</u>、非点収差レンズ<u>に向かう</u>。このレンズによって、反射光は、少なくとも1つのフォトダイオードを含む光学式検出器上に合焦する。

　passはそれ自体は「通過する」ではなく「移動する」という意味でtoまでかかっていますが、pass throughで先に訳してしまい、toをarriving atとして訳すとうまくいきます。divertedもtoとは切り離してbyと一緒に訳すのが妥当です。なお、ずっと光が主語だったので、最後の文も受身にして主語を揃えてあります。

with＝having、using

　その他、「3B. with付帯状況構文」のところでも述べたように、withはhaving、またはusingで訳すことができます。

● 例文 4B-6

Tiny micro-printed letters, reading "RBNZ", should be visible with a magnifying glass at the bottom right of the note.

< Wikipedia "Banknotes of the New Zealand dollar">

虫眼鏡を使うと、紙幣の右下に、「RBNZ」とマイクロ印刷された微細文字が見えるはずである。

as＝being

　regard、determineなどの判断動詞ではasがto beと等価に使われますが、その他にもasをbeing「である」と訳すとうまくいく場合があります。asが同等の意味をもつことを考えれば、これは不思議ではありません。

● 例文 4B-7

U.S. Pat. No. 4,722,927 discloses disubstituted pyrimidineamides of oleic and linoleic acids as ACAT inhibitors useful for inhibiting intestinal absorption of cholesterol.

< US6365411B1 >

　△①米国特許第4,722,927号は、コレステロールの腸管吸収を抑制するのに有用なACAT阻害剤としての、オレイン酸およびリノール酸の二置換ピリミジンアミドを開示している。
　②米国特許第4,722,927号は、コレステロールの腸管吸収を抑制するのに有用なACAT阻害剤である、オレイン酸およびリノール酸の二置換ピリミジンアミドを開示している。

動詞を副詞、接続副詞で訳す　end with＝finally

　始め、終わりを表す動詞などは、動詞派生名詞を目的語にしているとき、副詞形で訳すことができます。

第 4 章　その他の操作

● 例文 4B-8

Landmark conference ends with adoption of Rio Political Declaration

　①この歴史的な世界会議は、リオ政治宣言の採択で終わった。
　②この歴史的な世界会議では、最後に、リオ政治宣言が採択された。

　end withに相当する副詞はfinallyです。
　この文は見出しなので、冠詞は省略されています。見出し風に訳すと

　③歴史的世界会議、最後にリオ政治宣言を採択

＊＊＊＊

　続きを表すfollowed byは主動詞形ではなく過去分詞の形の形容詞句ですが、同様の訳し方ができます。なお、名詞同士をつなぐfollowed byの用法については、andの拡張形としてすでにお話ししました。

● 例文 4B-9

Thus, in X1 mode, only one R/W operation is performed for each cell during each subcycle. Since each cell within memory array is only accessed once, a write should probably be performed in subcycle RC3 followed by a read in subcycle RC4.　　　　　　　　　　　　　<US5771242A>

　したがって、X1モードでは、各サブサイクル中に各セルごとに１回のR/W動作しか実行されない。メモリ・アレイ内の各セルは１回しかアクセスされないので、おそらく書込みはサブサイクルRC3で実行され、それに続いてサブサイクルRC4で読取りが行われるはずである。

　followed byはand following it、and thenに書き換えます。readは目的語があれば動詞として訳しますが、この場合はそうでないので「読取りを行う」といった迂遠形を使います。態は前の文に合わせ、この場合は受身形にします。

　continue to ...を「引き続き〜する」、remain to ...を「依然として、〜である」と訳すのも、形の上では意味の本質を副詞形で訳したことになります。

4C. 長文を切って訳す、前から訳し下げる

ご承知のように、関係節（特に接続用法）や主文の後にくるbecause節などは、特にその節が長い場合など、必要に応じてその前で切って訳すことができます。

前から訳すと、代名詞の処理や修飾語の移動が不要になるので、訳すのが楽になります。訳し下げる場合、原文が1文だからといって読点「、」でつながずに、句点「。」で完全に切ってしまったほうが自然な訳文になることがよくあります。原文が1文だからといって、訳文も必ず1文で訳さなければならないというのは、日英の言語の特徴を無視した乱暴な議論です。

● 例文 4C-1

Temperatures above about 77°C lead to rapid formation of by-products by the addition of water across the double bond in component (A) which is an undesired reaction.   <US6331647B1>

*①温度が約77°Cを超えると、成分（A）の二重結合に水が付加することによって副生物が急速に形成され、これは、望ましくない反応である。
②温度が約77°Cを超えると、成分（A）の二重結合に水が付加することによって副生物が急速に形成されるが、これは、望ましくない反応である。
③温度が約77°Cを超えると、成分（A）の二重結合に水が付加することによって副生物が急速に形成される。これは、望ましくない反応である。

このwhichは接続用法なので訳し上げる必要はなく、また前文のrapid formation以下を受けているので訳し上げようとしても簡単にはできません。なお、句点「。」で完全に切るほうが自然な訳文になることに注意してください。ただし、「が、」を使うと、切らなくても何とかつながります。

*④温度が約77°Cを超えると、望ましくない反応であるが、成分（A）の二重結合に水が付加することによって副生成物が急速に形成される。

第 4 章　その他の操作

無理に訳し上げると、④のようになりますが、話がわかりにくくなります。

＊＊＊＊

切って訳す訳し方がよく使われるのは、becauseなど理由の接続詞の場合です。

● 例文 4C-2

Illumination at deep ultraviolet wavelengths is presently significant for use in photolithography because such short wavelengths can provide resolutions of 0.5 microns or less.　　　　　　　　　　　　　　＜US5274420A＞

*①現在、深紫外波長における照射は、フォトリソグラフィ用に重要であり、このような短い波長は0.5μm以下の解像度を提供できるからである。
②現在、深紫外波長における照射は、フォトリソグラフィ用に重要である。(というのは)このような短い波長は0.5μm以下の解像度を提供できるからである。

やはり、句点で完全に切るほうが自然です。

③現在、深紫外波長における照射は、フォトリソグラフィ用に重要であるが、それは、このような短い波長は0.5μm以下の解像度を提供できるからである。

この場合は単なる「が」は使えません。「それは、」を加える必要があります。一般に「し」でつなぐとおかしくても、「が」を使うとうまくつながることがよくあります。

訳し上げる場合は④のようになります。主文と副文にかかる修飾語を入れ替えなければなりません。

④深紫外波長は0.5μm以下の解像度を提供できるので、現在、このような短い波長における照射は、フォトリソグラフィ用に重要である。

4C. 長文を切って訳す、前から訳し下げる

● 例文 4C-3

This is especially true when using stereospecific heterogeneous Ziegler-Natta catalysts having multiple active sites, since the reactivity of monomer is sterically controlled, i.e., the larger the size of the monomers, the lower the reactivity;　　　　　　　　　　　　＜US6096849A＞

* ①複数の活性部位をもつ立体特異性の不均一系チーグラー・ナッタ触媒を使用するときは、モノマーの反応性が立体的に規制される、すなわちモノマーのサイズが大きいほど、反応性が低くなるので、特にそうである。
* ②複数の活性部位をもつ立体特異性の不均一系チーグラー・ナッタ触媒を使用するときは、特にそうである。（というのは）モノマーの反応性が立体的に規制される、すなわちモノマーのサイズが大きいほど、反応性が低くなるからである。

This is true「そうである」は前の文の内容を指しているので、because節を間に挟むと、前文と離れすぎて、「そう」が何のことかわからなくなる恐れがあります。

このように訳し上げると主文が前の文と離れすぎて意味が通じなくなる場合は、必ず訳し下げなければなりません。逆に、主文の後ろにある従属節と、次の文の間に論理的なつながりがある場合も、同様に訳し下げなければなりません。そうしないと話がつながりにくくなりますから。

というと、すべて訳し下げるのがよいと思われるかもしれませんが、従属節が短い場合は、訳し上げの難点がなくなるので、訳し上げて1文に収めるのが自然だと思います。

切って訳してはいけない場合

理由の接続詞のうちでも主文の後に後置されたbecauseは、前文の全体を受けるだけでなく、前文の後ろのほうの一部分の理由を説明していることもあります。後者の場合、becauseがかかる部分は、訳文では主文の述部より前にくることになるので、切って訳すと何の理由なのかはっきりしなくなるおそれが

第4章　その他の操作

あります。このような場合は必ず訳し上げる必要があります。何らかの理由で訳し上げが難しい場合は、「〜なのは（〜だからである）」などと何の説明かわかるように語句を補って訳すべきです。

● 例文 4C-4

A Chippewa Indian was furious when rejected because he had no teeth.

> あるチペワ・インディアンは、歯がないといって入隊を拒絶されたとき、憤慨した。

このbecauseはrejectedにかかっているので、前から訳すことはできません。

● 例文 4C-5

In fact, it's illegal for a dealer to deny your warranty coverage simply because you had routine maintenance or repairs performed by someone else.

> 実際、あなたが日常的な保守や修理を他人に行わせていたというだけで、ディーラーがあなたとの契約上の保証を拒否するのは違法である。

becauseにonlyなどの副詞が付いている場合も、訳し下げは難しくなります。

● 例文 4C-6

PCR can amplify a desired DNA sequence of any origin (virus, bacteria, plant, or human) hundreds of millions of times in a matter of hours, a task that would have required several days with recombinant technology.

> PCRは、任意の起源(ウイルス、細菌、植物、またはヒト)の所望のDNA配列を、わずか数時間で数億倍にも増幅することができる。これは、組換え技術を用いるなら数日かかる仕事である。

4C. 長文を切って訳す、前から訳し下げる

　これは同格の名詞ですが、前の特定の名詞を受けるのではなく、前文のうち「数億倍に増幅する」ことを受けています。1文にするなら、ちょっとした書き換えが必要です。

　②PCRは、任意の起源(ウイルス、細菌、植物、またはヒト)の所望のDNA配列を数億倍にも増幅するという、組換え技術を用いるなら数日かかる仕事を、わずか数時間で行うことができる。

provided that

　provided thatは法律文などで前提条件を表すのに用いられ、「。ただし、」と切って訳すことができます。

● 例文 4C-7

Concurrent use of the same mark on identical or similar goods by industrial or commercial establishments considered as co-proprietors of the mark according to the provisions of the domestic law of the country where protection is claimed shall not prevent registration or diminish in any way the protection granted to the said mark in any country of the Union, provided that such use does not result in misleading the public and is not contrary to the public interest.

<工業所有権の保護に関するパリ条約>

　保護が要求される国の国内法令により商標の共有者と認められる2以上の工業上又は商業上の営業所が同一又は類似の商品について同一の商標を同時に使用しても、いずれかの同盟国において、その商標の登録が拒絶され、又はその商標に対して与えられる保護が縮減されることはない。ただし、その使用の結果、公衆を誤らせることとならず、かつ、その使用が公共の利益に反しないことを条件とする。

　文末を「～場合に限る」と別の言い方で言うこともできます。

第 4 章　その他の操作

＊＊＊＊

訳し上げると、次のような言い方になります。

● 例文 4C-8

The receiving Office shall accord as the international filing date the date of receipt of the international application, provided that that Office has found that, at the time of receipt:　<特許協力条約>

　　受理官庁は、次の要件が受理の時に満たされていることを確認することを条件として、国際出願の受理の日を国際出願日として認める。

unless と except

　unless と except は逆に除外条件を表し、同じ形で訳し下げも訳し上げもできます。

● 例文 4C-9

The Executive Council shall take decisions on matters of substance by a two-thirds majority of all its members unless specified otherwise in this Treaty. When the issue arises as to whether the question is one of substance or not, that question shall be treated as a matter of substance unless otherwise decided by the majority required for decisions on matters of substance.　<包括的核実験禁止条約>

　　執行理事会は、この条約に別段の定めがある場合を除くほか、すべての理事国の三分の二以上の多数による議決で実質事項についての決定を行う。実質事項であるか否かについて問題が生ずる事項については、実質事項についての決定に必要な多数による議決で別段の決定が行われない限り、実質事項として取り扱う。

4C. 長文を切って訳す、前から訳し下げる

● 例文 4C-10

Whenever the word "applicant" is used, it shall be construed as meaning also the agent or other representative of the applicant, except where the contrary clearly follows from the wording or the nature of the provision, or the context in which the word is used, such as, in particular, where the provision refers to the residence or nationality of the applicant.

<PCTに基づく規則>

> 「出願人」というときは、出願人の代理人その他の代表者をもいうものとする。ただし、出願人の語が用いられている規定の表現若しくは性質又は文脈から明らかに異なつた意味に解される場合、たとえば、特に、その規定が出願人の住所又は国籍に言及している場合は、この限りでない。

前から訳し下げる

　関係詞の限定用法は、本来後ろから訳し上げるべきものですが、他にも接続詞で始まる従属節が主文より後にある場合によく訳し下げられるものがあります。

before
● 例文 4C-11

From the furnace the flames and hot gases rise round the upper end of the sloping tubes into the space A, where they play upon the under surface of H before plunging downward again among the tubes into the space B.

> ＊①炎と高温ガスが、炉から傾斜管の上端を回ってスペースA中に上昇し、そこで、再度管の間を下方にスペースB中に突入する前に、Hの上側表面に打ち当たる。
> ②炎と高温ガスが、炉から出て、傾斜管の上端の回りを上昇してスペースA中に入り、そこでHの上側表面に打ち当たってから、再度管の間を下降してスペースB中に突入する。

第4章　その他の操作

これは単純なbeforeの例ですが、やはりガスの移動経路を次々に述べているので、before節のところで流れが逆行するのは不自然です。また、before節を後ろから訳し上げると、節の始めがどこか訳文上ではっきりしなくなります。なお、ここでは副詞downwardも動詞で訳してあります。

till、until
● 例文 4C-12

And these granitic masses, issuing from the fiery interior of the earth, pushing ever upward, reached and passed the level of eternal snow till they finally settled into the line of matchless peaks now known as the Himalaya.

>　*①そして、この花崗岩塊は、燃えたぎる地球内部から出て、たえず上方に押し上がり、最後に現在ヒマラヤと呼ばれている比類なきピークの高さに落ち着くまで、万年雪の高さに達し、それを越えた。
>　②そして、この花崗岩塊は、燃えたぎる地球内部から出て、たえず上方に押し上がり、万年雪の高さに達し、それを越え、遂には、現在ヒマラヤと呼ばれている比類なきピークの高さに落ち着いた。

　これも移動経路の話です。後置のtillやbeforeを使った文でも、前の主文が動詞1つのまとまった構造であれば、後ろからうまく訳し上げられる場合も多いと思いますが、移動経路の話の場合は、最初から訳し下げる方針で取り組むのが賢明です。

逆接・対比の接続詞
　逆接のalthoughなどは、主文と従属節の話の流れが逆行するという逆接関係の性質上、かなりの場合、訳し下げても話が成立します。

● 例文 4C-13

In the human, the MHC is referred to as HLA. When HLA identity is achieved by matching a patient with a family member such as a sibling, the probability of a successful outcome is relatively high, <u>although</u> GVHD is still not completely eliminated. <EP0740553A1>

> ヒトでは、MHCはヒト白血球抗原（HLA）と呼ばれる。患者と兄弟姉妹などの家族とのマッチングを行うことによってHLA同一性が得られる場合は、結果が成功する確率が比較的高いが、移植片対宿主病（GVHD）は依然として完全にはなくならない。

＊＊＊＊

> 対比のwhileなどは、対比という関係の性質上、ほぼ自由に訳し下げることができます。

● 例文 4C-14

The Self-Defense Forces will primarily conduct defensive operations in Japanese territory and its surrounding waters and airspace, <u>while</u> U.S.Forces support Self-Defense Forces operations. <日米防衛協力のための指針>

> 自衛隊は、主として日本の領域および周辺海空域において防勢作戦を行い、▽米軍は、自衛隊の行う作戦を支援する。

第 4 章　その他の操作

4D. その他の手法

　以上の操作だけでは適切な訳文が得られない場合もたくさんあります。いわば、個々の単語レベルではなく節または句単位で、文脈に沿ったその意味を訳出すべきケースです。

接続詞や助動詞などの組合せ

　話法の助動詞や接続詞は、否定語など他の要素を伴うとき、本来の訳し方ができなくなることがあります。たとえば、need ... onlyは「するだけでよい、しさえすればよい」となり、元の「必要とする」などの言葉は出てきません。個々の要素の意味は変わりませんが、普通の訳を放り込むだけでは不自然な訳文になります。ここでは、こうした組合せの例をいくつか挙げます。

【must ... before 〜 can　〜してからでないと…できない】
● 例文　4D-1

R_0 and R_{24} must be received before R_1 ... R_{23} can be decoded.

< US6008851A >

　　*①　R_1…R_{23}が復号できるようになる前に、R_0とR_{24}を受信しなければならない。
　　②　R_0とR_{24}を受信してからでないと、R_1…R_{23}は復号できない。

　後置のbeforeの前にmustなど義務の助動詞や動詞が、後ろにcanがある場合は、意味の上から直訳はできず、必ずこのように訳し下げなければなりません。mustの訳語は出せません。したがって、次のrequiredなどとのわずかなニュアンスの違いも出せません。

● 例文 4D-2

Heat generated within the device is required to travel through the thickness of the device before it can be dissipated.　　　< US6284574B1 >

　*①デバイス内部で発生した熱は、放散できるようになる前に、デバイス（の厚さ）を通過する必要がある。

　②デバイス内部で発生した熱は、デバイス（の厚さ）を通過してからでないと放散できない。

but not before　…が、ただしその前に…
● 例文 4D-3

On meeting the water the steam condenses, but not before it has imparted some of its velocity to the water, which thus gains sufficient momentum to force down the valve and find its way to the boiler.

　△①水に出会うと水蒸気は凝縮するが、それは、水蒸気がその速度の一部を水に付与し、したがって水が、弁を押し下げ、ボイラーまで進むのに十分な運動量を得る前ではない。

　ちょっと関係が複雑なのでじっくり考えると、水蒸気の凝縮が、速度の付与より前ではない、それより後だと言っています。butのニュアンスも考慮すると、このbut not beforeは「ただしその前に」でうまく表現できます。

　②水に出会うと水蒸気は凝縮するが、ただしその前に水蒸気はその速度の一部を水に付与し、したがって水は、弁を押し下げ、ボイラーまで進むのに十分な運動量を得る。

この組合せは、いつでも使えそうです。

第 4 章　その他の操作

but not　…が、〜ではない
● 例文 4D-4

Earth provides enough to satisfy every man's need, but not every man's greed.
(Mahatma Gandhi)

　　地球はあらゆる人の必要を満たすに十分なものを提供するが、あらゆる人の欲を満たすには十分でない。

　but not自体は、省略構文であり、基本的に共通部分を補って訳します。

not ... until　しないうちに…ない
● 例文 4D-5

We were unable to make contact with them until it was too late.

　　×①我々が彼らに連絡をとったときはすでに遅すぎた。

　実は、この文にこういう訳が付いて流布しているのですが、それが成立するか疑問です。つまり、この英文は、遅すぎたとしても実際に連絡をとったかどうかは言っていないのですが、訳文は実際に連絡をとったと断言しているのです。実際に連絡をとっていた場合にはじめて①の訳が使えるのです。訳文の内容が原文から逸脱していないか常に確認する必要があります。

　　②我々は手遅れにならないうちに彼らに連絡をとることはできなかった。

cannot ... without 〜　しないと…できない／…するには〜しなければならない
● 例文 4D-6

Insurance companies cannot operate without first obtaining a license from the Superintendents.

　　①保険会社は、まず監督官庁から認可を得ないと、営業することができない。
　　②保険会社が営業するには、まず監督官庁から認可を得なければならない。

212

4D. その他の手法

must ... to 〜　...でないと〜ない
● 例文 4D-7

Markers must be polymorphic to be useful in mapping.

　①マーカーがマッピングで有用であるには、多型でなければならない。
　②マーカーは、多型でないと、マッピングで有用とならない。

これは、前の構文とは逆になっています。

● 例文 4D-8

A starting pitcher must complete five innings of work in order to qualify for a "win" in a game he starts.
　　　　　　　　　　　　　　　　　　　　　　　< Wikipedia "Starting pitcher" >

　①先発投手は、先発した試合で「勝利投手」となる資格を得るには、5イニング投げ通さなければならない。
　②先発投手は、5イニング投げ通さないと、先発した試合で「勝利投手」となる資格を得られない。

as determined
● 例文 4D-9

Hospice benefits are provided under Part A of Medicare for terminally ill persons with under 6 months to live, as determined by the patient's physician.
　　　　　　　　　　　　　　　　　　< Hospice Net, Inc, http://goo.gl/k455f >

　×①ホスピス給付金は、メディケア・パートA（入院保険）に基づき、主治医によって判定されるように余命が6カ月未満である終末期の患者に対して支給される。
　②ホスピス給付金は、メディケア・パートA（入院保険）に基づき、余命が6カ月未満と主治医に判定された終末期の患者に対して支給される。

普通に後ろから「〜されるように」と訳しても自然な訳文は得られません。as以下の訳を被修飾語の直前に入れるのが基本形になります。わかりやすいよ

第4章　その他の操作

うに書き直すと、次のような文になります。terminally illを断定的な表現とせず、どうしてそうみなしたかを明記してあるのです。

Hospice benefits are provided under Part A of Medicare for persons who are determined to be terminally ill with under 6 months to live by the patient's physician.

　as determinedがifなどで導かれる副詞節の中で使われることもありますが、訳文の上では「とき」や「場合」のような名詞にかかる形容詞句になるので、扱いは同じです。

● 例文 4D-10

The device automatically calibrates itself when needed as determined by self-tests.

　　①この装置は、必要であると自己テストによって判定されたとき、自動的に自己較正する。

これは、次のように書き換えた場合の訳文と同じです。

The device automatically calibrates itself when it is determined to be needed, by self-tests.

　次のように訳し上げるのも一般に有効ですが、この例ではややバランスが悪くなります。

　　*②この装置は、自己テストによって判定して必要であるとき、自動的に自己較正する。
　　*③この装置は、自己テストでの判定によれば必要であるとき、自動的に自己較正する。

　　　　　　　　＊＊＊＊

determine以外の動詞も同様です。

● **例文 4D-11**

It is the world's most-visited city <u>as measured</u> by international arrivals and has the world's largest city airport system <u>measured by</u> passenger traffic.

①ロンドンは、海外からの到着者数によって<u>評価して</u>世界で来訪者がもっとも多い都市であり、旅客数によって<u>評価して</u>世界で最大の都市圏空港システムがある。
②ロンドンは、海外からの到着者数で<u>みて</u>世界で来訪者がもっとも多い都市であり、旅客数で<u>みて</u>世界で最大の都市圏空港システムがある。

ここではmeasureを「測定する」と訳すことはできません。「評価する」なら使えます。2番目の例はasがありませんが、意味は同じです。つまりasは後続の条件があることを強調するために使われます。

こうした文は、as以下を先に訳す訳し方で、byが動作主なら「～が判定して」、手段なら「～で判定して」と訳すことができます。他に、同じくas以下を先に訳すやり方で「～での/による判定によれば」と訳せることもあります。

原文の意図を浮き立たせるための組換え

前節までの比較的簡単な"変換"手続だけでは自然な訳文にならないケースも沢山あります。その場合、原文の述語とは別の語を述語にして書き替える"組換え"手続を加えると有効なことがよくあります。

具体的には、強調すべき語が述語になるように組み換えます。例文1B-22のon account of its being balanced too near the centerは、because節で書き換えた上でtoo nearという強調すべき語が述語になるように組み換えて訳してあります。比較級も、組み換えて訳す手がしばしば有効となります。

第 4 章　その他の操作

● 例文 4D-12

As semiconductor devices become faster and more powerful with each new generation, they also generate more heat during operation than their predecessors.　　　　　　　　　　　　　　　　　　< US6284574B1 >

　△①半導体デバイスは、新しい世代ごとにより高速かつ強力になっていくにつれて、またその動作中に前の世代のものよりも多くの熱を発生する。
　②半導体デバイスが、新しい世代になるごとにより高速かつ強力になっていく中で、その動作中に発生する熱も前の世代のものよりも多くなってくる。

● 例文 4D-13

In English, adverbs are more often placed before the verb than after it.

　△①英語では、副詞をより頻繁に、動詞の後ろより前に置く。
　②英語では、副詞を動詞の前に置く場合のほうが、動詞の後ろに置く場合よりも多い。

この場合は、全文修飾副詞を述語として訳すのと似た操作になりました。

● 例文 4D-14

In one particular embodiment, the grading of the emitter bandgap is accomplished by adding an increasing amount of germanium to the emitter region.　　　　　　　　　　　　　　　　　　< US5352912A >

　*①特定の一実施形態では、エミッタ領域に増加する量のゲルマニウムを添加することによって、エミッタのバンドギャップを傾斜させる。
　②特定の一実施形態では、エミッタ領域に添加するゲルマニウムの量を次第に増加させることによって、エミッタのバンドギャップを傾斜させる。

4D. その他の手法

左の例では、文全体ではなくbyより後の句について増減動詞の現在分詞を述語になるように組み換えて訳してあります。

＊＊＊＊

対称的な表現や重複表現が並んでいる場合も、通常とは違う順序で訳すと、原文の意図が明示できることがあります。

● 例文 4D-15

Service providers want improved efficiency because they can generate greater revenue by transporting a greater amount of user information using a given collection of network resources. Users want improved efficiency because the costs of providing the network resources can then be spread over a greater number of user information transfers to lower the costs of transporting any single item of user information.

<US5896379A>

> サービス提供者が効率の改善を望むのは、そうなると、所与のネットワーク資源の集まりを使ってより大量のユーザ情報を輸送することによってより大きな収入を生み出すことができるからである。ユーザが効率の改善を望むのは、そうなると、ネットワーク資源を提供するためのコストをより多数のユーザ情報転送に分散させて、1件のユーザ情報を輸送するコストを低下させることができるからである。

この訳し方は、4Cの短い主述部を副詞句で訳すのと同じ訳し方です。

＊＊＊＊

その他、文脈に合わせて、訳文表現に工夫を加えることができます。

● 例文 4D-16

A pH of less than 7 is caused by an excessive amount of unreacted AMPS monomers.

<US6331647B1>

> △①pHが7未満になるのは、未反応AMPSモノマーの量が過剰であることが原因である。

第 4 章　その他の操作

前半も後半も形容詞構文として展開して訳してあります。語尾が煩わしいので、causedで表される因果関係を別の形で書き直してみます。文脈上は、この訳文がぴったりです。

　②pHが7未満になるのは、未反応のAMPSモノマーの量が過剰なときである。

慣用表現

ある種の文書で慣用的に特定の意味に用いられている表現をいくつか紹介しましょう。

for the purpose of
● 例文 4D-17

For the purposes of the present Convention, a child means every human being below the age of eighteen years unless under the law applicable to the child, majority is attained earlier.　　＜児童の権利に関する条約＞

　この条約の適用上、児童とは、18歳未満のすべての者をいう。ただし、当該児童で、その者に適用される法律によりより早く成年に達したものを除く。

「この条約の目的で」「本条約のために」では何を言っているのかわかりませんね。このfor the purpose ofは、法文などでその規定、特に言葉の定義が適用される範囲を示すのに使われています。「〜においては」と訳すと意味が通じますが、法文では「適用上」という言い方が慣用されています。

● 例文 4D-18

Vinyl chloride polymers <u>for the purpose of this invention</u> are polyvinyl chloride and copolymers of vinyl chloride with olefinically unsaturated polymerizable compounds which contain at least 80 percent by weight of vinyl chloride incorporated therein.　　　　　　　　　< US4595729A >

> 塩化ビニル・ポリマー<u>とは</u>、<u>本発明においては、</u>ポリ塩化ビニル、および塩化ビニルを少なくとも80重量％含む、塩化ビニルと重合可能なオレフィン性不飽和化合物とのコポリマーである。

これは形容詞句として使ってありますが、働きは同じです。

as used herein
● 例文 4D-19

In addition, the term "light" <u>as used herein</u> is intended to include radiation throughout the electromagnetic spectrum, and is not limited to visible light.　　　　　　　　　　　　　< US20020159733B2 >

> ①さらに、<u>本明細書において使用される</u>用語「光」は、電磁波全体に及ぶ放射を含み、可視光に限らないものとする。
> ②さらに、<u>本明細書において、</u>用語「光」は、電磁波全体に及ぶ放射を含み、可視光に限らないものとする。

これはそのまま訳しても通じますが、やはり定義の適用範囲を示すための慣用表現です。副詞句の形でも使われますので、慣用形を使うのが便利です。

第4章　その他の操作

in operation
● 例文 4D-20

<u>In operation</u>, light energy passing through the transparent cover strikes the front surface of the device. The device absorbs the light and produces electrical energy and heat. The heat is restricted from being conducted away from the device by the thermal insulating bottom and sidewalls of the enclosure and by the still air space between the device and the transparent cover.　　　　　　　　　< US4544798A >

> <u>動作においては</u>、透明カバーを通過した光エネルギーは、デバイスの前面に当たる。デバイスは、この光を吸収して電気エネルギーと熱を発生する。エンクロージャの底壁および側壁が断熱性であり、デバイスと透明カバーの間に静止空気スペースがあるので、この熱をデバイスから伝導によって運び去ることが制限されている。

　この表現は機電系、つまり機械、電気、情報処理関係の特許明細書でよく出てきますが、どういう場合に使われるかというと、装置の構造、構成の話が終わって、その装置がどのように動くか、つまり動作の話に移るときに使います。「次に、動作の話に移ると、」というニュアンスで使われているのです。したがって、直訳で済ますにしても、できるだけ大きく訳さなければならないので「動作においては、」などとします。in constructionも同様に装置の構造の話に移るときに使われます。

互換表現を使う

　英語で同じことをいろんな形で表現しているのを利用することができます。また日本語で別の形で表すのが普通である場合は、それも利用できます。
　FIG.1 shows ... ＝ In FIG.1 is shown ...

＊＊＊＊

　コンマで囲むと括弧の代わりになります。　［ ，　，＝（　）］
なお、次にピリオドなどがくると、そちら側のコンマは省略されます。

● 例文 4D-21

If a read request, the cache controller fetches the instruction or data from the cache and provides a cache line to the CPU, block 609.

<US5802569A>

> 読取り要求の場合、キャッシュ・コントローラーはキャッシュから命令またはデータをフェッチし、CPUにキャッシュ・ラインを供給する（ブロック609）。

＊＊＊＊

　式中の記号の説明にはwhereまたはwithを使いますが、短いものなら日本語では括弧に入れるのが普通です。

● 例文 4D-22

...repeating deposition steps a)-d) n times, where n is greater than one, to fabricate said stacked fuel cell, ...

<US6495279B1>

> 前記積層した燃料電池を製作するために、堆積段階a)〜d)をn回（nは1より大）反復する段階と、…

● 例文 4D-23

Catalysts that bring about ester interchange include salts (usually acetates) of the following metals: Li, Ca, Mg, Mn, Zn, Pb, and combinations thereof, Ti(OR)$_4$, where R is an alkyl group having 2-12 carbon atoms, and PbO.

<US6063464A>

> エステル交換を引き起こす触媒には、以下の金属、すなわちLi、Ca、Mg、Mn、Zn、Pbおよびそれらの混合物の塩（通常は酢酸塩）、Ti(OR)$_4$（ただし、Rは2〜12個の炭素原子を含むアルキル基）、およびPbOがある。

　これは長いのですが、列挙の途中の語にかかっているので、括弧に入れるしかありません。

第4章　その他の操作

応用問題　次の英文を訳してみましょう。

1. Customer database 32 <u>advantageously</u> contains active and historic shopping lists of shoppers.
   < US624977A >

2. A person who has a "good ear" for music is <u>presumably</u> one whose Cortis rods are perfect.

3. With remarkably little effort, considering the glittering prize, they won a great empire and enormous wealth, which helped to make them the leading power in the world.
   < Eleder Santamaría,"Marc P. Bradley's view of British colonialism in India", http://goo.gl/b7NnP >

4. <u>Preferably</u> the functionalized α-olefin-containing copolymer is an ethylene/acrylic acid copolymer which may or may not be neutralized and which is commercially available.
   < EP0819726B1 >

5. The furnace gases, after leaving the two furnace flues, are deflected downwards <u>into</u> the channel A, by which they pass underneath the boiler <u>to</u> a point almost under the furnace, where they divide right and left and travel through cross passages <u>into</u> the side channels BB, to be led along the boiler's flanks <u>to</u> the chimney exit C.

6. In the common case where the stop array is located at the primary mirror, this array is <u>most conveniently</u> fabricated during the step when a reflective coating is applied to the polished mirror substrate, <u>since</u> the appropriate small regions of the mirror can then be left uncoated to form the stops.
   < US5274420A >

7. In order to form the multiple toner image, the transfer belt <u>has to</u> circulate a number of times, corresponding at least to the number of different color toner images, <u>before</u> the multiple toner image <u>can</u> be transferred to the paper sheet.

8. English-speaking readers grow impatient when forced to wait <u>too long</u> for a verb.

9. Oxidization Reduction Potential <u>as measured</u> by an ORP electrode in mV units is not a precise measurement, but is useful as a relative indicator.
   < Eutech Instruments "instruction manual", http://goo.gl/NgNKR >

10. More often than not, a tree owner does not realize the tree is in significant trouble <u>until</u> it is too late and the tree either dies or is harmed to the point where it needs to be cut. < Steve Nix, "10 Bad Things We Do to Our Trees", http://goo.gl/Cj13p >

11. It has also been <u>convenient</u> to tie the cathode of the diode to the positive supply voltage so that a typical operational amplifier <u>could</u> be used with resistor feedback to effect a transimpedance gain. < EP0556000A1 >

応用問題　解答例

1. 顧客データベース32が、買物客の現在およびこれまでのショッピング・リストを含むのが/含んでいると有利である。
2. 音楽を「聞く耳のある」人は、多分そのコルチ器官が極めて完全な人である。
3. その輝かしい成果を考えると驚くべきわずかな労力で、彼ら（英国人）は大帝国（インド）と巨大な富を獲得し、それが英国を世界の一等国に押し上げるのに役立った。
4. 官能化α−オレフィン含有コポリマーは、中和されていてもいなくてもよい、市販のエチレン−アクリル酸コポリマーであることが好ましい。
5. 炉ガスは、2つの炉煙道から出た後、下方にそれてチャンネルAに入り、それに沿ってボイラーの真下を炉の大体下にある点まで進み、そこで左右に分かれて交差通路を側部チャンネルBB中まで進み、ボイラーの横腹に沿って煙突出口Cまで導かれる。
6. 絞りアレイが一次ミラーに配置されるという一般的な場合、このアレイは、研磨されたミラー基板に反射コーティングを施すステップ中に製作するのがもっとも好都合である。そうすると、ミラーの適切な小領域をコーティングせずに残して、絞りを形成することができるからである。
7. この多色トナー像を形成するためには、少なくとも異なる色のトナー像の数に相当する回数だけ転写ベルトを循環させてからでないと、多色トナー像を紙シートに転写させることができない。
8. 英語を母語とする読者は、なかなか動詞が出て来ないと、イライラしてくる。
9. ORP電極でmV単位で測定した酸化還元電位は、精密な測定値ではないが、相対的指標として有用である。
10. 往々にして、樹木の持主が木がひどい状態にあることに気づくのは、手遅れになって、木が枯れ、または切り倒さなければならないほど傷ついてからである。
11. また、そのダイオードのカソードを正の供給電圧に結合すると、典型的な演算増幅器を抵抗帰還と共に用いてトランスインピーダンス利得を得ることができるので、好都合であった。

第5章

訳文の手入れ

　ここまで英文を和文に翻訳する際の訳文の構成を決定するのに重要な構文および語句について説明してきましたが、本章では、個々の要素の配置や、要素間の関係など、翻訳を完成するために配慮すべき諸問題についてお話します。まず日本語と英語の違いを反映した訳文にしなければなりません。また、動詞に関して機械的に処理できない問題がいくつかあります。さらに、内容上間違っていなくても表現上不自然な点を訂正しなければなりません。最後に、正しく解釈したとしても、別の意味に読まれてしまうという問題があります。

第5章　訳文の手入れ

5A. 日英の違い

　日本語と英語の基本的相違点の1つは、語順がほぼ逆になることです。もう1つは、日本語ではわかっている要素は自由に省略できるのに対して、英語では自由な省略ができない硬い構造であることです。こうした違いをカバーする必要があります。（他にも、英語では名詞中心の表現をかなり自由に使用できるのに対して、日本語は基本的に動詞中心の表現であることなども挙げられます。これは第1章で扱いました。）

　なお、英語では文と文の間、文要素と文要素の間の関係を、内容から自明である場合は明示しないことを好みます。日本語では逆に過剰なまでに明示しようとしがちです。

代名詞の扱い

　日本語では代名詞の使用が限られています。代名詞の指すものが明確でない場合や、代名詞だけでは日本語らしくない場合は、元の名詞に戻す必要があります。

● 例文 5A-1

As the tip of the light pen makes contact with the screen, it sends a signal back to the computer containing the coordinates of the pixels at that point.
　　　　　　　　　　　　　　　　　　　　　　　　< Wikipedia "Pointing device">

　　＊①ライトペンの先端が画面に触れると、これはその点の画素の座標を含む信号をコンピューターに送り返す。
　　②ライトペンの先端が画面に触れると、ライトペンはその点の画素の座標を含む信号をコンピューターに送り返す。

　itはtipではなくlight penを指していますが、代名詞のままではあいまいです。

226

● 例文 5A-2

MARINE GOVERNORS. <u>These</u> must be more quick-acting than those used on engines provided with fly-wheels, which prevent very sudden variations of speed.

> 船舶用調速機：<u>これ</u>は、速度の突然の変化を防止するはずみ車を備えたエンジンで使用される<u>もの</u>よりも迅速に動作しなければならない。

これは代名詞のままですみます。thoseは一般のmarine governorsを表しています。複数形で訳す必要はありません。

● 例文 5A-3

<u>A person</u> shall be connected to <u>another</u> if <u>one</u> possesses at least 50 percent of the beneficial interest in <u>the other</u> (or, in the case of a company, at least 50 percent of the aggregate vote and value of the company's shares) or if <u>another person</u> possesses, directly or indirectly, at least 50 percent of the beneficial interest (or, in the case of a company, at least 50 percent of the aggregate vote and value of the company's shares) in <u>each person</u>.

<日米租税条約>

> <u>一方の者</u>が他方の者の受益に関する持分の五十パーセント以上（法人の場合には、当該法人の株式の議決権及び価値の五十パーセント以上）を所有する場合又は<u>第三者</u>がそれぞれの者の受益に関する持分の五十パーセント以上（法人の場合には、当該法人の株式の議決権及び価値の五十パーセント以上）を直接又は間接に所有する場合には、<u>一方の者</u>は<u>他方の者</u>に関連するものとする。

最初にa personとanotherの2人が登場しました。oneとthe otherはこの2人を指しますが、どちらもoneにもthe otherにもなれます。つまりone of the twoです。次に出てくるanotherは3人目です。最初のanotherと同じ人ならこうは言いません。最後のeachは最初の2人です。

＊＊＊＊

第5章　訳文の手入れ

　代名詞は基本的に前の名詞を指しますが、従属節が前にきている場合には、後出の名詞を指すことができます。

John thinks he won.	heはJohnまたはそれ以外の人を指します。
He thinks John won.	heはJohn以外の人です。
After he ate lunch, John left.	heはJohnまたはそれ以外の人を指します。

冠詞

　冠詞は英語では該当する場合に省略できないもので、通常はすべて訳出する必要はありませんが、文脈上必要な場合は必ず訳出します。

● **例文 5A-4**

In an embodiment in accordance with the invention, ...

　　*①本発明による実施形態においては、
　　②本発明による一実施形態においては、

　こういった冠詞は必ず訳出します。そうでないと読む人は特定のものまたは唯一のものと思ってしまいます。その上、2つ目以降もanotherを使わず、不定冠詞で書くことも多いので、訳出しないとそれとの区別ができなくなります。不都合がない場合は「1つの」とせず「一」とします。

● **例文 5A-5**

An object of the present invention is to ...
Another object of the present invention is to ...
A further object of the present invention is to ...

　　　本発明の一目的は、～である。
　　　本発明の他の目的は、～である。
　　　本発明の他の目的は、～である。

　いくつもある場合は、すべてa(n)にすることも、2つ目以降をすべてanotherにすることもできます。毎回言い換えた例もあります。もちろん、その通り訳

し分けることはできません。

a(n)、another、still another、yet another、further、still further、yet further ...

＊＊＊＊

法律文では既出のものを指すtheは「当該」と訳されます。

● 例文 5A-6

The provisions of Article XVII of the General Agreement on Trade in Services shall not apply to <u>a measure</u> unless the competent authorities agree that <u>the measure</u> is not within the scope of Article 24 of this Convention. <GATT>

> サービスの貿易に関する一般協定第十七条の規定は、両締約国の権限のある当局が<u>その措置</u>が第二十四条の適用の対象とならないと合意する場合を除くほか、<u>当該措置</u>には適用しない。

＊＊＊＊

特許明細書のクレームでは、既出のものを指すsaidと同じ意味のtheを「前記」などと訳しています。

● 例文 5A-7

The system of claim 5 in which <u>the</u> emitter-receivers are radially adjustable relative to <u>the</u> circular array. <EP0762847A1>

> <u>前記</u>送受信器が、<u>前記</u>円形アレイに対して半径方向に調整可能である、請求項5に記載のシステム。

＊＊＊＊

文献の全体または当該の部分で主題となる同じものを指すtheは「本〜」と訳せます。

冠詞の特別な使い方

3C節で第2の冠詞の有無によって、修飾関係が決定できるという話をしましたが、名詞が共通の場合は次のような省略用法があります。（富井篤『技術翻訳のテクニック』）

第 5 章　訳文の手入れ

　a white rose and a red rose (are)＝ a white and a red rose (are)
＝ a white and red roses (are)「白バラ1本と赤バラ1本」
　定冠詞の場合も同様です。the present, the past, and the future tense
＝ the present, past, and future tenses「現在時制、過去時制、および未来時制」
　なお、a(the) white and red rose (is)は「赤白混じりのバラ1本」です。

● **例文 5A-8**

A Bipolar Junction Transistor (BJT) is a three terminal device composed of <u>an</u> emitter, base, and collector terminals.

　　バイポーラ・トランジスタ（BJT）は、エミッタ端子、ベース端子、およびコレクタ端子から構成される3端子デバイスである。

　不定冠詞と被修飾語が共通なので、terminalがそれぞれ1つずつ、合計3つあります。

複数
　複数も通常はすべて訳に出す必要はありませんが、必要な場合、あるいは邪魔にならない場合は訳出します。

● **例文 5A-9**

Poor mutual adhesion at the blend phase boundaries in such systems results in a diminishment of physical <u>properties</u> of the polymer blend.

<WO1998052994A1>

　　こうした系はブレンド相境界部での相互接着性が低いので、ポリマー・ブレンドの物理的<u>諸</u>特性が低下する。

● 例文 5A-10

The difference in the voltage of the primary and secondary currents depends on the length of the windings.

一次電流と二次電流の電圧の差は、それぞれの巻線の長さに依存する。

このwindingsは一次側と二次側の両方の巻線であることを示しているので、「それらの」では意味をなさず、「両方の」または「それぞれの」と訳す必要があります。

＊＊＊＊

当たり前のことですが、省略語つまり頭字語(acronym)、たとえばROMの後に付いた「s」は複数表示なので訳文には「s」の形では出しません。

英文の複数表示は、個数だけではなく種類が複数あることも示します。直前の例でも、ROMsやRAMsは種類を表しています。ご存知のように、それぞれEPROM、EEPROM、DRAM、SRAMなどいろんな種類のものがありますから。

物質名詞が複数形になっているのは、必ず種類が複数あることを示しており、必要なら「〜類」などと訳します。逆に物質名詞に不定冠詞が付いている場合は、1種類であることを示しており、これも必要な場合は訳出すべきです。

● 例文 5A-11

Long-chain alcohols (also known as fatty alcohols) have alkyl chains of 8-21 carbons.

<Wikipedia"Alcohol">

①長鎖のアルコール▽（脂肪アルコール▽とも呼ばれる）は、炭素数8〜21のアルキル鎖をもっている。

＊②長鎖のアルコール類（脂肪アルコール類とも呼ばれる）は、炭素数8〜21のアルキル鎖をもっている。

この例では訳出する必要はなく、むしろ邪魔です。特に脂肪アルコールのほうは訳出すべきではありません。呼称に「類」などが入ることはありませんから。

第 5 章　訳文の手入れ

括弧内に複数表示がある場合は、「1つ（または複数）の」など対応する形で訳します。

語順の違いに対応する調整

日英の語順が違うので、代名詞と元の名詞の相対位置が変わるため、代名詞のままでは何を指すのかわからなくなるので、入れ替えなければなりません。名詞に付いた修飾部も語順が変わると移動しなければなりません。

● 例文　5A-12

The defendant contends this definition is inadequate because it failed to include this requirement:　< STATE OF IOWA v. HEATHER MARIE BEGEY (No.02-0200, 2003) >

　*①被告は、それは以下の必要条件を含んでいないので、この定義は不十分であると主張している。

代名詞itはthis definitionを指しています。訳文では順序が逆になるので、入れ替えなければなりません。

　*②被告は、この定義は以下の必要条件を含んでいないので、それは不十分であると主張している。

副文と主文の主語が同じなので、2度目を省略することができます。

　③被告は、この定義について、以下の必要条件が含まれていないとの理由で、▽不十分であると主張している。

● 例文　5A-13

The prefetch logic continuously checks the contents of the prefetch request queue to determine whether the queue is empty.　< US5802569A >

　*①プリフェッチ論理回路は、キューが空であるかどうかを判定するため、プリフェッチ要求キューの内容を継続して検査する。

ifの後の the queueはもちろん前出のthe prefetch request queueのことなので、先に訳す場合は修飾語を訳文では前に移す必要があります。the queueのtheは先述のようにprefetch requestという修飾語を内包しているわけです。

　　②プリフェッチ論理回路は、プリフェッチ要求キューが空であるかどうかを判定するために、このキューの内容を絶えず検査する。

● 例文 5A-14

As used herein, a "pharmaceutical addition salt" is a salt of the arylthiazolyl thiourea or urea which is modified by making an acid or base salt of the compounds.　　　　　　　　　　　　　< WO2000057878A1 >

　　*①本明細書において、「薬剤付加塩」とは、該化合物の酸性塩または塩基性塩を形成することによって改変された、アリールチアゾリルチオ尿素またはアリールチアゾリル尿素の塩である。
　　②本明細書において、「薬剤付加塩」とは、アリールチアゾリルチオ尿素またはアリールチアゾリル尿素の酸または塩基との塩を形成することによって改変されたこれらの化合物の塩である。

　訳文①ではいきなりthe compoundsの訳が出てきますが、これは the arylthiazolyl thiourea or ureaを指すので、両者を入れ替えなければなりません。compoundは個々の化合物の総称ですから、いわば代名詞と同じ役割をしていると言えます。

共通主語の扱い
　日本語では、主文の主語が「は」を伴うとき、副文中で同じ主語を繰り返して書く必要はありません。むしろ、繰り返すと不自然です。

第 5 章　訳文の手入れ

● 例文 5A-15

The United States is not obliged, when it returns facilities and areas to Japan on the expiration of this Agreement or at an earlier date, to restore the facilities and areas to the condition in which they were at the time they became available to the United States armed forces, or to compensate Japan in lieu of such restoration. <日米地位協定>

> 合衆国は、▽この協定の期間満了の際又はその前に日本国に施設及び区域を返還するに当つて、当該施設及び区域をそれらが合衆国軍隊に提供された時の状態に回復し、又はその回復の代りに日本国に補償する義務を負わない。

　主文と副文の主語が同じである場合、このように主語に「は」が付いていて文頭にあれば、主文にも副文にもかかることができます。

＊＊＊＊

　特許のクレームは名詞文ですが、主題語を修飾する連体節は副文扱いとなり、副詞節と同様にその中の反復する主題語は訳を省略できます。

● 例文 5A-16

A method of controlling an electro-hydraulic power-assist steering system including a variable-speed electric motor for pumping hydraulic fluid in the system, the method comprising the steps of: <EP0962378B1>

> ＊①システム中で作動油を給送する可変速電動モータを含む電動油圧式パワー・ステアリング・システムを制御する方法であって、前記方法が、〜ステップと、…〜ステップとを含む方法。
> ②システム中で作動油を給送する可変速電動モータを含む電動油圧式パワー・ステアリング・システムを制御する方法であって、▽〜ステップと、…〜ステップとを含む方法。

　このままで「方法」が「含む」の意味上の主語になっています。

234

a set of

　a ～ of ...（複数形では～s of ...）の形は、前の名詞(setなど)に重点がある場合の他に、それが一種の形容詞句として働き、重点は後ろの名詞にある場合があり、むしろそのほうがずっと多く出現します。

　a pair of（1対の）、a couple of（1対の）、a set of（1組の）、a group of（1群の）などは、前者の場合、束ねのニュアンス付きの数量形容詞とみなすことができます。いわば、a hundred of（百の）やtens of（数十の）の同類です。

　もう1つ、a type of（ある形式の）など種類を指す表現にも、この2つの用法があります。kind（種類）などもこの仲間です。family、classやcategoryも束ねのニュアンスがありますが扱いは同様です。

　形容詞句として働く場合、どちらも複数形なら「数対の、複数対の」などと訳せます。定冠詞や形容詞が付いていても「～な、その数対の」ですみます。

● 例文 5A-17

This invention relates to cellular telephone systems of the type wherein a plurality of contiguous cells, each having <u>a</u> different assigned <u>set of</u> transmission frequencies, are arranged with handoff means for maintaining continuous communication with mobile telephones moving from cell to cell.

<EP0456715A1>

　　*①本発明は、それぞれ伝送周波数の異なる<u>1組</u>を割り当てられた隣接する複数のセルが、セルからセルへと移動する移動電話との通信を途切れなく維持するためのハンドオフ手段を備えて構成されるタイプのセルラー電話システムに関する。

　　②本発明は、それぞれ異なる<u>1組</u>の伝送周波数を割り当てられた隣接する複数のセルが、セルからセルへと移動する移動電話との通信を途切れなく維持するためのハンドオフ手段を備えて構成されるタイプのセルラー電話システムに関する。

　訳文①は、各セルに周波数が1組ずつ割り当てられているので、間違いではありませんが、不自然な表現です。形容詞句扱いして問題ありません。

＊＊＊＊

第5章　訳文の手入れ

sequenceはseriesに比べて、しかるべき順序で並んだというニュアンスが強くなります。

● 例文 5A-18

The invention is a method for compressing data for storage or transmission of a <u>sequence of</u> frames of pixel images. The method comprises the steps of defining an initial milestone frame, R_0, and a final milestone frame, R_P, of the <u>sequence</u> of frames. The defined milestone frames, R_0 and R_P, are data compressed, such as with a JPEG or H.261 compression methodology. Each of the frames of <u>the sequence</u> is partitioned into a plurality or set of fragments or subarrays.

<US6008851A>

> 本発明は、画素からなる画像の<u>一連の</u>フレームを記憶または伝送するためにデータを圧縮する方法である。この方法は、フレーム・シーケンス中の最初のマイルストーン・フレームR_0および最後のマイルストーン・フレームR_Pを定義するステップを含んでいる。この定義されたマイルストーン・フレームR_0およびR_Pは、JPEGまたはH.261圧縮方式などでデータ圧縮される。<u>シーケンス</u>中の各フレームを、複数のまたは1組の断片またはサブアレイに区分する。

最初のsequence ofは形容詞句扱いですみますが、次のsequence ofは順番に並んだフレームの全体を指しており、sequenceに重点があります。最後のsequenceも同じですが、of以下は省略されています。

＊＊＊＊

class、familyは生物学名でそれぞれ「綱」「科」（前者のほうが階層が上）とされているように、何らかの基準によってまとめたものであり、階層意識も内包しているので、一般用語として使われていると思われる場合でも、ただの「群」と訳すのは危険です。

● 例文 5A-19

This group of diseases presents itself in the form of several clinical syndromes. However, apart from the general differences that allow the distinction of one syndrome from another, there are certain general attributes which typify this entire class of disorders. <US5516785A>

> 本疾患群は、いくつかの臨床的症候群を呈する。しかし、ある症候群と別の症候群との区別を可能にする全般的相違は別として、本疾患クラス全体の特色を表すいくつかの全般的特質が存在する。

＊＊＊＊

この形が繰り返される場合は後ろの名詞が省略されることがあります。

● 例文 5A-20

The array totalled 64 waveguide antennas in four groups of 16 antennas. Each waveguide antenna is capable of function as an emitter or receiver. Each antenna within a group emits in sequence and the 16 antennas in the group opposite the emitting group act as receivers. <US5715819A>

> このアレイは、16個のアンテナからなる群が4つ、合計64個の導波管アンテナを有する。各導波管アンテナは、発信器または受信器として機能することができる。あるアンテナ群の各アンテナが順に発信し、この発信器群に対向するアンテナ群の16個のアンテナが、受信器として働く。

　この文では、groupは2回目以降はすべて後ろの名詞なしで書かれていますが、補って訳すとわかりやすくなります。

第5章　訳文の手入れ

● 例文 5A-21

It is intended to include any chemically compatible combination of a compound of this inventive group with other compounds of the inventive group or other compounds outside of the inventive group, as long as the combination does not eliminate the antiviral activity of the compound of this inventive group.　　　　　　　　< WO2001012169A2 >

　*①組み合わせても本発明のこの群のある化合物の抗ウィルス活性がなくならない限り、本発明のこの群のその化合物と、本発明のこの群の他の化合物または本発明のこの群以外の他の化合物との化学的に相容性のあるどんな組合せも含まれるものとする。
　②組み合わせても本発明のこの化合物群のうちのある化合物の抗ウィルス活性がなくならない限り、本発明のこの化合物群のうちの当該化合物と、本発明のこの化合物群のうちの他の化合物または本発明のこの化合物群以外の他の化合物との化学的に相容性のあるどんな組合せも含まれるものとする。

　これはgroup of (the) compoundsを前にもcompoundが出てくるため煩雑さを避けて最初からgroupとだけ書いたものです。「群」だけでは関係がわかりにくいので、すべて「化合物群」とします。なお、the inventive groupはすべて最初のthis inventive groupを指しているので「この化合物群」と訳すほうが「その~」や「当該~」と訳すよりはるかにわかりやすくなります。

＊＊＊＊

　集合に重点がある場合、instruction sequence「命令シーケンス」、DNA sequence「DNA配列」、base pair「塩基対」、G protein family「Gタンパク質ファミリー」などofを使わない形が術語として常用されます。またtwisted pair「より二線対」という後の名詞部分conductorsまたはlinesを省略した複合語もあります。

仮主語

　英語では他の欧州語に比べても主語を要求する度合いが強く、それが実務文でも顔を出すことがあります。たとえば、情報処理などの流れ図で、次のステ

ップへの移行を能動形で書くときは、何か主語が必要になります。しかし、これは必ず主語を要求する英語の特質上出てくるもので、日本語では必要ではなく、場合によっては話を混乱させるのでかえって邪魔です。

● **例文 5A-22**

If there is no request 303 <u>the process</u> exits the program 305. <US6341304B1>

△①要求がない（303）場合は、<u>処理は</u>プログラムを終了する（305）。
②要求がない（303）場合は、▽プログラムを終了する（305）。

＊＊＊＊

では、こういういわば仮主語を使わずに書くにはどうすればよいかというと、単に受身形で書けばよいのです。

● **例文 5A-23**

The boot scan code <u>is</u> then <u>invoked</u> to locate (step 210) the virus signatures in the ROM space and to load (step 220) those virus signatures into memory. The boot code <u>is</u> then <u>compared</u> with the virus signatures on a byte-by-byte basis in step 230. <US5802277A>

次いで、ブート・スキャン・コードを呼び出して、ROM空間内でウィルス・シグニチャを探し出し（ステップ210）、それらのウィルス・シグニチャをメモリにロードする（ステップ220）。次いで、ブート・コードをウィルス・シグニチャとバイトごとに<u>比較する</u>（ステップ230）。

第5章　訳文の手入れ

5B. 動詞に関する諸問題

目的語と助詞

　英語の目的語は、大部分が日本語では助詞「を」となりますが、一部に例外があります。

　ご存知のようにenter (go into) the roomは「（部屋）に入る」と助詞「に」で受け、exit (go out of) the roomは「（部屋）から出る」と助詞「から」で受けます。目的語が日本語で「を」にならない動詞の多くは、助詞「に」をとります。なお、approach (to)、access (to)、lack (of)などは名詞形では括弧内の前置詞を従えますが、動詞形では他動詞なので前置詞をとらないことに特に注意すべきです。

　また、〈自動詞＋前置詞〉も、関係詞thatの省略や受身形ではthe friend ▽I called on (visited) yesterdayやthe problem referred to (mentioned) aboveとなるなど他動詞と同じ振舞いをするので、複合動詞(句動詞、群動詞)として扱うのが便利です。

動詞と前置詞の相応

　結婚を意味する動詞は日本語でも「〜を娶る」「〜と結婚する」「〜に嫁ぐ」などいろんな言い方があり、それぞれ異なる助詞が使われますが、英語でも他動詞marry 〜のほか、marry with 〜、get married to 〜など似た言い方があります。つまり、目的格を特別視する理由はありません。give SO STはgive ST to SO（SomeOneは人、SomeThingは物・事）と言い換えられることからもそう言えます。英語では格変化がほぼなくなったため前置詞がその役割を代行するようになったという一面があります。この前置詞句を補部と呼ぶことにします。（日本語文法では主語と目的語も含めてある動詞が常に要求する句を「必須補語」と言います。）したがって、目的格以外にその動詞といつも一緒に使われる前置詞も重要であり、英訳の場合はもちろん、受身形を正しく解釈するためにも、この組合せを覚えておく必要があります。これは一般に動詞と前置詞のコロケーション（連語関係）と呼ばれており、似た意味の動詞は同じ前置詞をとる傾向があります。

　二重目的語または目的語と補部をとる動詞には以下のようなものがあります。

そのうちにはgiveと同様に2通りの言い方があるものもあります。

> give SO ST；give ST to SO「SOにSTを与える」：grant、hand、offer、pass
> supply SO with ST；supply ST to SO「SOにSTを供給する」：present、feed
> paint A with B：paint B to A「AにBを塗る」：coat、load
> provide SO with ST；provide ST for SO「SOにSTを提供する」
> leave ST with SO「SOにSTを預ける」：deposit、register
> clear SO of ST；clear ST from SO「SOからSTを取り除く」：strip、relieve
> inform SO of ST「SOにSTを通知する」：notify、advise、warn
> require ST from SO、require ST of SO「SOにSTを要求する」：demand、expect、request
> exchange A for B「AをBと交換する」：substitute
> take A for B「AをBだと思う」：mistake
> regard A as B「AをBとみなす」：construe
> change A into B「AをBに変える」：convert、turn、make

● 例文 5B-1

A cellular telephone service provider in one or both of these cellzones is advised of the subscriber's new cellzone location. 〈US6198930B1〉

> これらのセルゾーンの一方または両方におけるセルラー電話のサービス・プロバイダに、その加入者の新しいセルゾーン位置が知らされる。

adviseもinformやnotifyと同じく「通知する」の意味であり、ofを要求します。わからない場合は、能動形advise A of B「AにBを通知する」に戻って考えます。

第 5 章　訳文の手入れ

● 例文 5B-2

The deponent was <u>informed</u> by other relations of the family, <u>of the same facts</u>.

　　供述者は、同家の他の親類から<u>同じ事実を</u>知らされた。

　informの後には（of＋通知の内容）がくることが予想されるので、待ち構えていれば補部を表すofが確実に捉えられます。この文では前にコンマが付いていますが、前に別のofがあり、コンマのない例もあります。待ち構えることが必要です。

● 例文 5B-3

Where such information is <u>requested</u> <u>from the panel</u> but release of such information by the panel is not authorized, a non-confidential summary of this information, authorized by the person, body or authority providing the information, shall be provided.

<関税及び貿易に関する一般協定第6条の実施に関する協定>

　　かかる情報の開示要求が<u>委員会に対して</u>なされた場合において、小委員会による当該情報の開示につき同意が得られないときは、当該情報の秘密でない部分の要約であってその開示につき当該情報を提供した者、団体又は当局の同意が得られたものが提供される。

　動詞requestは要求先をfromで表し、日本語と感覚が違います。ただし、名詞のrequestは要求者をfromで表します。

＊＊＊＊

　2通りの言い方がある動詞では、日本語にも「壁にペンキを塗る」「壁をペンキで塗る」と対応する言い方があるものもあります。どちらの言い方も可能な場合は、原文に近い形で訳してかまいません。

5B. 動詞に関する諸問題

● 例文 5B-4

The address field 501 is loaded with a memory address that is initially received from the prefetch request queue element 410's address field 401 and is used to determine the memory address of the cache line that is to be prefetched. <US5802569A>

> アドレス・フィールド501には、プリフェッチ要求キュー要素410のアドレス・フィールド401から最初に受け取ったメモリ・アドレスがロードされ、このアドレス・フィールド501は、プリフェッチすべきキャッシュ・ラインのメモリ・アドレスを決定するために使用される。

「ロードする」は「〜を〜で」という言い方はなく「〜に〜を」しかありません。したがってa memory address is loaded to the address field 501の形に書き換えて訳します。

● 例文 5B-5

...cargo conveyor system for loading aircraft and ocean going vessels or the like... <US6244417B1>

> …航空機や外航船などに荷積みするための貨物コンベア・システム…

補部が省略されている場合、with句とto句のどちらが省略されているかは目的語の意味によって決まります。

形容詞を受ける前置詞
形容詞にも特定の前置詞を要求するものがあります。

of	independent, typical, characteristic, representative, aware
for	sufficient, necessary, responsible, suitable, essential, critical
with	satisfied, filled, consistent, compatible
to	indispensable, relative, responsive, similar, resistant, central, available, accessible
in	interested, specialized

第5章　訳文の手入れ

なし　　worth ～ing

副詞にもindependently of、upstream ofなど前置詞を伴うものがあります。

● 例文 5B-6

Approximately 470 base pairs from the 5′ end of each fragment is a TATAAA sequence characteristic of eukaryotic promoters.　　< EP0089666A2 >

×①各断片の5′末端から約470塩基対は、真核性プロモーターのTATAAA配列特性である。
②各断片の5′末端から約470塩基対の所に、真核性プロモーターに特徴的なTATAAA配列がある。

the voltage-frequency characteristic of the motorは「モータの電圧－周波数特性」ですが、この例文ではcharacteristicはofをとる形容詞です。なお、～pairsは距離を示す副詞句です。Osaka is roughly 500 km from Tokyoと同じ。

● 例文 5B-7

Primary storage, often referred to simply as memory, is the only one directly accessible to the CPU.　　< Wikipedia "Computer data storage" >

主記憶(装置)は、しばしば単にメモリーとも呼ばれ、CPUが直接アクセスできる唯一の記憶装置です。

形容詞accessibleが支配するtoはアクセス元を表します。意味をよく考えてください。メモリーがCPUにアクセスすることはありません。available to...「～が(にとって)利用可能な」と同じ関係です。名詞accessの場合は、toはアクセス先を表し、動詞accessは他動詞なのでtoは付きません。

状態動詞か動作動詞か
ある種の動詞は、少なくともある種の条件下で、状態動詞となりますが、それと意味が類似の日本語の動詞は瞬間動作動詞となっており、対処が必要です。

● 例文 5B-8

FIG. 1 illustrates a block diagram of a computer system incorporating the cache controller in accordance with the present invention.

<US5802569A>

> ×①図1は、本発明によるキャッシュ・コントローラを組み込むコンピュータ・システムの構成図である。

「組み込む」とすると、まだ「組み込んでいない」という意味になってしまいます。ここではincorporateを状態動詞と解釈すべきです。

> ②図1は、本発明によるキャッシュ・コントローラを組み込んでいるコンピュータ・システムの構成図である。
> ③図1は、本発明によるキャッシュ・コントローラを組み込んだコンピュータ・システムの構成図である。

● 例文 5B-9

We have developed an iPhone app that integrates with Facebook.

> 弊社は、Facebookと統合されたiPhoneアプリを開発しました。

integrateは他動詞だと「組み込む、統合する」とincorporateと似た意味になりますが、ここでは自動詞で状態動詞です。

自動詞で訳すか受動形で訳すか

ある種の動詞は、受身形のとき、普通は行為者を意識しないで自動詞として訳せますが、時制や助動詞など行為者を意識すべき条件に置かれた場合、受身形で訳すことが必要になります。

第 5 章　訳文の手入れ

● 例文 5B-10

These markers can be physically associated with particular bands (identified by cytogenetic staining) primarily by in situ hybridization.

 ×①これらのマーカーは、主としてin situハイブリダイゼーションによって、（細胞遺伝学的染色によって同定される）特定のバンドと物理的に関連することができる。
 ②これらのマーカーは、主としてin situハイブリダイゼーションによって、（細胞遺伝学的染色によって同定される）特定のバンドと物理的に関連付けることができる。

　be associated withは普通は「〜に関連する」と自動詞形で訳すことができますが、ここではcanがあるのでassociateを人の行為と捉えなければなりません。

● 例文 5B-11

Robot arms have been provided with two links and an end effector mounted at a distal end of the second link. < US6324934B1 >

 ロボット・アームには、2本のリンクと第2のリンクの遠端に取り付けられたエンド・エフェクタとが設けられてきた。

　be provided with 〜は通常は「〜を備える」と訳せますが、完了形のニュアンスを出すには、「（主語に）〜を設ける」という元の意味に戻って訳します。

受身形と能動形の混在
　英語では同じ主語を能動形の動詞と受身形の動詞で同時に受けることができ、むしろそうすると主語や場合によっては助動詞が省略されて文がコンパクトになるので、そのほうが好まれますが、日本語ではそうすると不都合なことがあります。

5B. 動詞に関する諸問題

● 例文 5B-12

A shaft is fixably mounted on the inner ring plate and rotatably supports the roller.　　　　　　　　　　　　　　　　　< WO2000006474A1 >

> ①シャフトは、内側リング部材上に固定して取り付けられ、ローラを回転可能に支持する。
> ②シャフトを内側リング部材上に固定して取り付け、このシャフトがローラを回転可能に支持する。

　前半を能動形で訳すべき場合は、主語を繰り返すか、少なくともその代わりに代名詞を加えなければなりません。

● 例文 5B-13

The specific activities of these enzymes were measured and show no diminution with age.

> これらの酵素の比活性を測定したが、それは年齢に伴う低下を示していない。

助詞の異なる目的語や補部の並列
● 例文 5B-14

The "open" design of the interior assembly allows for debris, water and foreign objects to fall through rather than entrap and jam a roller.　　　　　　　　　　　　　　　　　　　　　< EP1100735A1 >

> 内側アセンブリが「オープン」設計であるため、破片、水、および異物は、ローラに絡まりそれを詰まらせるのではなく、ローラの間を抜けて落ちることができるようになる。

　同じ目的語をentrapでは「に」、jamでは「を」と異なる助詞で訳したので、目的語を繰り返すか、少なくとも2度目は代名詞を使う必要があります。

第 5 章　訳文の手入れ

respond ... by 〜ing＝respond ... for 〜ing

　一般には主動詞とby 〜ingの動作実現の順序は〜ingのほうが先になります。一方、主動詞とto不定詞やfor 〜ingでは〜ingのほうが後になります。ところが同じ意味でどちらの形もとることのできる動詞があります。

● **例文 5B-15**

The terminal has a lens / filter combination that <u>responds</u> to light <u>for providing</u> an optical image signal. 　　　　　　　< US 20020111188 A1 >

　　この端末は、光に<u>応答して</u>、光画像信号を<u>生成する</u>、レンズとフィルターの組合せを有する。

　これはto不定詞を使うと前置詞のtoとダブるのでfor 〜ingを使ってありますが、普通の結果用法として訳せます。

　次のようにby 〜ingを使った例もよく見られます。

● **例文 5B-16**

The resonant circuit detects electromagnetic radiation at a first predetermined frequency and <u>responds to</u> said detection <u>by transmitting</u> electromagnetic radiation at a second frequency that is one-half of the first frequency. 　　　　　　　< US5065138A >

　　△①この共鳴回路は、所定の第1周波数の電磁放射を検出し、第1周波数の半分の第2周波数の電磁放射を<u>送出することによって</u>、前記検出に<u>応答する</u>。
　　②この共鳴回路は、所定の第1周波数の電磁放射を検出し、前記検出に<u>応答して</u>、第1周波数の半分の第2周波数の電磁放射を<u>送出する</u>。

　この2つの文でrespondとby 〜ingおよびfor 〜ingとの関係は実際には同じで、forとbyは自由に置き換えられるはずです。しかし、先に触れたようにby 〜ingはrespondより先に行われる行為、for 〜ingは後に行われる行為のはずで

す。この両方が成り立つのは、両者が同時の場合のみです。respondという言葉の性質を考えてみると、「答える」つまり他人からの発言に応えて何か「言う」という原初的な意味以外の場合、respondという具体的行為はないわけで、forやbyの後の言葉が実際の行為に当たるわけです。なお、第2の例文でbyを使っているのはrequestsを受けてforが使われているからだと思われますが、これは前の例文でto不定詞の代わりにfor 〜ingを使っているのと同じ理由です。しかし、日本語としてはforで結果として訳した方が自然です。

応答の場合は、動詞形だけでなく、be responsive toやbe in response toでも同様に、byもforも使われます。

● 例文 5B-17

However, nonspecific immunosuppressive agents <u>function by suppressing</u> all aspects of the immune response, thereby greatly increasing a recipient's susceptibility to infections and diseases.

<EP0740553A1>

△①しかし、非特異的免疫抑制剤は、免疫応答のすべての面を<u>抑制することによって</u><u>機能し</u>、それによって感染および疾患に対するレシピエントの感受性を大幅に高める。
②しかし、非特異的免疫抑制剤は、免疫応答のすべての面を<u>抑制するように</u><u>機能し</u>、それによって感染および疾患に対するレシピエントの感受性を大幅に高める。

function「機能する」も、動作の具体的内容はto不定詞やbyで表され、実際には前者が大半です。functionは「ように動詞」なので、「〜ように機能する」と訳します。似た意味のworkやoperateも同様です。

第 5 章　訳文の手入れ

● **例文 5B-18**

They were often soldiers who had been taken prisoner in war, or wicked men who were punished for their misdeeds by being made to row in these galleys.

*①彼ら（漕ぎ手達）は、戦争で捕虜になった兵士や、ガレー船で漕がされることによって自分の働いた悪事を罰せられた悪人であることが多かった。

△②彼ら（漕ぎ手達）は、戦争で捕虜になった兵士や、自分の働いた悪事を罰せられてガレー船で漕がされることになった悪人であることが多かった。

これも、原文のままby beingで訳すよりto beとして訳すほうが自然なようです。もう少し手を入れると、訳例③のようになります。

③彼ら（漕ぎ手達）は、戦争で捕虜になった兵士や、自分の働いた悪事の罰としてガレー船で漕がされることになった悪人であることが多かった。

compare ... with

　compare、reactなどは英語ではcompare A with B「AをBと比較する」、react A with B「AをBと反応させる」と言いますが、日本語では「AとBを比較する」「AとBを反応させる」と言うのが普通です。
　英語では日本語と似た言い方であるcompare A and B with each otherやcompare A and B togetherという表現もできますが、with each otherやtogetherが必要になります。この表現を使うのは主として最初の言い方ができないとき、たとえばAとBが同じであるreact the compounds together「これらの化合物を互いに反応させる」という場合です。
　ただし、翻訳に際しては、英文ではAを主とみなして書いているので、和訳では「AをBと」訳しておくのが適切だと思います。日本語では「AをBと」という言い方でも不自然ではありませんから。英訳の場合も「A with B」の形を使います。
　connect A to B「AをBに接続する」、couple A to B「AをBに結合する」など

も同様です。

● 例文 5B-19

The detective testified that he compared the fingerprints with those of defendant, and the prints did not match.

> 刑事は、（残された）指紋を被告の指紋と比較したが、一致しなかったと証言した。

● 例文 5B-20

An epoxy compound and a thiourea are reacted with each other in the presence of an ammonium compound.　　　< US20120309987A1 >

> アンモニウム化合物の存在下でエポキシ化合物とチオウレアを（互い）に反応させる。

　意味上の主語と補部が一緒になっているので、この形を使います。togetherを使う場合は、togetherは「一緒に」ではなく「互いに」と訳し、前置詞（with）は不要です。

成果物を表す目的語　cook a vegetableとcook a meal
　同じ動詞で、材料を目的語とすることも成果物を目的語とすることもできるものがあります。

第5章　訳文の手入れ

● 例文 5B-21

The coating is applied to the polymeric film surface in its amorphous or semi-oriented state, and reacted with newly generated polymeric film surfaces formed during uniaxial or biaxial stretching and heat setting. <US6114021A>

　*①このコーティングを、アモルファスなまたは半配向の状態のポリマー・フィルム表面に塗布し、一軸または二軸延伸およびヒートセット中に形成された、新たに生じたポリマー・フィルム表面と反応させる。
　②このコーティングを、アモルファスなまたは半配向の状態のポリマー・フィルム表面に施し、一軸または二軸延伸およびヒートセット中に形成された、新たに生じたポリマー・フィルム表面と反応させる。

　applyは「当てる」「貼る」「塗る」などいろんな行為に使用でき、目的語が液状またはペースト状の塗布材料の場合は「塗布する」が使えますが、coatingはapplyの結果として得られるものなので、「コーティングを塗布する」という言い方ができなくなります。coating materialなら塗布できるのですが。

● 例文 5B-22

When the cover is assembled to the container, an opening in the insert receives an upstanding post. <US4358518A>

　　カバーを容器に組み付けたとき、インサート内の開口が直立ポストを受ける。

　assembleは目的語として部品も完成品もとり、どちらの場合も「を組み立てる」と訳せますが、その他に部品が目的語であるが、to、into、ontoなどの前置詞句を伴う用法もあり、この場合は「組み立てる」とは訳せません。

be、haveの訳し方

　be、haveは、直訳しにくいことがあります。そうした場合、状態を移行の形に変えて、beは「になる」のほか、行為者から見た形で「にする」、haveは

「をもたせる、設ける」と訳すとうまくいきます。

● 例文 5B-23

The thermal energy input was controlled so that the heat input in the front half of the heated section 1a was twice as high as in the downstream half.　　　　　　　　　　　　　　　　< US6310258B1 >

*①投入される熱エネルギーは、加熱区間1aの前半部に投入される熱が、下流側半部の2倍であるように制御した。
②投入される熱エネルギーは、加熱区間1aの前半部に投入される熱が、下流側半部の2倍になるように制御した。

＊＊＊＊

　許容のcan、mayを「できる」と訳すと、beを「ある」と訳すのは不自然であり、人を意味上の主語として「する」としなければなりません。なお、mayを「でよい」と訳す場合、may beは「であってよい」とする必要はなく、「でよい」で十分です。

＊＊＊＊

● 例文 5B-24

Any desired degree of electrical insulation between two components assembled on the same slice can be achieved by having a sufficiently large number of p-n junctions in series between two semiconducting regions on which said components are assembled.

< Wikipedia "Invention of the integrated circuit " >

×①同じスライス上に組み立てられた2つの構成要素間における所望のいかなる電気絶縁度も、前記構成要素が組み立てられている2つの半導体領域間に十分に多数のp-n接合をもつことによって、実現することができる。
②同じスライス上に組み立てられた2つの構成要素間における所望のいかなる電気絶縁度も、前記構成要素が組み立てられている2つの半導体領域間に十分に多数のp-n接合を設けることによって、実現することができる。

第 5 章　訳文の手入れ

　haveでこの問題が生じるのは主にby havingのケースです。英文ではdegreeが主語になっているのでhaveでよいのですが、意味上の主語は人なので、haveをそのまま訳せなくなるのです。

● 例文 5B-25

By having a -2 ratio between the fixed pulley 26 and the second-link pulley 38 and ▽a -1/2 ratio between the housing 42 and the end effector pulley 48 maintains the orientation of the end effector 54 throughout the rotational movements of the first and second links 12 and 14.　　　　　　　　　　　　　　　　　　　　　　＜US6324934B1＞

> 固定プーリ26と第2リンク・プーリ38の比を-2とし、ハウジング42とエンド・エフェクタ・プーリ48の比を-1/2とすると、第1リンク12および第2リンク14の回転運動の間中、エンド・エフェクタ54の向きが維持される。

● 例文 5B-26

Let T be the temperature of the object in ℃ and t be time in minutes.

> ＊①Tを物体の温度（単位℃）とし、tを時間（単位分）とする。
> ②物体の温度（単位℃）をTとし、時間（単位分）をtとする。

　このような数式の定義文では、目的語と補語が日本語と英語で逆になります。denoteやrepresentなどbe動詞以外の動詞でも同様です。

5C. 訳文の手直し

手直しの際の上記以外の観点を列挙していきます。

修飾語句の順序の入れ替え

同じ言葉にかかる修飾句を英文の順序通りに訳すと、不自然になることがあります。

副詞句の順序

副詞（句）の順序は、英語では場所－様態－時の順になり、この3つの要素が揃っている場合は、時を動詞より前に置くのが普通です。

一方、日本語では基本的に時－様態－場所の順になるといわれ、また別の基準として、副詞節－副詞句－副詞－連用形の順序があります。

1つの原則は、前文で既出語を先に出すとわかりやすいということです。

● 例文 5C-1

Next, an epitaxial layer 20 of Si or $Si_{1-Y} Ge_Y$ is formed on the upper surface of epitaxial layer 16.　　　　　　　　　　　　　　　　　　　　　<US5963817A>

　△①次に、Siまたは$Si_{1-Y}Ge_Y$のエピタキシアル層20をエピタキシアル層16の上部表面上に形成する。
　　②次に、エピタキシアル層16の上面に、Siまたは$Si_{1-Y}Ge_Y$のエピタキシアル層20を形成する。

＊＊＊＊

時間や順序を追って書いてある場合は、順序通りに訳します。

第5章　訳文の手入れ

● 例文 5C-2

A ray passing through the object-glass is reflected <u>from</u> one posterior surface of prism A <u>onto</u> the other posterior surface, and ▽by it <u>out through</u> the front <u>onto</u> a second prism arranged at right angles to it, which <u>passes</u> the ray <u>onto</u> the compound eye-piece.

> 対物レンズを通過した光線はプリズムAの後部表面<u>で</u>反射されてもう一方の後部表面<u>に当たり</u>、そこで反射してその前部表面<u>を通って</u>外へ出て、このプリズムと直角に配置された第2のプリズム<u>に当たり</u>、それ<u>を通って</u>複合接眼レンズ<u>に当たる</u>。

　by itの前にreflectedが省略されています。the frontの後にsurfaceが省略されているとみなせます。outとthroughはどちらを先に訳せばよいか。which passesはrayを主語にするためにby which the ray is passedの形で訳します。

＊＊＊＊

　英語で、場所について大きな所からより具体的な所へ書いている場合は、前から訳すべきです。

● 例文 5C-3

These balls are typically about 30 or 40 millimeters in diameter, which sit <u>inside</u> the deck or platform <u>in</u> the "dead zone."　　　< US6244417B1 >

> これらのボールは一般に直径が約30または40㎜であり、デッキまたはプラットフォーム<u>の</u>「デッド・ゾーン」<u>内</u>にある。

● 例文 5C-4

Each of the outer waveguides 24 and 25 of the coupler 22 are curved away from the central waveguide 23 at the end of the coupler remote from the grating element 16 so as to avoid significant reflective losses <u>in</u> the input waveguides <u>at</u> the position where interaction occurs between the waveguides of the coupler.　　　< US6522805B1 >

カプラー22の外側導波路24、25はそれぞれ、入力導波路内の、カプラーの導波路間で相互作用が起こる位置での著しい反射損失を回避するために、カプラー22の、格子要素16から遠い側の端部で湾曲して、中央導波路23から離れている。

形容句の順序

　英語の形容詞類の順序は、限定詞、数量形容詞、性質形容詞の順序になります。限定詞には、冠詞、所有形容詞its、指示形容詞this、不定形容詞some、疑問形容詞whoseなどがあります。

　性質形容詞のうちでは、感情、大小、形態、性質、新旧、色、材料、所属の順序になります。性質形容詞同士の順序は、一般に英文通りで大丈夫です。

　翻訳に際しては、限定詞、数量詞の位置が日米で異なります。つまり、数詞などは日本語では名詞の直前が基本であり、限定詞も性質形容詞より後に置くのが普通です。

● 例文 5C-5

An analogous situation exists in several other systems.　　　< US5516785A >

　＊①類似の状況が、いくつかの他の系でも存在する。
　　②類似の状況が、他のいくつかの系でも存在する。

　術語など〈性質形容詞＋名詞〉で複合名詞とみなすべき場合は、その形容詞を名詞に付けて訳します。

● 例文 5C-6

The system has two non-linear feedback mechanisms.　　　< US5164947A >

　△①この系は、非線形の2つのフィードバック機構を有する。
　　②この系は、2つの非線形フィードバック機構を有する。

第 5 章　訳文の手入れ

括弧の位置
括弧の位置は内容上適切な場所に置かねばなりません。

● 例文 5C-7

A useful vector to obtain expression consists of pBR322 sequences which provides a selectable marker for selection in E. coli (ampicillin resistance) as well as an E. coli origin of DNA replication. <US4517294A>

> ×①発現を得るための有用なベクターは、大腸菌のDNA複製起点と共に、大腸菌（アンピシリン耐性）内での選択のための<u>選択可能マーカー</u>を提供するpBR322配列で構成される。
> ②発現を得るための有用なベクターは、pBR322配列からなるものであり、これは、大腸菌中で選択を行うための<u>選択マーカー</u>（アンピシリン耐性）および大腸菌のDNA複製起点を提供する。

アンピシリンは抗生物質で殺菌作用があります。確かにアンシピリン耐性をもつ大腸菌は存在しますが、ここでは、遺伝子組換えに成功した細胞だけが耐性をもつようにベクターに耐性遺伝子を組み込んであり、それを選別のための目印、つまり選択マーカーとして使っています。したがって括弧は大腸菌ではなく選択マーカーの後に置きます。

修飾語と被修飾語の相応（コロケーション）

先に述べた動詞と前置詞の相応は、英訳だけでなく英文の解釈と翻訳にとっても重要なことですが、名詞と形容詞、動詞と目的語の組合せも英訳と和訳表現にとって重要です。

名詞にあった形容詞
ご存知のように「濃い色」はdark colorですが、「濃い茶」はstrong teaと言います。これをthick teaと言うと「どろどろしたお茶」の意味になり、茶道では「濃茶」の英訳として使われているそうです。

high、lowは、長さについて水平方向をlong、上方向をhigh、下方向をdeepという基本概念に加えて、程度を表す名詞を形容するのに用いられます。高周波数、高速、高エネルギーなどの複合語は確立していますが、「高いエネルギー」などと言うことはできません。数量はlargeで表しますが、日本語ではlarge numberは「多数」です。

このように、英語の形容詞とその標準の日本語訳は、中心概念はほぼ重なりますが、実際の応用範囲が異なり、またそれぞれの慣習もあるので、機械的に訳すと、ときにおかしなことになります。

目的語にあった動詞

動詞と目的語についても事情は同じです。

● 例文 5C-8

This balance is desirable to achieve a high molecular weight polyester polymer.　　　　　　　　　　　　　　　　　　　　　　　　　<US6140422A>

　＊①高分子量のポリエステル・ポリマーを達成するには、このバランスが望ましい。
　　②高分子量のポリエステル・ポリマーを得るには、このバランスが望ましい。

attain、achieveやaccomplishは機械的に「達成する」と訳してしまう人が多いのですが、よく考えると、目的語にあったより自然な表現が得られることがあります。

第5章　訳文の手入れ

● 例文 5C-9

In the case where all of the transactions in the bridge's data FIFO are flushed, all the transactions initiated by the devices on the secondary bus would have to be re-initiated, resulting in a waste of cycle time.

< US6253275B1 >

　　*①ブリッジのデータFIFO内のトランザクションのすべてがフラッシュされた場合、二次バス上の装置によって起動されたトランザクションはすべて再起動されなければならなくなり、結果的にサイクル時間の浪費になる。
　　②ブリッジのデータFIFO内のトランザクションがすべてフラッシュされた場合、下位バス上の装置によって開始されたトランザクションをすべて再度開始しなければならず、サイクル時間が浪費されることになる。

「起動」も乱用が見られる言葉です。

てにをは
　助詞の使い方も決まり文句を使って変な訳文になっている例がよく見られます。

● 例文 5C-10

the other thermoplastic polymers suitable for use in the blends of the present invention

< US6359070B1 >

　　*①本発明のブレンド中で使用するために適切な他の熱可塑性ポリマー
　　②本発明のブレンド中で使用するのに適した他の熱可塑性ポリマー

5C. 訳文の手直し

● 例文 5C-11

Additives such as coating aids, wetting aids such as surfactants, slip additives, and antistatic agents can be incorporated in levels from 0 to 50% based on the total weight of additive-free coating solids.

<US6893717B1>

*①コーティング助剤、界面活性剤などの濡れ性向上剤、滑剤、帯電防止剤などの添加剤は、添加剤を含まないコーティング固形分の総重量に基づいて0～50重量％のレベルで含めることができる。

②コーティング助剤、界面活性剤などの濡れ性向上剤、滑剤、帯電防止剤などの添加剤は、添加剤を含まないコーティング固形分の総重量に対して0～50重量％のレベルで含めることができる。

based (up)onは通常は「に基づいて」ですが、ここは「に対して」が妥当です。なお、この場合にwith respect to、relative to、perなどそのまま「対して」と訳せる前置詞(句)もよく使われています。

＊＊＊＊

英文の前置詞と標準の日本語表現が一致していない場合もあります。
in a plane「平面上」
in the presence of「存在下」　cf. under the condition of「条件下」
under the atmosphere of「雰囲気中」

同じ表現の繰返しを避ける

英文では同じ表現の繰返しを避けるのがwritingの基本原則の1つですが、日本語でも同じ助詞などの繰返しは避けるべきです。よく出てくるものを挙げておきます。

「の」　→「のうちの」「からなる」

ofのうちでamongに近い意味のものは「のうち（の）」、made ofの意味のものは「からなる」または「製の」とすると、単なる「の」の繰返しを避けることができます。

第 5 章　訳文の手入れ

● 例文 5C-12

Leukotriene C4 synthase is a member of the MAPEG family of transmembrane proteins.
<Wikipedia "Leukotriene C4 synthase">

　　ロイコトリエンC4シンターゼは、膜貫通タンパク質のうちのMAPEGファミリーの一員である。

● 例文 5C-13

Preferably, the recognition of S_1, S_2, and S_3 is displayed in close juxtaposition to a digitized representation of the original handwritten input of S_1, S_2, and S_3.
<WO1996015506A1>

　　S_1、S_2、S_3の認識結果は、S_1、S_2、S_3からなる元の手書き入力のデジタル化された表現の近くに並べて表示することが好ましい。

「ために」 →「ように」「目的で」「よう」「すべく」

　目的節「ために」が重なるのもまずいので、「ように」などを適所に使用します。なお、「ために」は理由も表しますが、区別が付かなくなることがあるので、要注意です。

● 例文 5C-14

The tool arm further includes a removable cover screwed to the support housing for protecting the components housed within the support housing and for providing access for servicing such components.
<US5941679A>

　　工具アームはさらに、支持ハウジング内に収容された構成要素を保護する▽とともに、修理のためにそれらの構成要素にアクセスできるように、支持ハウジングにねじ止めされた脱着式カバーを備えている。

5C. 訳文の手直し

「ための」 →「用の」「向けの」
形容詞句「ための」は「するための」と重なると不自然です。

● 例文 5C-15

In this manner, a motor speed command is generated <u>for</u> the motor speed controller.   < US6069460A >

> このようにして、モータ回転数制御装置<u>向けの</u>モータ回転数コマンドが生成される。

「して」 →「し、それによって」
結果のto不定詞の前の動詞は「〜して」と訳すと両方の動詞の関係がうまく表せますが、「して」が連続すると不自然になるので、2回目の「して」を、同じく結果を表すがそれより強い形である「し、それによって」などに変えます。

● 例文 5C-16

The natural gas stream has been suitably treated to remove sulfides and carbon dioxide and dried <u>to</u> remove water using conventional and well-known processes to produce a "sweet, dry" natural gas stream.   < US6223557B1 >

> *①天然ガス流を適切に処理して硫化物および二酸化炭素を除去し、従来の周知の方法を用いて乾燥させ<u>て</u>水を除去<u>して</u>、「スイートでドライな」天然ガス流を生成していた。
> ②天然ガス流を適切に処理して硫化物および二酸化炭素を除去し、従来の周知の方法を用いて乾燥させ<u>て</u>水を除去<u>し、それによって</u>「スイートでドライな」天然ガス流を生成していた。

「ので」 →「ため」「故に」「理由で」「ことから」
理由節も繰り返すと不自然です。

263

第 5 章　訳文の手入れ

● **例文 5C-17**

The dielectric region can be very thin <u>because</u> it does not have to electrically isolate the flux guide from the shields 12 and 14 <u>due</u> to their equal electrical potentials.　　　　　　　　　　< US5930087A >

> シールド12と14の電位が等しい<u>ため</u>、磁束ガイドをシールド12、14から電気的に分離しなくてよい<u>ので</u>、誘電体領域を非常に薄くすることができる。

＊＊＊＊

　英語では理由を表す接続詞がbecause、since、asなど、接続助詞がtherefore、thus、so、hence、consequently、accordinglyなど多数ありますが、上記のように訳文で重ならない限り、同じ訳でかまいません。日本語には英語ほど持ち合わせがありませんし、「だから」など口語的な言葉や、「それ故」など文語的すぎるものは使いにくいという事情がありますから。ただし、「したがって」も連続すると不自然になります。

「したがって」　→「そのため」「それ故」
● **例文 5C-18**

<u>Thus</u>, the frequently requested data file is thereafter available locally from local storage <u>such that</u> subsequent requests for the same data file can be "intercepted" and fulfilled by accessing local storage.

< US6341304B1 >

> <u>したがって</u>、頻繁に要求されるデータ・ファイルは、その後、ローカルでローカル記憶装置から利用可能となり、<u>そのため</u>、同じデータ・ファイルに対する後続の要求を「インターセプト」し、ローカル記憶装置にアクセスすることによってその要求に応じることができる。

＊＊＊＊

　英語らしい英文を書くには、コンパクトな文にすることと並んで、似た表現を繰り返さないことが原則とされています。ただし、法律文や技術文など明確さを要求される文書にはこれらの原則は当てはまりません。しかし、日頃の癖が出てしまったのでしょうか、特許明細書で同じものをその都度別の言い方で

書いた例がありました。英語nativeなら定冠詞で同じものであることが感覚的にわかりますが、訳文ではtheを訳出して同じものであることを明示する必要があります。

● 例文 5C-19

Immediately following the second adhesive application, the tape strip adhering the paper to the platen is removed and an aluminum cylinder measuring 12.8 mm dia×55.5 mm length and having a weight of 19.4 g is placed on the adhesive stripe about 7 cm from the end of the paper strip and allowed to dwell for 2 seconds before the cylindrical weight is lifted normal to the platen at a rate of 305 cm/minute a total distance of 38 cm. The cylindrical element is maintained in this position a maximum time of 300 seconds or until the paper strip falls off the cylinder. The time at which the paper falls is noted and recorded. < US2007019669A1 >

> 2回目の接着剤塗布直後に、紙を圧盤に接着していたテープ片を取り外し、直径12.8㎜×長さ55.5㎜、重さ19.4gのアルミニウム円筒を接着剤条片上で紙片の端部から約7cmの所に置き、2秒間静置してから、この円筒形重りを圧盤に対して垂直に、305㎝/分の速度で総距離38㎝だけ持ち上げる。この円筒形要素を、最大300秒間または紙片がこの円筒から落ちるまで、この位置に維持する。紙が落ちた時間を書き留め、記録する。

暗示されている語句

特定の表現は、ある語句を暗示します。もちろん、その語句が明示されていることもあります。また文脈によってevenなどある語句が暗示されていることもあります。

＊＊＊＊

次頁の例文のindependentlyはeachを暗示しています。

第 5 章　訳文の手入れ

● 例文 5C-20

The current choices of keyboard configuration for pushbuttons 48 and 50 may be <u>independently</u> changed using the mouse 20.　　＜EP0632361A2＞

①プッシュボタン48および50に対するキーボード構成の現選択は、マウス20を使って独立に変更することができる。
②プッシュボタン48および50に対するキーボード構成の現選択は、マウス20を使って<u>それぞれ</u><u>独立</u>に変更することができる。

＊＊＊＊

次の例文のlimited toはonlyを暗示しています。

● 例文 5C-21

Her influence is not <u>limited to</u> female poets, and many male writers, including Robert Duncan and Robert Creeley, have acknowledged their debt.

①彼女（H.D.）の影響は女流詩人に<u>限定され</u>ず、ロバート・ダンカンやロバート・クリーリーを含む多くの男性著述家が恩義を認めている。
②彼女（H.D.）の影響は女流詩人<u>だけに限ら</u>ず、ロバート・ダンカンやロバート・クリーリーを含む多くの男性詩人が恩義を認めている。

＊＊＊＊

mayはalsoを暗示していることがあります。mainの選択肢が他にある場合です。

● 例文 5C-22

Often the anti-viral compounds will be administered for extended periods of time and <u>may</u> be administered for the lifetime of the patient.　　＜WO2000057868A2＞

抗ウィルス化合物はしばしば長期間投与され、患者の生涯にわたって投与される<u>こともある</u>。

＊＊＊＊

relative toは相対的な位置や移動を表す場合、「〜に対して」ではなく「〜に対して相対的に」と二重に訳すと意味がはっきりします。

● 例文 5C-23

Devices that scan images typically use mechanical hardware to move an image sensor <u>relative to</u> the object to be scanned.　　< US6480305B1 >

> 画像を走査する装置は一般に、機械的ハードウェアを使用して、イメージ・センサを走査対象に<u>対して相対的に</u>移動させる。

＊＊＊＊

ifがeven ifの意味で使われる場合もそうですが、文脈によってevenが暗示されることがあります。

● 例文 5C-24

Before YACs were developed, the largest cloning vectors (cosmids) carried inserts of <u>only</u> 20 to 40 kb.

> ＊①YACが開発される前は、最大のクローン化ベクター（コスミド）は20〜40kbの挿入片<u>しか</u>運搬<u>し</u>なかった。

largestとonlyの組合せから必然的にevenが含意されています。

> ②YACが開発される前は、最大のクローン化ベクター（コスミド）<u>でも</u>20〜40kbの挿入片しか運搬<u>でき</u>なかった。

＊YAC（Yeast artificial chromosome酵母人工染色体ベクター）は大きなDNA断片を運搬できるベクター。

補足

原文通り訳すと舌足らずになる場合がよくあります。補う言葉は、既出語など誰もが納得できる言葉、またはできるだけ軽い言葉にします。例文1C-25、27で無生物主語構文の主語に「ある」や「行う」を補って訳す手を紹介しましたが、動詞を補うときは「存在する」「実施する」ではなく「ある」「行う」

第5章　訳文の手入れ

などなるべく軽い表現を選びます。

● **例文 5C-25**

In general, OpenPIC defines a generic interrupt controller, thus allowing the industry to develop many different <u>complying</u> implementations, as well as solutions for the many different problems that arise therefrom.　　　　　　　　　　　　　　　　＜US6480305B1＞

*①一般的に、OpenPICは、一般的な割込みコントローラを定義するものであり、それによって、業界では<u>準拠</u>する多数の異なる実装の開発、ならびにそれから生じる多くの異なる問題の解決が可能になる。

②一般的に、OpenPICは、一般的な割込みコントローラを定義するものであり、それによって、業界では<u>この規格に</u>準拠する多数の異なる実装の開発、ならびにそれから生じる多くの異なる問題の解決が可能になる。

　特に名詞を修飾する単独の分詞について、何か副詞句を添えないと日本語として不自然になることがよくあります。ここでは、既出語OpenPICを言い換えた「この規格に」を補ってあります。

5D. 一義性の確認
意図とは別のかかり方にとれないか

　きちんと構文を理解して個々の単語を正確に訳していても、読むと、意図とは別のかかり方・解釈にとれたり、どちらのかかり方か判断できなくなってしまうことがあります。自分の訳文を他人の文のように客観的に読むことができれば、こうしたケースを発見し訂正する手がかりになります。

● 例文 5D-1

It is well established that the use of appropriately structured polymer compatibilizers as additives in such systems can markedly enhance physical properties.
　　　　　　　　　　　　　　　　　　　　　　　　　　< WO1998052994A1 >

　*①こういった系に添加物として適切な構造をもつポリマー相溶化剤を用いることで、物理的性質を著しく向上させることが可能であると確立されている。
　②こうした系中で適当な構造のポリマー相溶化剤を添加物として使用すると、物理的諸特性を著しく向上できることははっきりしている。

　訳文①では、「添加物として」が「適切な」にかかるととられてしまいます。一般に修飾語は被修飾語の直前に置くのが安全です。

第 5 章　訳文の手入れ

of many of

〈of＋数量詞＋of〉の形は要注意です。知らないと、必ず引っかかります。

● 例文 5D-2

It is fortunate for us that this is so, since on the rapid magnetization and demagnetization of soft iron depends the action of many of our electrical mechanisms.

　×①そうであるのは我々には好都合だ。というのは我々の電気機構の多くの作用は、軟鉄の迅速な磁化・消磁に依存しているからだ。

　原文通り訳したので問題ないはずなのに、訳文だけ読み直すとどんな意味に受け取れますか。manyがactionにかかってしまっていますよね。manyはmany mechanismsのことです。意味を出すには次のようにするしかありません。「のうちの」も「機構」の繰り返しもどちらも必要です。

　②そうであるのは我々には好都合だ。というのは我々の電気機構のうちの多くの機構の作用は、軟鉄の迅速な磁化・消磁に依存しているからだ。

　正確に言うと上記のようになりますが、厳密さを要求されず、誤解のない場合は2番目のofのない形で訳すことができます。

　③そうであるのは我々には好都合だ。というのは我々の多くの電気機構の作用は、軟鉄の迅速な磁化・消磁に依存しているからだ。

● 例文 5D-3

For example, the dimensions of some of the elements are exaggerated relative to each other.　　　　　　　　　　　　　　　　　　　＜US20040003154A1＞

　×①たとえば、それらの要素のいくつかの寸法を相対的に誇張して示してある。
　②たとえば、それらの要素のうちの一部の要素の寸法を相対的に誇張し

て示してある。

連用形の並列相手

　日本語では動詞と動詞をつなぐとき、前の動詞を連用形にします。しかし、ある連用形の動詞の後に複数の動詞がくる場合は、前の動詞がそれより後の動詞のどれと並列なのかはっきりしません。文を分割する以外に、それをはっきりさせる決定的な手はまずありません。英語でも同様の問題が生じますが、定動詞、不定詞、動名詞の使い分けで混同の可能性は日本語の場合よりは少なくなっています。

● 例文 5D-4

The multi-component feed stream is rich in methane and has at least one high volatility component that has a relative volatility greater than that of methane.　　　　　　　　　　　　　　　　　　　　< US6199403B1 >

　△①この多成分供給流は、メタンに富み、メタンよりも相対的に高い揮発性を有する少なくとも1種の高い揮発性成分を有する。
　②この多成分供給流は、メタンに富んでおり、メタンよりも相対的に高い揮発性を有する少なくとも1種の高い揮発性成分を有する。
　③この多成分供給流は、メタンに富んでいるが、メタンよりも相対的に高い揮発性を有する少なくとも1種の高い揮発性成分を有する。

　最初の動詞（英語では〈be＋形容詞〉）「富み」が、どちらの「有する」と並列なのか、言い換えれば述語なのか、揮発性成分にかかる修飾語なのか、①でははっきりしません。
　内容的にはcomponentが混合物を意味しないとすれば紛れはありませんが、前の述語を「しており」などより重い形で訳すと、文章上一目で理解できるようにする助けとなります。

第 5 章　訳文の手入れ

● 例文 5D-5

Paraffinic oils are also commercially available petroleum derivatives that are rich in paraffinic components and have a low density and a variable viscosity.　　　　　　　　　　　　　　　　　　< EP1399398A1 >

　①パラフィン油も、パラフィン系成分に富み、低い密度と可変の粘度を有する、市販の石油派生製品である。

　この訳文は、読点以外は前の5D-4とまったく同じ構造です。「富み」の後の読点をなくすとともに、「富み」と「有する」が同列であることを明示する手段として、「とともに」がよく使われます。

　②パラフィン油も、パラフィン系成分に富むとともに低い密度と可変の粘度を有する、市販の石油派生製品である。

5D. 一義性の確認　意図とは別のかかり方にとれないか

応用問題　次の英文を訳してみましょう。

1. An end of the spring member is fastened, by means of rivets, to the outer surface of one of the arms. < EP0974284A1 >

2. The lunar calendar is an easy calendar, and for the peasant in the field the most convenient one to indicate the passage of the days and the gradual changing of the seasons.

3. If there are more online transactions than one CP can handle, adding more CPs allows the online transactions to run in parallel.

4. This cDNA is then cross-hybridized against mRNA isolated from other organisms, and any cDNA hybridizing is removed. < US7285537B1 >

5. In this instance, the inhibiting factor can, for example, be an antibiotic substance which inhibits growth or reproduction of cultured cells, not expressing the gene (i.e. cells other than the desired cells). < US6146888A >

6. DHA (dihydroxyacetone) works by reacting with protein inside the stratum corneum, the outermost surface of your skin, forming a brown color.

7. Scintillation cocktail was added to the eluted samples to determine the amount of radioactivity. < US5478830A >

8. Summation is the operation of adding a sequence of numbers; the result is their sum or total. < Wikipedia "Summation">

9. Cleavage is performed by treating with restriction enzyme (or enzymes) in suitable buffer. < US5156969A >

10. The present invention relates to a high-gain amplifier that can be used at microwave frequencies. It can be used in particular in radar, in radio beams for satellite transmission, and in local multipoint distribution systems (LMDS) for television. < US6121833A >

11. When a mode transition is requested, the routine continues to step 404 to execute the mode transition routine described later. < US 5947079 A >

第5章　訳文の手入れ

応用問題　解答例

1. ばね部材の一端が、リベットによって、前記アームのうちの1つのアームの外面に固定されている。
2. 太陰暦はわかりやすい暦であり、田野にいる農民にとっては、日々の移り変わりと季節の穏やかな変化を示す最も便利な暦である。
3. 1台のCPで処理しきれないだけのオンライン・トランザクションがある場合は、CPを追加すると、複数のオンライン・トランザクションを並列に実行することができるようになる。
   *「並列に」に対応する複数を表す言葉があるほうが落ち着きます。
4. このcDNAを他の生物から単離したmRNAと交差ハイブリダイズさせ、ハイブリダイズしているcDNAがあれば取り除く。
   *cross-hybridizeは他動詞で瞬間動詞ですが、hybridizingは自動詞で状態動詞です。
5. この場合、阻害因子は、たとえば、この遺伝子を発現させない培養細胞（すなわち、所望の細胞以外の細胞）の増殖または繁殖を阻害する、抗生物質でよい。
6. ジヒドロキシアセトンは、皮膚の一番外側の表面である角質層のタンパク質と反応して褐色を形成する働きをする。
7. 溶出サンプルにシンチレーション・カクテルを加えて、放射能の量を決定した。
8. 加算とは、一連の数を加える演算である。その結果は、和すなわち合計である。
9. 適当な緩衝液中で1種（または複数）の制限酵素で処理して切断を行う。
   *括弧内に複数表示がある場合は、対応する形で訳します。
10. 本発明は、マイクロ波周波数で使用できる高利得増幅器に関する。この増幅器は、特に、レーダ、衛星通信用電波ビーム、テレビジョンのローカル・マルチポイント配信システム（LMDS）で使用することができる。
11. モードの移行が要求される場合は、ステップ404に進んで、後述のモード移行ルーチンを実行する。

第6章

正確な解釈のために

　以上のお話は、原文の構造も内容もある程度理解できた上での話ですが、本章では内容を正しく理解するためのいくつかのポイントについてお話します。まず、文章構造を正しく把握すること、次に構造についていくつかの解釈が可能な場合に、常識や文脈を踏まえてどれを選択するべきか判断することが必要です。そして、辞書の見方と、単語、特に術語に関する注意点を説明し、最後に注意すべき重要語や多義語を扱います。

第6章　正確な解釈のために

6A. 文構造の理解

　次の文の（主文の）主語と述部を見つけてください。もしあれば、目的語、補語も。

1. The Southern European peoples like the Italians like dishes like pasta.

2. The government plans to raise taxes were defeated.

3. The Eskimos can fish in a new factory three miles from the sea.

4. The lodging houses up to ten persons.

5. The linguists knew the solution to the problem would not be easy.

6. I told the girl the cat scratched Bill would help her.

7. The florist sent the bouquet of flowers was very flattered.

　このような文は、さっと読んだだけでは意味を捉えることができず、文を読み返さないと意味が理解できないので、袋小路文（garden path sentence）と呼ばれ、言葉遊びや言語学研究の対象となっています。

＊＊＊＊

1. The Southern European peoples like the Italians like dishes like pasta.
　　イタリア人など南欧の人々は、パスタのような料理を好む。
　動詞のlikeと前置詞のlikeが混ざっていますが、どのlikeが動詞だと意味が通る文になりますか。

2. The government plans to raise taxes were defeated.
　　政府の増税計画は潰れた。
　途中まではplansが動詞に見えますが、その後に動詞があるので、主語でし

た。

3. The Eskimos can fish in a new factory three miles from the sea.
　　エスキモーは、海から3マイル離れた新しい工場で魚を缶詰にしている。
　can fishは〈助動詞＋自動詞〉に見えますが、後ろの副詞句からその意味は成り立ちません。〈動詞＋目的語〉でした。

4. The lodging houses up to ten persons.
　　その宿屋は最大で10人泊まれる。
　lodging housesは〈修飾語＋名詞〉に見えますが、そうすると動詞がありません。修飾語と思ったのが主語で、名詞と思ったのが動詞でした。

5. The linguists knew (that) the solution to the problem would not be easy.
　　言語学者達は、その問題の解決が容易ではないことを知っていた。
　problemまではsolutionがknewの目的語に見えますが、その後にwouldが出てきました。thatが省略された名詞節が目的語でした。

6. I told the girl (whom) the cat scratched (that) Bill would help her.
　　私は、その猫に引っ掻かれた少女に、ビルが助けてくれるよと言った。
　主文の後に節らしきものが2つあります。関係詞（目的格関係代名詞）と、名詞節を導く接続詞thatが省略されています。

7. The florist presented the bouquet of flowers was very flattered.
　　花束を贈られた花売り娘は非常に喜んだ。
　flowersまではpresentedが動詞に見えますが、直後にwasが出てきました。過去形と過去分詞が同じ形で、しかもpresentは二重目的語をとるのでどちらの形でも直後に前置詞なしの名詞が出てきます。

　これらの例からもわかるように、文章理解にとって主語と主動詞を見つけることがもっとも重要です。

第6章　正確な解釈のために

構文解析

　英文の構造が簡単なものであれば、目を通すだけで構造がわかり、すぐに翻訳に取り掛かれるのですが、複雑な構造のものであれば構文を解析する必要があります。一般的なやり方としては、原文を通読しながら、節や長めの句の前後に、つまり従属接続詞や、長めの語句が後に続く前置詞や分詞などの前後にスラッシュ（/）を入れる方法があり、スラッシュ・リーディングとして通訳の訓練にも使われています。一読して理解できるまとまった範囲で区切り、わかりにくい箇所は、ひと続きであることがはっきりしている単位ごとに細かく区切ります。内容がわかった後に細かい区切りを消してもかまいません。文の区切りに//を入れるとわかりやすくなります。必要なら従属節の区切りに | など他の符号を用いることもできます。後置の名詞修飾部であることがわかった区切りを（　）で囲む手も有用です。また、主語、動詞、目的語などに下線を引くのも役立ちます。

　次の文を区切ってみてください。

● **例文 6A-1**

It was interesting to meet these men whose ancestors had gone to the Cape about the time that mine went to America two centuries and a half previously, and to find that the descendants of the two streams of emigrants still crooned to their children some at least of the same nursery songs.

It was interesting / to meet these men (whose ancestors had gone to the Cape / about the time that mine went to America / two centuries and a half previously), and / to find / that the descendants of the two streams of emigrants still crooned to their children / some at least of the same nursery songs.

　この文は解釈の難しい所がありません。to meetとto findが並列であり、menの後に関係節が続いており、find thatの後も構文は簡単です。区切ってい

く作業の最中に各区切りのつながりがすぐにわかるはずです。mineの前の関係詞thatはwhenの代用です。なお、menの前のtheseはwhose以下を受けています。

①(二世紀半前に/私の先祖がアメリカに来た頃に/その先祖がケープにやって来た)人々と出会い/、この移民の2つの流れの子孫が依然として自分の子供達に/同じ子守唄の少なくともいくつかを/歌っていたのを/見出すことは/興味深いことであった。

区切りを外して読点を入れ、少し手を入れるだけで次の訳が得られます。

②二世紀半前に私の先祖がアメリカに来た頃にその先祖がケープにやって来た人々と出会い、この移民の2つの流れの子孫が依然として自分の子供達に同じ子守唄を少なくともいくつか歌っていたことがわかって、興味深かった。

● 例文 6A-2

The previous chapter defines a TCP/IP internet as a virtual network built by interconnecting physical networks with routers. This chapter discusses addressing, an essential ingredient that helps TCP/IP software hide physical network details and makes the resulting internet appear to be a single, uniform entity.

The previous chapter defines a TCP/IP internet /as a virtual network / built by interconnecting physical networks with routers. // This chapter discusses / addressing, /an essential ingredient (that helps TCP/IP software / hide physical network details / and makes the resulting internet / appear to be a single, uniform entity).

　この文の構造も難しくありません。essential ingredient がaddressingと同格であることぐらいでしょうか。define 〜 as ...はコロケーションであり、built by以下は直前のnetworkにかかって自然です。that以下はessential ingredientにかかっています。helpsとmakesは形から見ても並列で、help 〜 hide ...と

第6章　正確な解釈のために

make ～ appear ...という構文もすぐわかるはずです。

①前章は、TCP/IPインターネットを/物理ネットワークをルーターで相互接続することによって構築された/仮想ネットワークとして/定義する。本章は、(TCP/IPソフトウェアが/物理ネットワークの細部を隠す/のを助け/得られるインターネットが単一の均一なエンティティーに見えるようにする)本質的構成要素である/アドレッシングについて/論じる。

区切りを外して少し手を入れると次の訳になります。

②前章では、TCP/IPインターネットを、物理ネットワークをルーターで相互接続することによって構築された仮想ネットワークとして定義した。本章では、TCP/IPソフトウェアが物理ネットワークの細部を隠すのを助け、得られるインターネットが単一の均一なエンティティーに見えるようにする、本質的構成要素であるアドレッシングについて論じる。

● **例文 6A-3**

As regards the application of this Convention at any time by a Contracting State / any term not defined therein shall, / unless the context otherwise requires, / or the competent authorities agree otherwise / on the meaning of a term / for the purposes of applying the Convention / pursuant to Article 25, / have the meaning (which it has / at that time / under the laws of that Contracting State / for the purposes of the taxes / to which the Convention applies), / any meaning under the applicable tax laws of that Contracting State prevailing over a meaning / given to the term / under other laws of that Contracting State.

<日英租税条約>

　区切りながら主語と動詞を探してください。any termとshall ... haveですね。動詞haveの前に長いunless節が挿入されています。unless節の中にorでつながれた2つの文があります。そして最後のany meaning … prevailing ...は分詞構文です。

一方の締約国によるこの条約の適用に際しては、この条約において定義されていない用語は、文脈により別に解釈すべき場合又は両締約国の権限のある当局が第二十五条の規定に基づきこの条約の適用上の用語の意義について別に合意する場合を除くほか、この条約の適用を受ける租税に関する当該一方の締約国の法令において当該用語がその適用の時点で有する意義を有するものとする。当該一方の締約国において適用される租税に関する法令における当該用語の意義は、当該一方の締約国の他の法令における当該用語の意義に優先するものとする。

● 例文 6A-4

Written notice (stating the place, day and hour of the meeting and, in case of a special meeting, the purpose or purposes for which the meeting is called,) shall be delivered / not less than ten (10) days nor more than sixty (60) days before the date of the meeting / unless a different time is provided by law or the Articles of Incorporation, / by or at the direction of the Chairperson of the Board, (if there is one,) the President or the Secretary, / to each shareholder entitled to vote at such meeting or, (for the fundamental transactions described in Section 2.04(e) below,) to all shareholders.

このように複雑そうに見える長い文も、丁寧に構文を解析すれば、骨格構造を把握することができます。この文では、主語と動詞のほかに、日時、行為者、送達先が副詞句で示されています。

① (総会の場所と日時、および特別総会の場合は総会招集の目的を記載している) 書面による通知は、/法律または会社定款によって別の日が定められていない限り/総会の開催日から十日以上六十日以内前に、/会長 (置かれている場合)、社長もしくは秘書役により、またはその指示により、/かかる総会において議決権を有する各株主に、または (下記 2.04(e)節に記載の重要事項に関しては) すべての株主に対して送達するものとする。

第6章　正確な解釈のために

②総会の場所と日時、および特別総会の場合は総会招集の目的を記載した、書面による通知を、法律または会社定款によって別の日が定められていない限り総会の開催日から十日以上六十日以内前に、会長（置かれている場合）、社長もしくは秘書役により、またはその指示により、かかる総会において議決権を有する各株主に、または下記2.04(e)節に記載の重要事項に関してはすべての株主に対して送達するものとする。

助動詞の支配範囲
● 例文 6A-5

Thus, medical professionals continue to search for drugs that can prevent HIV infections, treat HIV carriers to prevent their disease from progressing to full-blown deadly AIDS, and treat the AIDS patient.

< WO1999059585A1 >

×①したがって、医療専門家は、HIV感染を予防することができ、HIVウイルスの保因者をその疾患が末期の致命的AIDSにまで進行しないように処置し、AIDS患者を治療する、薬物を探索し続けている。
②したがって、医療専門家は、HIV感染を予防することができ、HIVウイルスの保因者をその疾患が末期の致命的AIDSにまで進行しないように処置することができ、AIDS患者を治療することができる、薬物を探索し続けている。
③したがって、医療専門家は、HIV感染を予防し、HIVウイルスの保因者をその疾患が末期の致命的AIDSにまで進行しないように処置し、AIDS患者を治療することのできる、薬物を探索し続けている。

　canは2つのtreatにもかかっています。つい忘れがちになるので注意が必要です。もちろん、紛れのない場合は③のように最後に1回訳すだけでもかまいません。

● 例文 6A-6

Digital cameras can be connected to a computer to download the images for editing.

> デジタルカメラをコンピュータに接続して、画像をダウンロードし、編集することができる。

　to不定詞を訳し下げる場合、助動詞は必ずその最後までかかります。結果の分詞構文〜ingはto不定詞ほど前の動詞との結合が強くないので、助動詞がかからないこともあります。

副詞の修飾先
　基本的に副詞は被修飾語の前または後ろに置かれますが、置く場所によってかかり先が違ってくる、したがって意味が大幅に異なることもあります。

● 例文 6A-7

I was almost late everyday.

> 私は毎日もう少しで遅刻しそうだった。

● 例文 6A-8

I was late almost everyday.

> 私はほとんど毎日遅刻していた。

　almostは直後の単語を修飾します。

● 例文 6A-9

Well, my cousin gave me perfume this Christmas, and I really don't like perfume.

< Macmillan Holdings, LLC., http://goo.gl/GGic9 >

> 従兄がこのクリスマスに香水を贈ってくれたが、私は香水が大嫌いだ。

第6章　正確な解釈のために

● 例文 6A-10

I do not <u>really</u> <u>like</u> cooking, but this dish seems to be easy to cook so next week I will try to take it to work. < StyleScrapbook.com, http://goo.gl/XnCbh >

料理はそんなに好きではないが、この料理は作りやすそうなので、来週やってみるつもりだ。

＊＊＊＊

　動詞の前、助動詞の後、be動詞の後にあるonly、alsoなど焦点を表す副詞はどこにでも、一番最後の句にでもかかり得ます。（中村保男『英和翻訳表現辞典』）

● 例文 6A-11

Head lice can <u>only</u> survive <u>24-48 hours</u> if they fall off a person and cannot feed.

アタマジラミは、人から離れ、食物がなくなった場合、<u>24〜48時間</u>しか生存できない。

● 例文 6A-12

Citizens of Singapore can <u>only</u> renounce Singaporean citizenship <u>if</u> they have acquired citizenship of another country.

< Wikipedia "Renunciation of citizenship" >

シンガポール国民は、別の国の国籍を取得した<u>場合にのみ</u>、シンガポール国籍を放棄することができる。

6A. 文構造の理解

● 例文 6A-13

The plaintiff has duly registered the name of its publication, The National Geographic Magazine, and the front cover of that Magazine in the United States Patent Office. In addition, the said name was <u>also</u> duly registered <u>under</u> the Trade-Mark Registration Laws of Massachusetts.

< NATIONAL GEOGRAPHIC SOC. v. CLASSIFIED GEOGRAPHIC, INC. (Mass. Dist. Ct., 1939) (27 F. Supp. 655) >

> 原告は、その出版物の名称The National Geographic Magazine およびこの雑誌の表紙を米国特許庁に適法に登録していた。さらに、前述の名称はまた、マサチューセッツ州にも同州商標権登録法に基づいて適法に登録されていた。

米国特許庁だけでなくマサチューセッツ州にも商標登録していたわけです。なお、alsoの訳で「も」がうまく入らない場合は「やはり」を使うことができます。

● 例文 6A-14

Also, following further representations by said individual defendant Wilkins, consent was refused by the Attorney for the Society who is <u>also a Trustee</u> of the Society.

< NATIONAL GEOGRAPHIC SOC. v. CLASSIFIED GEOGRAPHIC, INC. (Mass. Dist. Ct., 1939) (27 F. Supp. 655) >

> また、上記個人被告ウィルキンスはさらなる陳情を行ったが、同協会（The National Geographic Society）の理事でもある協会の担当弁護士は同意を拒否した。

who以下だけだと「やはり協会の理事である」という解釈も可能になりますが、ここでは協会弁護士が理事を兼ねているという意味です。

第6章　正確な解釈のために

6B. 内容の解明

　正しく構文解析ができても、複数の解釈が可能な場合がしばしばありますが、文の内容や前後の文脈を考慮すると、そのうちの1つの解釈を正解として選ぶことができます。

　次の文には複数の意味があります。考えられるだけの訳し方で訳してください。

1. Students hate annoying professors.

2. He gave her cat food.

3. He left the bathroom unwashed.

4. They found hospitals and charitable institutions

5. Happily they left.

6. You must eat a piece of cake.

＊＊＊＊

1. Students hate annoying professors.
　　①学生達は先生方を困らせるのが嫌だ。
　　②学生達はうるさい教師が嫌いだ。
　名詞の前の〜ing形は、動名詞の場合と現在分詞の場合があります。

2. He gave her cat food.
　　①彼は彼女の猫に食べ物をやった。
　　②彼は彼女にキャットフードを与えた。
　herは所有格の場合と目的格の場合があります。

3. He left the bathroom unwashed.
　①彼は浴室を洗わずに出て行った。
　②彼は身体を洗わずに浴室から出て行った。
　unwashedが主語にかかるのか目的語bathroomにかかるのかわかりません。leaveにも第三文型と第五文型の用法があります。

4. They found hospitals and charitable institutions.
　①彼らは病院と慈善施設を見つけた。
　②彼らは病院と慈善施設を建てる。
　foundの現在形とfindの過去形が同じ形です。

5. Happily they left.
　①幸いにも、奴等は行っちまった。
　②彼らは喜んで立ち去った。
　happilyがtheyの状態なのか、それ以外の第三者の状態なのかわかりません。

6. You must eat a piece of cake.
　①お前はケーキを1個食べないといけないよ。
　②お前はきっとケーキを1個食べるはずだ。
　助動詞mustには義務の意味と推量の意味があります。

　このように文法的には正しいいくつかの構文解釈が成り立つこともしばしばあります。その場合は、どの解釈が成り立つか、内容的、論理的に検討しなければなりません。

文意から構文を解明する

　構文解析でかかり方に複数の可能性がある場合には、どの選択肢が意味的に妥当か、内容を検討しなければなりません。

第 6 章　正確な解釈のために

● 例文 6B-1

A cofactor is a non-protein chemical compound that is bound to a protein and is required for the protein's biological activity.

< Wikipedia "Cofactor (biochemistry)" >

[×]①補因子は、タンパク質に結合した、タンパク質以外の化合物であり、そのタンパク質の生物学的活性に必要である。
②補因子とは、タンパク質に結合し、そのタンパク質の生物学的活性に必要な、タンパク質以外の化合物である。

　簡単な文で、is requiredが関係節の中にあるか外にあるかの問題です。どちらの訳文も生化学的に間違ってはいません。しかし、この文が補因子を定義したものであることを考えると、thatが最後までかかると見るべきです。

● 例文 6B-2

The tumor-suppressor protein p53 accumulates when DNA is damaged due to a chain of biochemical factors. Part of this pathway includes alpha-interferon and beta-interferon, which induce transcription of the p53 gene and result in the increase of p53 protein level and enhancement of cancer cell-apoptosis. p53 prevents the cell from replicating by stopping the cell cycle at G1, or interphase, to give the cell time to repair, however it will induce apoptosis if damage is extensive and repair efforts fail. Any disruption to the regulation of the p53 or interferon genes will result in impaired apoptosis and the possible formation of tumors.

< Abnova "Apoptosis (Human) Antibody Array Kit (G), electronic version available at: http://goo.gl/glLHD >

　この文を読みながら構文上の問題点を考えてみます。due toはwhen節のdamagedにかかるのでしょうか、それとも主文のaccumulatesにかかるのでしょうか。第2文のwhichの先行詞は、動詞が複数形なので明らかです（alpha-interferon and beta-interferon）。第3文のto giveはstoppingを受けると考えてよいでしょうか。the cellが何を指すかについては、前にcancer cellしかありま

せん。

　第2文のthis pathwayは前文のa chain of biochemical factorsを受けていると考えられます。つまり2種のインターフェロンがfactorsの例です。そしてそれがwhich以下にあるようにp53を増加させるのですから、due toはaccumulateにかかると解釈すべきです。細胞周期というのは細胞分裂の過程をいい、「間期」はその準備段階、G1はその最初の期間でDNA合成の準備期間です。「修復」は傷ついたDNAを修復することで、修復しないまま複製されると誤った遺伝情報が伝わることになります。したがって、複製の邪魔をして修復の時間を与える、つまりto giveはpreventsを受けると考えてよいことになります。the cellはがん細胞というよりDNAが損傷を受けてがんになりかけの細胞といえます。Wikipediaなどの辞書で「細胞周期」「cell cycle」などを調べてください。

> DNAが損傷を受けたとき、一連の生化学的因子によって腫瘍抑制タンパク質p53が蓄積する。この経路の一部にはαインターフェロンとβインターフェロンが含まれており、これらのインターフェロンがp53遺伝子の転写を誘導し、p53タンパク質濃度の上昇およびがん細胞のアポトーシスの増強をもたらす。p53は、細胞周期をG1または間期で停止させることによってその細胞の複製を妨げてその細胞に修復の時間を与えるが、損傷が大規模で修復に失敗した場合は、アポトーシスを誘導する。p53遺伝子またはインターフェロン遺伝子の調節が乱されると、アポトーシスが損なわれ、腫瘍が形成される可能性が生じる。

従属節・相当句同士の関係

　動詞（またはその派生語）を含む句や節が3つ以上ある場合、いくつかの組合せが選択肢として生じますが、意味が通るように互いの関係をはっきりさせる必要があります。

第 6 章　正確な解釈のために

● 例文 6B-3

SMAC binds to inhibitor of apoptosis proteins (IAPs) and deactivates them, preventing the IAPs from arresting the apoptotic process and therefore allowing apoptosis to proceed.

< Abnova "Apoptosis (Human) Antibody Array Kit (G), electronic version available at: http://goo.gl/glLHD >

　①SMACはアポトーシス阻害タンパク質（IAP）に結合してそれを失活させ、それによってIAPがアポトーシス過程を停止させるのを妨げ、その結果アポトーシスを進行させる。
×②SMACはアポトーシス阻害タンパク質（IAP）に結合してそれを失活させ、それによってIAPがアポトーシス過程を停止させ、その結果アポトーシスを進行させるのを妨げる。

　この文は、allowingがpreventingとarrestingのどちらと並列なのかが問題です。内容から判断するのですが、アポトーシスタンパク質の阻害剤を失活させるのですから、アポトーシスが進むという①の解釈が妥当です。

● 例文 6B-4

It is desirable to identify effective small compounds which specifically inhibit tyrosine signal transduction by modulating the activity of RTKs and particularly the KDR/FLK-1 receptor to regulate and modulate vasculogenesis and/or angiogenesis is desirable. <US5763441A>

×①RTK類、特にKDR/FLK-1受容体の活性を変調して、脈管形成および/または血管新生を調節および変調することにより、チロシンキナーゼ・シグナル伝達を特異的に阻害する、有効な小分子化合物を同定することが望ましい。
　②RTK類、特にKDR/FLK-1受容体の活性を変調することにより、チロシンキナーゼ・シグナル伝達を特異的に阻害して、脈管形成および/または血管新生を調節および変調する、有効な小分子化合物を同定することが望ましい。

to regulate and modulateがby modulatingを受けるなら、①の訳が成立しますが、KDR/FLK-1受容体は血管新生において重要な働きをするものであり、シグナル伝達分子と結合するので、to不定詞はinhibitの結果を表し、modulating → inhibit → regulate and modulateの順に動作が起こると考えるべきです。

● 例文 6B-5

The silicon <u>is added</u> to the emitter region <u>in order to</u> increase the bandgap of the emitter region <u>so that</u> it is larger than the base bandgap.

<US5352912A>

[×]①エミッタ領域のバンドギャップを増大させる<u>ために</u>、エミッタ領域にシリコンを<u>添加し</u>、<u>その結果</u>、エミッタ領域のバンドギャップはベース・バンドギャップより大きくなる。

[△]②エミッタ領域のバンドギャップを、ベース領域のバンドギャップより大きくなる<u>ように</u>増大させる<u>ために</u>、エミッタ領域にシリコンを<u>添加する</u>。

この場合は、so thatがaddedにかかるのか、それともincreaseを受けるのかが問題です。bandgapを増大させることとlargerになることはそのまま因果関係になっているので、so thatはincreaseを受けていると判断できます。ただし、in order toと書いてあるものの、内容上はどれだけ加えるかの加減を示しています。シリコン添加でバンドギャップが増大するようですが、ベース領域よりも大きくしなければならないからです。したがって「ために」ではなく「ように」と訳すべきです。そうするとso thatを前から「ように」とは訳せなくなります。

③エミッタ領域のバンドギャップが増大し<u>て</u>、ベース領域のバンドギャップより大きくなるように、エミッタ領域にシリコンを<u>添加する</u>。

第 6 章　正確な解釈のために

紛らわしい用法の区別

同じ形でさまざまな文法的機能を持つものがあります。

● 例文 6B-6

Treatment with interferon however has limited long-term efficacy with a response rate of about 25%. <US6384064B2>

　×①しかし、インターフェロンによる治療は、奏功率約25％で長期の有効性を制限している。

　haveの後に過去分詞が来ると、つい完了形と思ってしまいますが、意味がよく通りません。このlimitedは形容詞でした。

　②しかし、インターフェロンによる治療の長期的有効性は限られており、奏功率は約25％である。

● 例文 6B-7

The bedside card has dried blood group antibody reagents fixed onto its surface and a drop of the individual's blood is placed on each area on the card. <Wikipedia "Hemagglutinin">

　ベッドサイド・カードにはその表面に乾式の血液型抗体試薬が固定されており、その個人の血液滴がカードの各領域に載せられる。

　これも形容詞用法でした。

＊＊＊＊

　さらに厄介なのは〜ing形です。現在分詞か、動名詞構文か、それとも分詞構文か。〜ing形の前後に名詞がある形はさらに要注意です。間に冠詞がないとき、後ろの名詞を目的語として前の名詞を修飾する現在分詞の場合と、前の名詞を目的語として後ろの名詞を修飾する動名詞の場合があります。後者の場合、正式には前の名詞と〜ing形をハイフンでつなぎますが、ハイフンの入っ

ていない例も特許明細書などではよく見かけます。

● 例文 6B-8

While agents exist that can modulate circulating levels of cholesterol carrying lipoproteins, these agents have little or no effect on the intestinal absorption of cholesterol. <US5290801A>

> ×①リポタンパク質を運搬するコレステロールの血中濃度を調節できる薬剤は存在するが、こうした薬剤は、コレステロールの腸管吸収にほとんどまたはまったく影響を与えない。
> ②コレステロールを運搬するリポタンパク質の血中濃度を調節できる薬剤は存在するが、こうした薬剤は、コレステロールの腸管吸収にほとんどまたはまったく影響を与えない。

モノマーであるコレステロールと高分子であるタンパク質のどちらが大きいか考えてみれば、訳文①が誤っていることは明らかです。

＊＊＊＊

data controlling signalでは、現在分詞と動名詞のどちらの解釈も可能で、判断の手がかりは限られています。

● 例文 6B-9

The control signal generator generates a control signal including signal generating data and signal controlling data. <US5061937A>

> 制御信号生成器は、信号生成(用)データと信号制御(用)データとを含む制御信号を生成する。

signalは可算名詞ですが不定冠詞がないので「データ（を）制御（する）信号」という解釈は成り立ちません。dataは一般に複数形と見なされるので不定冠詞は不要で「信号（を）制御（するための）データ」は可能です。

第 6 章　正確な解釈のために

● 例文 6B-10

The noise suppressing circuit comprises a network for generating a noise suppressing signal which is synchronized substantially perfectly with a signal controlling data loading from the amplifying unit to the output unit.　　　　　　　　　　　　　　　　　　　< US5541884A >

　　このノイズ抑制回路は、増幅ユニットから出力ユニットへのデータ・ローディングを制御する信号とほぼ完全に同期されたノイズ抑制信号を生成するための回路網を備えている。

　loadは自動詞にはならないので「データ制御信号」は成り立たず、不定冠詞があるので「信号制御データのローディング」という解釈も成り立ちません。

＊＊＊＊

　同じ形でも、次の文では分詞構文になっています。

● 例文 6B-11

The counter circuit generates a read-enable signal in response to a pre-specified count value, the read-enable signal controlling data transfers between the first and second clock domains using at least one of the receiver and the buffer.　　　　　　　　　　　　< US7688672B2 >

　　カウンター回路は、事前に指定されたカウント値に応答して読取りエネーブル信号を生成し、この読取りエネーブル信号は、受信器とバッファーの少なくとも一方を用いて、第1クロック・ドメインと第2クロック・ドメインとの間でのデータ転送を制御する。

● 例文 6B-12

HA (hemagglutinin) proteins bind to cells with sialic acid on the membranes, such as cells in the upper respiratory tract or erythrocytes.

<Wikipedia "Hemagglutinin (influenza)">

HA（ヘマグルチニン）タンパク質は、上部気道中の細胞や赤血球など、膜上にシアル酸を含む細胞に結合する。

havingの意味のwithです。手段でも付帯状況の形容詞用法でもありません。後ろにsuch asと前のcellsを修飾する言葉があるので、その間にあるwith句は副詞句にもなり得ません。

＊＊＊＊

requiredやnecessaryの後のto不定詞は、「するために必要」の場合と「することが必要」の両方の場合があるので注意が必要です。

● 例文 6B-13

When it is required to state the topic of the sentence for clarity, the particle wa (は) is used, but it is not required when the topic can be inferred from context.　　　< Wikipedia "Japanese pronouns">

> 文の主題をはっきり述べる必要がある場合、助詞「は」を使用するが、文脈から主題が推測できる場合は、そうする必要はない。

最初のitはto stateを指す形式主語ですが、第2のitは前文（助詞「は」を使用する）を指す通常の主語です。

● 例文 6B-14

All of the illustrated circuitry, except possibly the external memory and the system control, may be included in a single integrated circuit, although it is not necessary to practice the invention.　　< WO1998027720A1 >

> おそらく外部メモリーとシステム制御を除く、図示した回路の全てを単一の集積回路に含めることができるが、本発明を実施するために必ずしもそうする必要はない。

このitは前文を受けており、to practiceは目的を表しています。

第6章　正確な解釈のために

前後に解釈のヒント

　以前に盛んに和訳をしていた頃、たとえば英文二三十枚のコンピュータ特許で、意味が理解できない所や著者の意図が掴めない所が数箇所ありましたが、その大部分が後ろまで訳していくうちに解決できた経験があります。また後ろまで読んで、以前の誤解に気づいたこともよくありました。その前提として、前に出てきた表現と同じまたは類似の表現に出会ったとき、前にもあったことに気づいていました。言い換えれば、今まで訳してきた内容を覚えているなら、ある程度の長さの案件では、以前によくわからなかった所が後の記載から理解できるようになり、また一見してよくわからない所が以前の記載から理解できるようになることがしばしばあります。

● 例文 6B-15

The interrupt source means includes means for receiving a reset interrupt control signal, and for altering the status of the interrupt source means in response thereto.　　　　　　　　　　< US5764998A >

　　×①前記割込みソース手段には、リセット割込み制御信号を受信するための手段とそれに応えて割込みソース手段の状態を変更するための手段が含まれる。
　　②割込みソース手段は、割込みリセット制御信号を受け取り、それに応答して割込みソース手段のステータスを変更する手段を含む。

　forが繰り返してあるので、①のようにmeansが省略されていると考えるのは無理もありません。しかも厄介なことに、meansは単複同形でしかも不定冠詞をとらないので、単数か複数かわかりません。ところが、明細書の最後に出てくる実際の特許クレームでは下記のようになっていました。つまり別々の手段なら最後の6行のように改行して書いてあるのに、この手段は改行しておらず、1つの手段で2つの機能を果たしているように書いてあります。したがって、この箇所も②のように訳さなければなりません。

1. An apparatus for processing interrupts to a central processing unit of a data processing system, the apparatus comprising:
interrupt source means for creating and transmitting interrupt signals having an indication of the status of the interrupt source means, **the interrupt source means including:**

> **means for receiving a reset interrupt control signal, and for altering the status of the interrupt source means in response thereto;**

interrupt delivery means for receiving and processing interrupt signals, the interrupt delivery means including:

> means for receiving a reset signal, and for altering the status of the interrupt delivery means in response thereto;
>
> means for discarding received interrupt signals that indicate a status different from that of the interrupt delivery means; and
>
> means for transmitting, in response to receiving the reset signal, the reset interrupt control signal.

● 例文 6B-16

The unit 'dBA' or 'dB(A)' refers to a weighting of the signal to approximate the different sensitivity of the human auditory system at different frequencies, the 'A-weighting' (roughly) applying a lower weight to sounds below 1 kHz and above 4 kHz. Further, it is defined that the peak sound pressure P_{peak} at any time during the day has to be below 200 Pa, corresponding to 140 dB(C) in relation to 20 µPa.
The unit 'dBC' or 'dB(C)' refers to a weighting of the signal similar to the 'A-weighting', but with a lower cut-off frequency at low frequencies (around 50 Hz instead of around 1 kHz). <US20110317857A1>

第 6 章　正確な解釈のために

×① 「dBA」または「dB（A）」という単位は、周波数が異なると感度が異なる人間の聴覚系の感度を近似するための信号の重み付けを表し、「A特性周波数重み付け」は（大まかに言って）1kHz未満および4kHz超の音に対してより小さな重みを加える。さらに、日中の任意の時間におけるピーク音圧P_{peak}は、20μPaを基準として140dB（C）に相当する、200Pa未満でなければならないと規定されている。単位「dBC」または「dB(C)」は、「A特性周波数重み付け」と同様の信号の重み付けを表しているが、<u>低い周波数で、カットオフ周波数がより低くなる</u>（約1kHzの代わりに約50Hz）。

　butの後のwith以下を追加の付帯状況構文と考えたのは当たっています。lowとlowerから上記のように解釈したのも一般的に自然です。しかし、内容を押さえきれていないためか、切れが悪いようです。前文ではA重み付けの場合に1Kz未満の低周波と4Kz超の高周波は重み付けを軽くする、つまり軽視するとあります。そして、C重み付けも扱い方は同様で、butがあるのでwith以下の点だけが異なると読めます。括弧内を見ると、約1Kzの代わりにとあります。これはA重み付けで扱いの変わる下側の境界、つまりカットオフ点です。それがC重み付けでは約50Hzになる、つまり低くなると言っているわけです。low frequenciesと複数形になっているのは、低い方のいろんな値の周波数と言っているのでしょうが、「低周波数側で」と訳してやると意味が通るようになります。なおin relation toの所で、20μPaが音圧レベルの基準となっており、200Paはその10^7なので、7に20を掛けて140dBとなり、計算が合っています。

② 「dBC」または「dB(C)」という単位は、「A特性周波数重み付け」に類似した信号の重み付けを表しているが、<u>低周波数側のカットオフ周波数がより低くなる</u>（約1kHzではなく約50Hz）。

6C. 辞書と語彙

辞書について

　山岡洋一さんが「たかが辞書、信じるは馬鹿、引かぬは大馬鹿」という実務翻訳界の格言を紹介されていますが（『翻訳通信』第18号）、辞書についての注意点はこれに尽きます。

知らない意味、用法
　何十年間英語を読んでいても、知らない単語はもちろんのこと、馴染みのある単語でも知らない意味や用法に出会うことが絶えずあります。自分の知っている意味で話が通じるのか、絶えず感覚を敏感に保って、通じない場合はすぐに辞書を引くことが大切です。大部分の場合は、該当する意味が辞書に載っています。

● 例文 6C-1

Because each of two cellzone service providers is aware of the subscriber's present cellzone, loss or <u>compromise</u> of this information by one of these cellzone service providers does not preclude response to the central MCTSO's inquiry by the other cellzone service provider.

< US6198930B1 >

> 2つのセルゾーンのサービス・プロバイダーはそれぞれ加入者の現在のセルゾーンを知っているので、その一方のセルゾーンのサービス・プロバイダーによってこの情報が失われたり<u>損</u>なわれたりしても、他方のセルゾーンのサービス・プロバイダーが中央MCTSOの問い合わせに応答することは妨げられない。

　ここではcompromiseを「妥協」と解釈したのでは話が通じません。このことに気づいて辞書を引けば、妥当な意味が見つかります。damageに近い意味です。

第6章　正確な解釈のために

粗い訳語

　ほとんどの辞書にdetermineの訳として「測定する」が載っています。確かにdetermineを「測定する」としても話が通じるケースはたくさんありますが、measureはdetermineの前段階であり、calculateなどmeasure以外の行為によってdetermineすることもあります。技術分野でなら混同することは許されません。

　専門辞書には名詞は載っていても、動詞は載っていないことが多いので、一般辞書に頼るケースが多くなりがちですが、その際には上記の点に注意しなければなりません。専門家が協力しているとはいえ、所詮、辞書編纂者は各専門分野にとっては素人なのですから。むしろ、専門外の分野なら、動詞派生名詞を含む術語から動詞の訳語を引き出すのが有効です。

　よく言われていることですが、一般の英和辞典は、訳語を見つけるためのものではなく、その単語の中心的な概念とその広がりの範囲を知るための道具と考えるべきです。英英辞典よりはるかに使いやすく内容を理解しやすいので、英英辞典を引く前の段階として。

　複数の専門家を集めて、辞書編纂の経験豊かな出版社で作った専門辞書はそれなりの権威がありますが、さまざまなソースからデータを集め、専門家の校閲なしで作った大規模な電子辞書には、必ずしも一流ではない翻訳者の作った、ピントのぼけた訳語が大量に含まれています。いわば玉石混淆です。それらの訳語も参考にはできますが、それが採用できるかどうかはあくまでも自分で調査し判断する必要があります。

　a number ofについては、多くの辞書で「多数の」という意味も載っていますが、基本的な意味は字句どおり「いくつかの」であり、「多数の」はa great number ofまたはa large number ofです。あるいは、a pair ofで「1組の」という訳語が出ていることがあります。また、夫婦や男女など人の場合は確かに2人でも「1対の」とは言わず、「1組の」と言うのは日本語としては正しいのですが、pairが2つであるという意味を考えず、「もの」なのに「組」を使った人がいました。

載っていない意味

　少なくともある種の文献では常用されており、関係者の多くが知っているのに、ある意味が辞書に記載されていない例も珍しくありません。

as well asは3C節で述べたように、andの強調形として使うのが現在では主流になっています。

allow forは辞書には「考慮する、余裕をみておく、準備する」の意味しか出ていませんが、それでは意味の通じないことがしばしばあります。私も、最初は違和感を感じながらそれらの訳語を使っていましたが、あるとき、同一ページで同じ内容をallow ... to不定詞で書き換えた例に出会い、allow forもallowだけと同じく「可能にする」の意味であることを悟りました。provideもprovide forの形で同じ意味でよく使われているので、forは語調を整える働きをしていると思います。

exemplaryには「模範的な」などのほかにexampleの形容詞形「例である」とみなすべき意味があります。exemplary compoundsは「化合物の例」と訳せますが、形容詞として訳すべき場合は適切な日本語がないので「例示的化合物」としています。

in turnは、主語の直後では、「順に」や「次には」では訳せません。主語が変わったことを示唆する言葉であり、「こちらの方はといえば」をうんと軽く言った表現なので、日本語では「は」だけで十分です。

no more than、no less thanは、技術文献や法律文献では、数量に関してnot more than、not less thanと同じく「以下」および「以上」の意味を表します。

facilitateはfacile＝easyに由来する動詞で一般の辞書には「容易にする」と「促進する」しか出ていませんが、どちらも合わない例が時々見られます。海野文夫・海野和子編『ビジネス技術実用英語大辞典』の「円滑化する」がそれに当たります。

● 例文 6C-2

The only structure required to facilitate the read-modify-write (RMW) operation is shown. <US5388108A>

　リードーモディファイーライト（RMW）動作を円滑に進めるのに必要な構造のみが示してある。

accommodateは「便宜を提供する」が原義で、普通は「宿泊させる、収容

第6章　正確な解釈のために

する」の意味ですが、「に対処できる、を受け止められる」の意味で使われることがあります。

● 例文 6C-3

The controller architecture shown in FIGS. 2A and 2B can be configured to accommodate different quantities of disk drives and also to <u>accommodate</u> different RAID configurations.　<US5388108A>

　　図2Aおよび2Bに示すコントローラのアーキテクチャは、さまざまな数のディスク・ドライブに対応でき、また異なるRAID構成に<u>対応できる</u>ように構成することができる。

専門語・定訳

　科学技術用語については、学術用語およびJIS用語が公式の用語としてもっとも優先すべきものとされており、各学会や業界で定められているものもあります。ITのように発展が速くて用語の統一が間に合わない分野でも、多くの人が使用するde fact standardが存在します。文化系の諸分野でも、異なる文化の持続的な直接的接触による文化の変化をacculturation「文化変容」とするなど、術語の定義や訳語は決まっています。専門性が薄いと一般的に考えられている時事の分野でも、組織名や役職名は専門用語に相当するもので、頻出するものは、報道機関で決まった用語が使われています。このような言葉には定訳を用いなければならないことは言うまでもありません。

　一方では、俗称もしばしば広く使われています。(chemical) vapor depositionは「（化学的）気相成長（法）」が正式の用語ですが、「（化学）蒸着」という人が後を絶ちません。実は、(physical) vapor deposition「（物理的）気相成長（法）」の一種にevaporation「蒸着（法）」があり、混同の危険があります。また、semiconductor deviceの訳語として「半導体装置」「半導体素子」「半導体デバイス」があり、特許文献ではこの頻度順に使われています。しかし、semiconductor deviceはトランジスタなど超小型のものを指し、「装置」よりも「素子」が適切であり、しかも素子についてそのうち能動素子（簡単に言えば、電気工学時代にはなく電子工学時代になってできたもの）を「デバイ

ス」と呼ぶことに決めていますので、もっとも使用頻度の少ない「半導体デバイス」が学術的には正しいわけです。また、heat-activatable adhesiveを字訳した「熱活性化接着剤」という言葉もよく使われてはいますが、業界ではこれに相当するものを「熱融着型接着剤」と呼んでいるので、こちらを使うほうが妥当だと思います。

　生命科学も近年になって発展の著しい分野で、定訳の確立が遅れ、一部の用語で二三の訳語が並立して使われています。学会方言がいくつかあるわけです。その他、controlとregulateはバイオでは同義に使われ「調節する」という訳語が定着していますが、意味が少し違うmodulate（電気分野では変調）も「調節する」とされることが多いようです。また、bind, bond, coupleのほか、associate（化学分野では会合）、conjugate（肝臓での解毒では抱合）を始め、多くの言葉が「結合する」と訳されています。その大部分は弱い結合によるものです。さすがに、核酸の塩基同士が共有結合でつながることを示すlinkやligateは「連結する」とされていますが。したがって、英訳の場合は大変です。

　専門用語の厳密さを理解していただくために、基本的な用語を例として説明しておきます。system「システム」は、工学分野では、装置の集合体、すなわち何種類かの装置の集合体または主装置と付属の装置や機器の集合体を指す言葉なので、system「〜装置」など定訳で決まっている言葉以外は「システム」としなければなりません。一方、unitは装置の構成要素なので、arithmetic logic unit「演算論理装置ALU」など定訳のある言葉以外では「ユニット」とすべきです。一つの文章中に、processing system「処理システム」、processor「処理装置」、processing unit「処理ユニット」が並んで出てくる例もあります。

　なお、systemは理学分野ではsolar system「太陽系」、vector system「ベクトル系」、buffer system「緩衝系」など「系」で訳されますが、いくつかのcomponentからなる点で共通しています。因みにcomponentは工学分野ではハードを指し、「構成要素、構成部品」と訳されますが、理学分野では「ベクトルの成分」「力の成分」「薬品の成分」など「成分」と訳されます。

　ラジオで選局の際に周波数を合わせることをtune「同調する」といいます。この言葉がこの意味で使われているときに「調整する」と訳せば意味がぼやけてしまいます。また、現在の携帯電話に相当する英語として、cellular telephone「セルラー（セル式）電話」、portable telephone「携帯（式）電話」、

第 6 章　正確な解釈のために

mobile telephone「移動式電話」がありますが、cellularは通話範囲をセルに分割する現在主流の方式のものを言い、mobileは言葉の上では自動車電話も含まれることになり、それぞれ概念が異なるので、厳密さを要求される場合には訳し分ける必要があります。

treatは化学分野ではwithを伴って「～で処理する」ですが、医薬分野では「治療する」であり、治療以外の目的で同じ行為をする場合は「処置する」となります。一方、IT分野ではデータ処理などで動詞processを使用し、しかもデータ処理はdata processing、書込み（という）処理はwriting (process)となります。さらに、動詞processには「加工する」という訳語もあります。他方、廃棄物を処理する場合はdisposeを使います。

ついでに言うと、名詞processには「過程、工程（工業過程）」のほかに「方法」という意味もあります。複合名詞で「～法」という場合は、大抵はmethodではなくprocessが使われています。

こうした例から見ても、英訳の際に和英辞典に頼るのは危険で、動詞と目的語を対で覚えておかなければならないことがよくおわかりになったと思います。

英語の一般的用法でも、adjust「調整する」は大抵toなど後に目標を表す言葉を伴いますが、regulate「調節する」のほうは目標を表す言葉を伴いません。つまり、後者はそれ自体の中に「正常な状態に」という目標が内在しているわけです。語源的にはadjustもjustにするという概念が内在するはずですが。

複合名詞

table of contentsが「目次」であることはご存知ですね。mode of operation「動作モード」や　order of magnitude「（数字の）桁」なども常にofのある形で使われ、名詞句ではなく複合名詞として認識する必要があります。

VLSI（Very Large Scale Integration）「超大規模集積回路」は基板上に10万個ないし100万個以上の素子を積んだもので、ほとんどの場合は略称形で使われますが、副詞と形容詞の付いた複合名詞です。

名詞が連続する形もよく見られます。Precambrian era solar activity「前カンブリア期の太陽活動」は solar activity in the Precambrian eraを一語にしたもの、water quality impacts of fertilizers「肥料の水質に対する影響」はimpacts of fertilizers on the water qualityをまとめたもので、いずれも前置詞句の前置詞を外して前に持ってきています。

間に前置詞を挟んだ形もよく見かけます。gate to source voltage「ゲート－ソース間電圧」。

ruminant-to-ruminant feeding ban「反芻動物間給餌禁止法（仮訳）」にはThis law prohibits the feeding of ruminant-derived meat and bone meal back to ruminants. という解説が付いており、牛などの骨肉粉を牛に餌として与えることを禁止する法律であることがわかります。

ITでは、信号や命令などの名称に命令形を使う例が多く、要注意です。
reset interrupt control signal「割込みリセット制御信号」
change increment signal「増分変更信号」
load result function「結果ロード機能」
Compare Logical Character instruction「論理文字比較命令」

複合名詞の各構成要素について考えてみますと、動名詞〜ingは専ら「〜用の」と目的を表し、他の構成要素との関係が限定されていますが、形容詞は次節で述べるように多義を持つ可能性があります。名詞は他の構成要素との関係がもっとも自由です。常用の複合語はきちんとした定義と訳語がありますが、英訳の際はもちろんのこと、未知の複合語の意味を解明する際にも、このことを頭に入れておくと理解の助けになります。

＊＊＊＊

単語レベルでもかかり方が問題になる場合があります。

● 例文 6C-4

The <u>electrical</u> emitter dimensions are defined by an extrinsic P+ base which is formed on either side of an emitter contact window. <US5352912A>

 ×①電気エミッタの寸法は、エミッタ・コンタクト・ウィンドウの両側に形成された、外因性Ｐ＋ベースによって画定される。

「電気エミッタ」という言い方はしません。electricalはdimensionsにかかっており、「電気的に意味のある」という意味です。

 ②このエミッタの<u>電気的寸法</u>は、エミッタ・コンタクト窓の両側に形成

第6章　正確な解釈のために

される外因性Ｐ＋ベース領域によって規定される。

failed fuel detectorは「破損燃料検出器」ですがfailed fuel injectorは「故障した燃料噴射器」です。failed fuelは原子力分野で、fuel injectorは自動車分野で確立した概念になっています。

抽象名詞・集合名詞

抽象名詞は辞書には出ていなくても集合名詞として使われていることがよくあります。

machinery「機械類」やtubing「配管系」は専ら集合名詞として使われています。

methodologyは「方法論」という訳語しか与えられていませんが、method「方法」に似た使い方がよく見られます。これはいくつかの方法の総称と考えられますが、適切な訳語がないので「方法」と訳すしかありません。

functionalityは抽象名詞としては一般に「機能性」つまり機能できる状態を、化学では「官能性」つまり反応しやすい官能基を持つことをいいますが、集合名詞として「(諸)機能」「官能基」と訳すべき場合のほうがずっと多く見られます。

　voice functionality of wireless cellular telephones「ワイアレス・セルラー電話の音声機能」

　functionality present on the heterocycle「複素環上に存在する官能基」

ここで「〜性」という名詞および形容詞について一言。magnetizableを例にとると、名詞は「磁化性」、形容詞は修飾語の場合は「磁化性（材料）」と名詞に直接付けるか、「磁化性の」とし、述語の場合は「磁化性をもつ」または「磁化性がある」となります。磁化可能な性質または状態であるという意味です。なお、magnetizableのようなableやibleで終わる動詞派生の形容詞とその名詞形は、「磁化」などの動詞語幹に「性」を付けて訳す習慣があります。

reactionは通常は「反応」ですが、物を指すこともあり、その場合はreaction products「反応生成物」やreaction mixture「反応混合物」の意味で、やはり集合名詞として使われています。

circuitryは、たとえば、Merriam-Websterには、1: the detailed plan or arrangement of an electric circuit　2: the components of an electric circuit　3:

the network of interconnected neurons in the nervous system and especially the brainとあり、抽象名詞としてリーダーズの「回路構成」という訳語は1の意味です。実際には3の意味で出てくることが多く、これはいくつかの単一回路の集合体を指し、circuit network「回路網」に近いものです。2の意味は、3とは逆方向の奇妙なものですが、私も一度この用法に出会ったことがあり、「部分回路」と訳を付けました。

もちろん、抽象名詞が集合名詞ではない具体名詞として使われることもあります。

熟語・成句に注意

熟語であることに気づかずに誤訳してしまう例を時々見かけます。熟語かもしれないという勘を養う必要がありますが、それには受験用の熟語集を読み直すのが有効だと思います。意味をいちいち覚える必要はありません。こういう形が熟語だとわかるだけでよいのです。出てくれば辞書を引けばよいのですから。

● **例文 6C-5**

It will be apparent to those skilled in the relevant art that various modifications, additions, substitutions and the like can be made without departing from the spirit of the invention.

×①本発明の精神から逸脱することなくさまざまな変更形態、追加形態、代替形態等を作成することができることは当業者には明らかである。
②本発明の趣旨および範囲から逸脱することなくさまざまな変更、追加、置き換えなどを加えることができることは当業者には明らかである。

make a modificationなどはmodifyなどを遠回しに言った迂言的表現です。

第6章　正確な解釈のために

● 例文 6C-6

The present invention is based upon the discovery that recombinant DNA technology can be used <u>to advantage</u> in isolating genes in sufficient amounts to permit sequencing.　　　　　　< US4446235A >

×①本発明は、組換えDNA技術が、配列決定が可能になる十分な量の遺伝子を単離することを<u>有利にする</u>ことに使用できるという発見に基づいている。
　②本発明は、配列決定が可能になるのに十分な量の遺伝子を単離する際に、組換えDNA技術が<u>有利に</u>使用できるという発見に基づくものである。

　advantageを動詞として訳して不自然と思わなかったようですが、to advantageはadvantageouslyと同じ意味の熟語でした。

注意すべき重要語彙

話法の助動詞

	義務・許容	推測
may	してもよい（することができる	かもしれない（可能性がある）
can	することができる	かもしれない（可能性がある）
	してもよい（することができる）	
shall	するものとする	
should	すべきである	はずである
ought to	すべきである	はずである
need	する必要がある	
must	しなければならない	にちがいない（必ず～はずである）

　話法の助動詞（法助動詞）には、すべて義務・許容と推測の2つの意味があります。willとshallについても、意志のwillや話者意志のshallは前者と、単純未来のwillやshallは後者と位置付けることができます。まず、この2つをはっきり区別しなければなりません。ちなみにneedと類義の形容詞necessaryも、形容詞では義務の意味ですが、副詞になると専ら「必ず」と推測の意味で使わ

れます。

　mightなどの過去形は、本来の過去のほかに仮定法でも使われます。現在の英語では接続法という文法範疇は立てられていませんが、ドイツ語やフランス語で言う接続法の形です。音韻変化の結果、助動詞の接続法と直説法過去形が同じ形になってしまったのです。仮定法のwereや、beなどの原形動詞も同じ事情によるものです。婉曲のshouldや願望のmightなど現在の各過去形助動詞のさまざまな意味は、接続法であると解釈するとよく理解できます。

　canはmayの2つの意味に加えて、能力（be able）を表しますが、一般に許容と能力を区別する必要はありません。大部分の主要言語では両方を同じ助動詞で表しています。ドイツ語には英語のcanとmayに相当するkönnenとmögenがありますが、mayの頻出する特許文献ではすべてkönnenを使用しmögenは使われません。

　推測の用法で可能性の高さについて、他の助動詞も含めると、低い順にcould、might、may、can：should、ought to：would、will、mustとされており、対応する副詞はpossibly、perhaps：likely、presumably、probably：necessarily、definitely、certainly、undoubtedlyの順序になります。

　訳語の問題ですが、mayの「してもよい」「かもしれない」は文章語として使うには口語的すぎるきらいがあり、特に反復使用は避けるべきです。「することができる」と「する可能性がある」を使うべきです。「し得る」という言葉は、受身「され得る」と自動詞「あり得る」では推測の意味にしかならず、他動詞でも不明確になることが多いので、注意が必要です。mustの「にちがいない」もやや口語的ですが、「必ず〜するはずである」で代用できます。

注意すべき形容詞

　形容詞の中には、単数と複数で意味や訳し方がやや異なるものがあります。たとえば、differentは単数名詞の前にきたときは他のあるものと「異なる」という意味ですが、複数名詞の前にくると、それらが「互いに異なる」すなわち「相異なる」という意味になります。よくこれを「さまざまな」と訳すのはこういう事情からです。つまり、比較基準が外にある場合と相互の比較である場合とで、訳語が異なるわけです。alternative、complementaryなどもこの仲間です。

第6章　正確な解釈のために

　conductiveは、物質の恒常的性質、特に電気的性質を示す場合は「導電性（の）」となりますが、回路素子などの一時的状態を指すのにも使われ、「導通状態にある」と訳せます。つまり、性質を言う場合と、状態を表す場合で、訳語が違います。

　differentialもdifference（差）の形容詞形ですが、これを含む専門用語の中ではさまざまな意味で用いられ、さまざまな訳し方がされています。これは極端な例ですが、形容詞の複合語における役割の多様性がわかるはずです。

- 差　　differential pressure差圧＝difference of pressure圧力差　differential aeration通気差
- 微分　differential equation微分方程式　cf. difference equation差分方程式
- 示差　（差を測定する）　differential scanning calorimeter示差走査熱量計　試料と標準試料の熱量の差を測定して、物質の変態点などを求める装置
- 差次的（時期によって差が出る）　differential gene expression差次的遺伝子発現　受精卵から出発して個々の胚細胞が特定の細胞に分化してゆく際に示す経時的な遺伝子活性の変化
- 差別　（条件によって差が出る）　differential erosion差別侵食　地層が軟らかい場所ほど速く侵食されること
- 差動　（差を使って動作する）　differential relay差動継電器　一次電流と二次電流の差が所定の値を超えると動作して回路を保護する継電器

なお、名詞「ディファレンシャル（差動装置）」としても使われます。

形容詞の副詞形もさまざまな意味に使われます。

● **例文 6C-7**

This cDNA can then be processed for bacterial expression by standard procedures.　　　　　　　　　　　　　　　　　　　　　　　　　　　<US4446235A>

　×①次いでこのcDNAを標準の手順により、細菌的に発現されるように処理することができる。
　　②次いでこのcDNAを標準の手順により、細菌によって発現されるように処理することができる。

この文では名詞構文なので形容詞の形になっていますが、bacteriallyを単に字訳して「細菌的に」とするのは意味が曖昧であり、「細菌を用いて」、さらに具体的に言うと「細菌を宿主として」という意味です。つまり、副詞形は、前置詞句、ここではwith a bacterial hostの簡略表現として使われることがあり、その場合は字訳せず意味を考えて訳す必要があります。

● **例文 6D-8**

Bonding material 1106 is soluble in organic solvents .... Bonding material 1106 may also be a wax, epoxy or other organically soluble adhesive.
<US6562648B1>

×①接着材料1106は有機溶剤に可溶であり、〜。接着材料1106は、ワックス、エポキシ、または有機的に可溶な他の接着剤でもよい。
②接着材料1106は有機溶剤に可溶であり、〜。接着材料1106は、ワックス、エポキシ、または有機溶剤に可溶な他の接着剤でもよい。

ここでもorganicallyをin organic solventsの代わりに使っています。

多義語と重要な機能語

最後に、主に技術分野でよく使われる多義語、および重要な機能語の例を挙げておきます。

動詞

deposit	「寄託する、預ける」「堆積する、沈殿させる」
assign	「割り当てる」「譲渡する」
define	「定義する、規定する」「画定する、画成する（輪郭を定める）」
extend	「延びる、延在する」「拡がる（多次元）」「突き出す」
remove	「取り除く、除去する」「取り外す」「取り出す」
reduce	「低減させる」「還元する（酸化の反対）」「還元する（より簡単な形に）」「換算する」

第6章　正確な解釈のために

displace	「変位させる」「置換する=replace」
impregnate	「含浸させる（溶液に漬けて成分を浸み込ませる）」「添着する（粉をまぶす）」
receive	「受け取る、受信する」「(棒の先端を穴で) 受ける、受け止める」
transmit	「伝送する=send+receive」「送信する=send」「(光を) 透過する」
transfer	「移転する、移動させる」「転送する(IT通信)」「転写する(印刷など)」
set	「(任意の値に) 設定する」「(1に) セットする」 cf. reset「(0に) リセットする」「(しかるべき場所に) 設置する」
communicate	「通信する」「伝達する(他動詞)」「連通している、連絡している(パイプなど)」
expose	「露出させる」「(に) 暴露する、(で) 露光する」

形容詞

temporary	「一時的」「時間的」
adequate	「十分な」「適切な」
relevant	「重要な」「関連する、当該の」
pertinent	「適切な」「関係する、当該の」
compatible	「互換性 (がある)」「適合性」「相溶性、相容性 (化学)」
consistent	「整合性 (がある)」
specific (to)	「(〜に) 特有の」「特異的な」
characterized	「特徴づけられる(as, byを伴う)」「を特徴とする(in that, byを伴う)」

副詞

otherwise	「そうでない場合」「本来なら」「他の方法 (状態、点) で」
substantially	「実質上、ほぼ (一見するとそう見える程度に)」substantially constant 「大幅に、実質的に (一見してはっきりわかる程度に)」substantially improved operation
respectively	「それぞれ」 cf. respective「それぞれ (対応するそれぞれのという意味、respectivelyで訳すとよい)」
simply	「単に=merely」「簡単に」
relatively	「比較的」「相対的に」

again	「再び」「やはり、この場合も」
still	「依然として、なお」「それでもなお、やはり」「さらに(比較級の前)」
now	「今、このとき」「今や、今では」「これから、次に」
then	「次いで」「そのとき、当時」「その場合、それなら(ifと呼応)」
thus	「したがって、すなわち」「そのように=so(動詞の直前)」「それにより」(分詞構文)

前置詞

in	状態「の状態で、の形で、として」solid in solution「溶液状態の固体」 変化対象 change in ...「〜の変化」increase in ...「〜の増加」
to	比較対象 (ratio) of A to B「AとBの(比)」 適合目標 design ... to the specification「〜を仕様どおりに設計する」 授与対象 available to SO「誰々にとって(が)利用可能な」accessible to
by	程度 increase by 5%「5%(だけ)増加する」
(up)on	作用対象 act on「〜に作用する」effect of heat on ...「〜に対する熱の影響」
across	横断 voltage across the resistance「抵抗の両端間電圧」potential difference across the membrane「膜内外の電位差」
through	手段「によって」
between	間 between lessons「授業の合間に」
around	迂回 get around the problem「問題を回避する」bypass conduit around the arterial blockage「動脈閉鎖部を迂回するバイパス導管
against	比較基準 check A against ...「Aを〜と突き合わせて検査する」

第6章　正確な解釈のために

応用問題　次の英文を訳してみましょう。

1. A pair of stop rods are press fitted in the support housing for engaging the clevis for preventing the shaft from rotating beyond a maximum angular rotation relative to the home position. < US5941679A >
2. The tool bits are made of steel and impregnated with abrasive powder.
<"GEMSTONES", http://goo.gl/7Ad4h8 >
3. Investors can only trust capital markets if they trust their auditors.
< Anthony Catanach, "It is time to audit our auditors", Financial Times, April 16, 2013 >
4. Are employees with PTSD required to disclose their disability to their employers?
5. Functionalized versions of these copolymers may be prepared by nucleophilic substitution of the benzylic halogen present in the polymer molecules with a reagent reactive therewith to provide polymers containing amine, acid, ester, amide, onium and the like functionality. < US5567775A >

応用問題　解答例
1. シャフトがホーム位置に対する最大回転角度を越えて回転しないようにするために、1対のストップ・ロッドが、Uリンクと係合するように、支持ハウジングに圧入されている。
2. バイトは鋼製であり、研磨剤粉末を添着してある。
　＊このimpregnateは粉をまぶすという意味で使われているので、「含浸」は使えません。「添着」という言葉があります。
3. 投資家は、その監査人を信用している場合にしか、資本市場を信頼することができない。
4. 心的外傷後ストレス障害に罹っている従業員は雇用主に自分の障害を開示する必要がありますか。
5. ポリマー分子中に存在するベンジル位のハロゲンをそれと反応する試薬で求核置換して、アミン、酸、エステル、アミド、オニウムなどの官能基を含むポリマーを形成することにより、こうしたコポリマーを官能化したものを調製することができる。

索引

日本語索引

あ行

「あるいは」……………………………… 153
暗示されている語句 …………………… 265
一義性の確認 …………………………… 269
一般人称文 ………………………………… 73
受身
　　受身形で訳す …………………………… 69
　　受身形と能動形の混在……………… 246
　　自動詞で訳す …………………………… 44
　　自動詞で訳せない場合……………… 245
　　主語なしの能動形で訳す …………… 64
　　能動形で訳す …………………………… 68

か行

係り方……………………………………… 305
隠された因果関係（関係節）………… 114
加減 ………………………………………… 84
括弧（ピリオドで代用）……………… 220
括弧の位置 ……………………………… 258
可能化動詞……………………………12, 123
仮主語　流れ図の説明中……………… 238
関係詞の省略…………………………… 114
関係節………………………………………… 99
　　形容詞構文として扱う ……………… 35
　　限定用法……………………………… 102
　　限定用法（訳し下げ）……………… 104
　　主語の後……………………………… 106
　　切って訳す…………………………… 201
　　接続用法……………………………… 102
　　前置詞付き…………………………… 109
　　2つ目の動詞が節に含まれるか …… 288
　　may を含む ………………………… 108
冠詞
　　2つ目の省略 ……………………145, 229
　　訳出する……………………………… 228
完成動詞……………………………………… 72
慣用表現………………………………… 218
完了 ………………………………………… 73
完了形…………………………………… 292
既定 →未定・既定
逆接 ………………………………………… 47
共通主語の省略
　　主文と副文…………………………… 233
　　前文と次文で……………………… 233
　　連体節……………………………… 234
組み換え　原文の意図を浮き立たせる…215
繰返しを避ける………………………… 261
継続動詞（活動動詞）…………………… 72

形容詞

　　術語中のもの………………………… 257
　　順序…………………………………… 257
　　性質と一時的状態…………………… 310
　　単数と複数で訳が違うもの………… 309
　　副詞で訳す …………………………… 32
形容詞構文………………………………… 30
形容詞派生名詞…………………………… 26
結果　付帯状況構文…………………… 139
原形不定詞　動詞の補語 ……………… 94
現在分詞　動名詞との区別…………… 293
限定詞　一般形容詞より後に訳す…… 257
構文解析　区切りを入れる…………… 276
互換表現………………………………… 220
語順の違い……………………………… 232
　　既出の名詞を先に訳す……………… 255
　　限定詞・数量詞は後で訳す………… 257
　　時間・順序どおりに訳す…………… 255
　　術語は一語で訳す…………………… 257
　　場所は大きい方から訳す…………… 255
「ことにより」…………………………… 48
コロケーション
　　動詞と前置詞………………………… 240
　　名詞と形容詞………………………… 258
　　目的語と動詞………………………… 259
コロン・セミコロン…………………… 165

さ行

最上級（evenの暗示）………………… 267
「されている」（状態受身）…………… 70
「される」（動作受身）………………… 70
使役動詞…………………………………… 11
　　訳出しない …………………………… 44
辞書
　　載っていない意味………………… 300
　　粗い訳語…………………………… 300
　　知らない意味・用法……………… 299
時制（完了）派生名詞では捨象 …… 26
「したがって」……………………………… 87
　　繰返しを避ける…………………… 264
「して」
　　繰返しを避ける…………………… 263
　　結果…………………………………… 80
「している」……………………………… 245
「しても」畳込み文の展開……………… 47
集合名詞………………………………… 307
修飾語句………………………………… 233
熟語……………………………………… 307
術語……………………………………… 302
瞬間動詞（到達動詞）…………………… 72
状態受身………………………………… 70

状態動詞……………………………… 72
　　日英の違い…………………… 244
省略
　　共通助動詞・動詞………………… 161
　　共通部分………………………… 160
　　共通名詞………………………… 162
助詞
　　助詞の異なる目的語の並列………… 247
　　前置詞の直訳で不自然な場合……… 260
　　目的語を表す…………………… 240
助動詞
　　義務・許容と推定（推量）…… 68, 308
　　支配範囲………………………124, 282
　　受身文中…………………………57, 68
進行………………………………… 73
数
　　種類を示す……………………… 231
　　訳出する………………………… 230
数量詞　一般形容詞より後に訳す……… 257
「すると」（畳込み文の展開）………… 43
「するには」（目的）…………………… 83
成果物 →目的語
接続詞の補足　分詞構文……………… 130
接続副詞…………………………… 163
先行詞……………………………… 99
前後に解釈のヒント…………………… 296
前置詞
　　形容詞に係る…………………… 243
　　動詞で訳す …………………… 197
　　動詞の補部を表す……………… 240
前提・帰結…………………………57, 123
専門語 →術語
「その結果」………………………… 87
「それによって」（結果）……………… 80

た 行

態（受身・派生名詞では捨象）………… 26
態（能動）…………………………… 32
代名詞
　　名詞と入れ替え………………… 233
　　名詞に戻す……………………… 226
多義の構文………………………… 286
畳込み（名詞構文）………………… 36
畳込み構文………………………… 22
　　前置詞付き…………………… 31
畳込み文……………………………43, 49
　　展開…………………………… 43
「ために」
　　繰返しを避ける……………… 262
　　目的……………………………… 80
「ための」（繰返しを避ける）………… 262

長文を切って訳す……………………… 201
長文を訳し下げる……………………… 207
追加説明
　　独立分詞構文………………… 130
　　付帯状況構文………………… 139
　　分詞構文……………………… 126
つなぎの動詞…………………………… 49
　　結果の分詞構文中…………… 122
つなぎ言葉（結果の分詞構文）……… 123
「であって」限定関係節の訳し下げ…… 105
定義文「とは」……………………… 22
同格………………………………… 93
動作受身…………………………… 70
動作動詞…………………………… 72
動詞
　　複数の動詞の関係…………… 271
　　２種の前置詞をとる ………… 241
　　副詞で訳す…………………… 199
　　名詞で訳す…………………… 195
動詞派生名詞………………………… 22
動名詞
動名詞　現在分詞との区別…………… 293
動名詞　動詞の目的語………………… 94
動名詞構文（主語付き）………… 28, 33
独立不定詞…………………………… 91
独立分詞構文……………………… 130

な 行

「ないし」…………………………… 154
人称代名詞所有格
　　意味上の主語……………… 30, 33, 47
「の」（繰返しを避ける）……………… 261
「ので」（繰返しを避ける）…………… 263
「ので」（畳込み文の展開）…………… 45
「のに」（畳込み文の展開）…………… 48

は 行

「は」（主語兼用）………………… 47, 234
比較級（意図を明示するための組換え）
………………………………………… 216
必要動詞…………………………… 10
　　to 不定詞は主語か副詞句か ……… 294
ピリオド（括弧の代用）……………… 220
複合語（分断しない）………………… 160
複合名詞
　　術語………………………… 304
　　術語は一語で訳す…………… 257
　　名詞構文の簡略形…………… 23
　　名詞構文の代用……………… 53
副詞
　　位置と係り先………………… 283

317

索引

焦点副詞の係り先……………………283
前置詞句の簡略表現………………311
副詞句
　主文に係るか………………………288
　順序…………………………………255
複数 →数
付帯状況（類似の構文）………………140
付帯状況構文……………………………136
　結果…………………………………139
　追加説明……………………………139
　連体修飾（形容詞句）……………138
　with なし……………………………138
分詞構文…………………………………122
　結果…………………………………122
　さまざまな意味……………………126
　助動詞の支配（結果）…124, 125, 283
　追加説明……………………………126
文修飾副詞
　2つの意味…………………………188
　文修飾………………………………186
　文修飾でない場合…………………187
　successfully　動詞で訳す…………189
補助動詞……………………………11, 52
補足………………………………………267
　暗示されている語句………………265
　分詞の目的語を補足………………267
　無生物主語に動詞を補う……………57
補足説明（主語の後の関係節）………106
補部（必須補語）………………………240

ま、や、わ行

短い主述部　副詞句で訳す……………192
未定・既定…………………………45, 48
無生物主語………………………………10
　「ものである」………………………14
　受身で訳す……………………………10
　書類が主語……………………………14
　畳込み文として訳す…………………54
名詞節の that　省略……………………192
命令形　信号名・命令名中……………305
目的語　成果物…………………………251
訳し下げ　目的・意図を前から訳す…89
「ように」　意図………………………82
ように動詞………………………………84
話法助動詞 →助動詞

英語索引

a　「一」「一つの」………………………228
a class of…………………………………237
a group of…………………………………238
a sequence of……………………………236
a set of……………………………………235
allow →可能化動詞
also
　「やはり」……………………………107
　焦点副詞の係り先…………………285
although　訳し下げ……………………208
and　「と」で訳す………………………152
and、or……………………………………144
　階層表現……………………………147
and/or……………………………………155
any　仮定…………………………………12
as……………………………………………170
as determined……………………………213
as used herein……………………………219
as well as　and の代用…………………157
be　「になる」「とする」で訳す………252
be to 不定詞………………………………93
be　目的語と補語を逆にする…………254
because 節　切って訳す………………202
because 節　切って訳せない…………203
before　訳し下げ………………………207
being の省略　分詞構文………………131
be 動詞の省略　be to 不定詞……………93
but not……………………………………212
but not before……………………………211
by 〜ing 手段　for 〜ing 結果で訳す…248
can →助動詞（話法助動詞）
cannot...without…………………………212
cause →使役動詞
corresponding……………………………49
determine　受身で訳す…………………75
differential　さまざまな意味…………310
each other　A と B を…………………251
enable →可能化動詞
except 節　訳し下げ、訳し上げ………207
exemplarily………………………………301
facilitate…………………………………301
fail……………………………………………23
followed by　and の変種………………159
for the purpose of………………………218
for　to 不定詞の代用……………………85
function　by ...ing ＝ for ...ing…………249
have　「をもたせる」「を設ける」で訳す…252
however……………………………………177

if　evenを暗示することがある	267
in　意味上の主語・目的語	24
in construction	220
in order that	89
in order to	82
in turn	17, 301
include　受身で訳す	76
independently　eachを暗示	265
lead to →つなぎの動詞	
limited　onlyを暗示	266
may →助動詞（話法助動詞）	
may　alsoを暗示することがある	266
may...or	157
must →助動詞（話法助動詞）	
must...before...can	210
must...to	213
necessitate →必要動詞	
need →必要動詞	
no less than	301
no more than	301
not...but	163
not...until	212
of many of	270
of some of	270
of　意味上の主語・目的語	22
one	74
only　焦点副詞の係り先	284
operate by〜ing = for〜ing	249
or	
「すなわち」	156
「それとも」で訳す	49
permit →可能化動詞	
provide →つなぎの動詞	
provided that　訳し下げ、訳し上げ	205
relative to　relativelyを暗示	267
require →必要動詞	
respond　by〜ing = for〜ing	248
result in	16
should →助動詞（話法助動詞）	
so as to	82
so that	85
so that 節　主文に係るか	291
so　代副詞	163
such that	89
副詞節として訳す	91
that、those　先行詞を示す	101
the	
「前記」	229
「当該」	229
then　関係節中	103
thereby　結果の分詞構文の前	123
they	74
this　前文を受ける	15
thus　結果の分詞構文の前	123
till, until　訳し下げ	208
to　AとBを	251
to be　省略	191
together　AとBを	251
to 不定詞	80
形容詞用法	93
助動詞の支配	283
動詞の目的語	94
動詞の目的補語	99
必要動詞の主語か副詞句か	294
文頭　仮定	91
結果　主文に係るか	291
that 節で訳す	190
unless 節　訳し下げ、訳し上げ	206
until ... when	175
whatever	177
when	173
whenever	176
where	173
式中記号の説明	221
wherein	112
which　前文を受ける	16
whichever	176
while	177
訳し下げ	209
will	12
関係節中	103
with	
and の代用	158
AとBを	250
付帯状況構文	136
work　by〜ing = for〜ing	249
would　仮定	45

岡田信弘

サン・フレア アカデミー 学院長、（株）サン・フレア 技監。1963年大阪府立天王寺高校卒業後、東京大学理学部（化学）卒、同理学系大学院博士課程中退、同人文系大学院修士課程修了（中・西アジア中世史専攻）。1973年より、フリーの翻訳者となり、多国語和訳から始めてコンピュータ・半導体特許翻訳に主に従事する。1986年、（有）国際文化科学技術翻訳研究所（サン・フレアの前身）に勤務。主に特許明細書和訳のチェックの傍ら、社内外の翻訳者や一般向けに勉強会、セミナーを開催。特許5分野の特別養成講座PreOJT、OJTで優秀な翻訳者を多数養成。2011年末より現職。訳書に『東京裁判資料 木戸幸一尋問調書』（大月書店、1987年）、『早わかりアインシュタインの宇宙』（大月書店、2005年）、他に共訳で『歴史としての戦後』（みすず書房、2002年）などがある。

◎特別協力　　岡本康男
◎英文校正　　Nick Jones（Full Media Ltd.）
　　　　　　　Freya Martin（Proofreading and Editing around the Planet）
◎デザイン　　studio tramiche
◎組版　　　　G-clef（山本深雪・秀一）

翻訳の布石と定石
実務翻訳プロへの道

2013年9月10日　第1刷発行
2014年10月1日　第2刷発行

著　者　岡田信弘
発行者　株式会社　三省堂　代表者　北口克彦
印刷者　三省堂印刷株式会社
発行所　株式会社三省堂
　　　　〒101-8371
　　　　東京都千代田区三崎町二丁目22番14号
　　　　電話　編集（03）3230-9411
　　　　　　　営業（03）3230-9412
　　　　振替口座　00160-5-54300
　　　　http://www.sanseido.co.jp/

© Nobuhiro Okada 2013
Printed in Japan
＜翻訳の布石と定石・320pp.＞
落丁本・乱丁本はお取り替えいたします
ISBN978-4-385-36590-9

[R] 本書を無断で複写複製することは、著作権法上の例外を除き、禁じられています。本書をコピーされる場合は、事前に日本複製権センター（03-3401-2382）の許諾を受けてください。また、本書を請負業者等の第三者に依頼してスキャン等によってデジタル化することは、たとえ個人や家庭内での利用であっても一切認められておりません。